Aus Geschichte und Leben eines Bündner Hochtals

Hermann Weber

# AVERS

Aus Geschichte und Leben eines Bündner Hochtals

Terra Grischuna Buchverlag

Der Terra Grischuna Buchverlag dankt an dieser Stelle

der Gemeinde Avers
den Kraftwerken Hinterrhein AG
der Regierung des Kantons Graubünden

die durch ihren Beitrag den Druck des vorliegenden Buches
unterstützt haben

Entwurf des Schutzumschlages sowie Buchausstattung
Marius Hublard, Chur
Lektorat: Christoph Pflugfelder, Malans
Satz aus der 10/12 Punkt Garamond
Druck: Gasser AG, Druck und Verlag, Chur
Die Bindearbeiten besorgte die
Buchbinderei Burckhardt AG, Mönchaltorf/Zürich

© 1985 Terra Grischuna Buchverlag, Chur
ISBN 3-908133-14-9

# Inhalt

# Vorwort

Es freut mich, dass dieses Buch, dessen Entstehen ich von Anfang an verfolgen und begrüssen durfte, nunmehr fertiggestellt ist. Nach der Darstellung von Joh. Rud. Stoffel ist unser Hochtal damit zum zweitenmal Gegenstand eines Buches geworden.

Der Verfasser hat seit vielen Jahren seine Ferien in Juf verbracht und dabei Land und Leute kennen und schätzen gelernt. Darum wollte er ein Buch schreiben, das unser Tal und unsere Gemeinde den Einheimischen wie auch den Fremden näher bringt. Er wollte sie interessieren für unsere Eigenart, unsere Probleme und unsere wechselvolle Vergangenheit. Er wollte aber auch aufmerksam machen auf Werte, die bei uns aus einer langen Tradition heraus immer noch lebendig sind. Allerdings drohen sie in unserer schnellebigen Zeit jetzt manches Mal in Vergessenheit zu geraten. Gerade deshalb sind dem Buch recht viele Leser zu wünschen.

Der Dank für das Werk gebührt in erster Linie dem Verfasser, Professor Hermann Weber, der in grosser Arbeit das Material zusammengetragen hat. Gedankt sei an dieser Stelle aber auch den Institutionen, die zur Realisierung des Buches beigetragen haben.

Es bleibt zu hoffen, dass die Aufforderung an uns alle, zu unserer Heimat Sorge zu tragen, verstanden und beherzigt wird.

Avers-Cresta, im August 1985

Simon Heinz-Kübler
alt Grossrat und
alt Kreispräsident

# Einleitung

Liest man, was Reisende früherer Jahrhunderte über das Avers berichteten, so hat man mitunter Mühe, in deren Schilderungen das heutige Avers wiederzuerkennen. Da schreibt etwa der Schlesier Gottfried Johann Ebel in seiner Ende des 18. Jahrhunderts erschienenen «Anleitung, auf die nützlichste und angenehmste Art die Schweiz zu bereisen»: «Wer eine wilde, grauenvoll melancholische, und schrecklich erhabene Gebirgsnatur sehen will, der verlasse die Strasse von Andeer nach Splügen bei dem Anfang der Roflen und wende sich links ins Ferrerathal», es sei «finster wie der Orcus und eines der schauerlichsten Thäler».[1]

Der Autofahrer, der heute den Spuren Ebels folgen wollte, findet an der Stelle, wo er von der Splügenstrasse abbiegen soll, das Hinweisschild «Avers». Das Ferreratal ist nur dessen erster Abschnitt, und mit dem «schauerlichsten Thal» meinte Ebel in erster Linie das Avers selbst. «Ein kaltes, wüstes und rauhes Thal, bald die wildeste Gegend im ganzen Bündtner-Lande», so kann man darüber auch in der 1770 erschienenen «Schweitzer-Geographie, samt den Merkwürdigkeiten in den Alpen und hohen Bergen» von Gabriel Walser lesen.[2]

Mit dieser Wildheit war nicht nur die Landschaft selbst gemeint, von der zu Beginn unseres Jahrhunderts ein Wanderer sogar sagte, wenn man sie durchwandert habe, so würde einen die berühmte Viamala nur noch sehr viel weniger beeindrucken.[3] Mit dieser Wildheit war auch das Leben der Menschen gemeint, auf die man in diesem Tal traf. So war für den Pfarrer Nicolin Sererhard, der 1742 in einer «Einfalte Delineation aller Gemeinden gemeiner dreyen Bünden»[4] auch das Gericht Avers beschrieb, dieses «Thal... eine Wildnus, deme an Wildigkeit kaum ein anderes zu vergleichen», so dass er sogar befürchtete, man könne denken, «wann deme allso, wie diese Landschaft beschrieben wird, so möchte man Orts halber schier wohl bey den Hottentotten oder in Syberia wohnen». «Wildner» nannte er darum diejenigen, die in der eben beschriebenen «äussersten Wildnus, namlich in Avers wohnen».

Allerdings: Mit Hottentotten hatten diese «Wildner» des Avers eben doch nichts gemeinsam, im Gegenteil. Für den Pfarrer Sererhard, den Zeitgenossen Rousseaus, hatten diese «Wildner» gar manchen Vorteil gegenüber denjenigen, «so in der Zähme wohnen». Sie konnten «die alleredelste süsse Wasser zu allen Zeiten» trinken, hatten «veste süsse Milch zur Genüge», ausserdem «genüger fetter Butter, Käß, Ziger etc. auch mehr und besser Fleisch», «schöner, schwerer und besser Viech», ihr Heu war «weit nuzbarer und kräftiger», vor allem aber: im Vergleich zu denen «in der Zähme» führten sie fast schon ein paradiesisches Leben, «masen die Wildner außer circa drei oder vier Wochen ihres Heuens das ganze Jahr hindurch gleichsam Ferias gegen jenen haben, indeme sie außer der Wartung ihres Viechs... so zu sagen nichts zu thun haben». Ein wenig Holzen noch, nun gut... «Die übrige Zeit triffts den Wildnern neben dem warmen Ofen zu ligen und eine Pfeifen Tabak zu rauchen.» Schliesslich hatten «die in Avers auch vor manchen andern Wildnussen» sogar noch den Vorteil, «dz sie in einem Tag bis auf Clefen kommen» und dort mit dem Erlös ihrer Erzeugnisse alles das billig einkaufen können, was ihnen fehlt. Ist es da noch verwunderlich, dass diese Wildner aus dem Avers «ins gemein die schönsten Leuth des Landes sind, frisch, gesund, stark, wohl undersezt, von röthlichtem, zarten Geblüt»?

Idyllische Wildnis also – war dies das Avers einstmals? Und ist dies vielleicht gar noch im heutigen Avers zu entdecken? In manchen modernen Beschreibungen klingt noch so etwas an. Da ist nicht nur von den Reizen einer romantischen Hochgebirgslandschaft die Rede, sondern auch von einem Menschenschlag, der traditionsverbunden den Verlokkungen des Flachlandes widersteht und, eng verbunden mit der heimatlichen Scholle, in dieser Abgelegenheit ausharrt – eine Einstellung, die der Unterstützung aller bedarf, eine Lebensform aber auch, die dem zivilisationskranken Menschen unserer Zeit ein heilsames «Zurück-zur-Natur» anbieten könnte.[5]

Das Avers ist weniger und ist mehr als dies. Es ist geprägt von einer Geschichte, in der Mensch und Land durch Jahrhunderte hindurch in einer harten, trotzigen Verbundenheit miteinander lebten, abgeschlossen und in eins gesetzt, sich gegenseitig herausfordernd, alles voneinander abverlangend, zu ständig neuer Überwältigung ansetzend, eingebunden in den unausweichlichen Rhythmus der Jahreszeiten und geprägt von der gleichbleibenden Dauer unveränderlicher Bedürfnisse und Be-

dingungen; und es ist konfrontiert mit einer Gegenwart der schnellen
Zeiten und der grossen Räume, der bequemen Technik und des fliessen-
den Geldes, der Werbung, der Massen, der mühelosen Ideale und der
kurzfristigen Erfolge. Aber hier wie da ging und geht es darum, den
Alltag zu bestehen, in ihm Nahrung, Wohnung, Gesundheit, Arbeit,
Feierabend, Fortkommen, Vergnügen zu erreichen, die Sorgen klein zu
halten, die Mühseligkeiten zu verringern, die Missgeschicke zu überste-
hen, mit den andern auszukommen und eine Ordnung zu haben, in der
das Recht gilt und in der man frei bleibt. Das ist nicht Wildnis und das
ist nicht Idylle. Es ist ein Beispiel dafür, wie Menschen in ihrer Eigen-
ständigkeit in einem festen Raum und in der Antwort auf ihre jeweilige
Zeit ihre eigene Geschichte gemacht und ihr Leben gestaltet haben.

# I

# Das Land

Kaum einer, der heute das Avers besuchen will, wird anders als per Auto oder Postauto reisen. Er wird dann entweder über die grosse Autobahn kommen, die zum Bernardino-Tunnel führt, oder er ist noch vor Zillis auf die alte Kantonsstrasse abgebogen, hat sich vielleicht sogar durch Andeer hindurch gewunden und dann bei der Rofflaschlucht den Wegweiser nach Avers entdeckt. Weder der eine noch der andere aber wird, bevor er sich von den grossen Verkehrsadern weg durch die engen Strassenknoten glücklich bis zur eigentlichen Averser Strasse durchgefunden hat, heute noch das grandiose Erlebnis nachvollziehen können, das einstmals den Fusswanderer am Eingang des Tales als Auftakt seines Wegs ins Avers erwartet hatte: den Zusammenfluss von Ferrera-Rhein und Hinterrhein. «Wie zwei wutentbrannte Untiere schnauben die beiden Ströme gegeneinander, in wildem ringendem weissem Schaum weit um sich spritzend, in das geklüftete Gestein, bis sich endlich kampfesmüde, aber lange noch schäumend und tobend die vereinigten Gewässer über neue Schwellen und Blöcke hinabwälzen», so beschrieb J. K. von Tscharner 1842 diese Stelle,[6] und so zeigte sie sich auch noch bis in unser Jahrhundert hinein.

Der von Andeer kommende Autofahrer trifft an dieser Stelle jetzt auf einen kleinen Stausee, das Ausgleichbecken Bärenburg der Kraftwerke Hinterrhein. Ich möchte ihm dennoch raten, sein Auto für einige Minuten an der Randmauer stehen zu lassen und zu Fuss ein paar Schritte bis zu der kleinen Strassenbrücke weiterzugehen. Das Wasser, das hier zur linken Hand aus der Schlucht kommt, ist immer noch der Ferrera-Rhein. Aber es kommt nun nicht mehr zu diesem tosenden Zusammenprall mit dem Wasser aus der Rofflaschlucht. Der Stausee ebnet die Kräfte der beiden Rheinflüsse schnell in seine gelassene Fläche ein – genauer gesagt: das, was ihnen an Kraft noch übriggeblieben ist. Denn längst haben sie auf ihrem bisherigen Weg schon, durch Stollen und Kanäle überlistet und durch Staustufen vergewaltigt, von ihrer überschiessenden Gewalt an die Turbinen abgeben müssen.

Doch nicht dem Nachsinnen über solche Veränderungen sollte dieser Halt gelten. Das Wasser, das da aus der engen Schlucht hervortritt, ist eine erste Begegnung mit dem Avers. Beginnend weit oben hinter Juf beim Gletscher des Piz Piot, hat es einen langen Weg durchlaufen: durch unzählige Rinnsale, Sturzbäche und Seitenzuflüsse angewachsen, da in Wasserfällen weissschäumend über Felsen herabfallend, dort zwischen dicken Steinen durch grüne Blumenwiesen hindurchplätschernd, dann wieder am Fuss von himmelhohen Schluchtwänden entlangschiessend, alle Höhen an seinen Rändern, alle Täler an seinen Seiten an sich heranzwingend – Lebensader einer grossen Einheit.

Wie weit war der Weg? Als noch der Mensch das Zeitmass bestimmte, gab man 7 Wegstunden an für die Strecke von der Mündung des Tales bis nach Juf,[7] der obersten Siedlung (von wo man bis zum eigentlichen Talanfang nochmals eine gute Stunde geht). Das Postauto braucht laut Sommerfahrplan vom Gasthaus an der Rofflaschlucht bis zur Endhaltestelle in Juf 59 bis 62 Minuten, im PKW kann man es schon in 45 Minuten schaffen (die Einheimischen brauchen weniger!), der Kilometerzähler zeigt 24 Strassenkilometer an, der Wasserlauf vom Auftreffen auf den Talboden oberhalb Juf («Planjent» steht da auf der 25 000er Karte) bis zur Mündung mag nahezu 30 Kilometer lang sein.

Das Tal ist einfach zu gliedern. Engen und Schluchten wechseln mit Öffnungen, die gleichzeitig auch Höhenstufen markieren und sich für Siedlungen anboten. So erstreckt es sich in einem leichten Bogen aufsteigend von Norden nach Südosten.

Aber wenn dieses Wasser auch aus dem Avers kommt, und wenn daher auch der Disentiser Konventuale Placidus a Spescha in seiner um 1800 angefertigten «Geographischen Beschreibung aller Rheinquellen» meinte, dieses ganze Tal wäre das Aversertal,[8] und wenn schliesslich sogar das Strassenschild dem heutigen Autofahrer bei seiner Weiterfahrt eine solche Meinung nahelegt, so muss nun doch betont werden, dass dies ein Irrtum ist. Ebenso wie das Wasser, ist auch das Tal auf seiner unteren Strecke mit dem Namen Ferrera verbunden. Die Erklärung für diesen Namen liefert uns schon F. Sprecher von Berneck in seiner Cronica von 1672: «... allda es bey der Silberbrück ein reiches Berg Werk hat, von Silber-Erz, Kupfer und Blei».[9] Und wer es auf der Averser Strasse nicht gar zu eilig hat, der wird auch auf der rechten Strassenseite, halbwegs zwischen Roffla und Ausserferrera, die Reste der «Schmelze» nicht übersehen, die auf diesen Charakter des Tales hinweisen, und auf die wir später noch einmal zu sprechen kommen werden.

Vor allem aber sollte man sich jetzt von der Stille einfangen lassen, die in dem engen, mit hohen Tannen bewachsenen Tal herrscht, und man sollte der geheimnisvollen Erwartung, die uns in dieser plötzlichen Abgeschlossenheit ergreifen kann, Zeit geben, uns zu erfassen. Nur zögernd scheint sich das Tal erschliessen zu wollen. Dunkel ist es, der Fluss oft kaum zu sehen zu Füssen der schwarzgrünen Nadelbäume, deren Wipfel bis zur Strasse hochragen. Immer wieder müssen sperrige Felsvorsprünge umfahren werden, hinter denen sich neue Engen verbergen, und zwischenhinein dann gar noch riesige Quader, wie von Teufelsfäusten in die Schlucht geschleudert, als wollten sie hier alles Leben und Bewegen zertrümmern.

Ein erstes und ein zweites Mal aber öffnet sich das Tal dann auch schon: bei Ausserferrera, «das man nicht sieht, bis man beinahe mit dem Aermel daranstösst», wie das der Wanderer A. Hirzel 1880 in der «Neuen Alpenpost» so schön sagte,[10] und dann wieder erneut bei Innerferrera. Grüne Weideflächen, dicht aneinandergerückt die Häuser in den beiden – bis 1837 zusammengehörenden – Gemeinden; Kirchen, die noch in die vorreformatorische Zeit zurückreichen, und Ortsnamen, die erneut an die einstige Bergwerkstätigkeit in diesem Talabschnitt erinnern.[11] Ob es dem Besucher aufgefallen ist, dass auch zwischen Ausser- und Innerferrera, dieses Mal allerdings auf der gegenüberliegenden Talseite, Ruinen der alten Einrichtungen zu sehen sind? Wahrscheinlich haben die Anlagen der modernen Technik, die diese Stelle jetzt beherrschen, die Aufmerksamkeit ganz gefangen genommen: die Zentrale und das Ausgleichsbecken Ferrera, die wiederum zu den Kraftwerken Hinterrhein gehören.

Die beiden Ferrera-Ortschaften sind wie friedliche Oasen in der Unwirtlichkeit des Ferreratales. Aber was bisher an Wildheit auftrat, findet nunmehr eine immense Steigerung. Die Tiefe der Schlucht, die Schroffheit der Felswände, die Steile der Berghänge, die Öde, die Düsternis wachsen hier in grandiose Dimensionen. Unmittelbar hinter Innerferrera wechselt die Strasse auf die linke Talseite hinüber, und sie windet sich nun hoch über dem Bett des Rheins an der linken Talwand entlang: ein erster Tunnel, eine Lawinenüberbauung, die kleine Brücke danach überquert das Val digl Uors, das Bärentobel – der letzte Bär wurde hier am 10. Juli 1897 von einem Avner gesehen![12] –, ein zweiter Tunnel, länger, kaum beleuchtet, grob aus dem Felsen herausgehauen, erneut eine Brücke, erneut ein Tunnel, und nun sollte man den Wagen an der Seite abstellen und aussteigen.

Jetzt nämlich, genauer gesagt: von der Mitte der letzten Brücke an, befindet man sich im Avers! Die politische Gemeinde, der Kreis und mit ihnen auch das Hochtal Avers nehmen hier ihren Anfang. Und auch der Fluss heisst von seinen Quellgebieten an bis zu dieser Stelle Jufer und dann Averser Rhein. Die Grenze des Avers folgt von hier aus nach Süden hin der Schweizer Grenze bis vor das Schwarzseehorn, überquert dann in nordöstlicher Richtung das Madrisertal bis zur Cima di Camutsch, folgt dem Höhenkamm wieder in südlicher Richtung, biegt

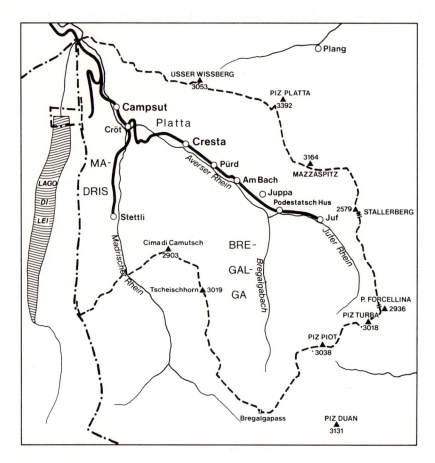

über Wissberg und Gletscherhorn um das Bregalgatal erneut nach
Nordosten und gelangt über Piz Piot und Piz Turba bis zum Piz
Forcellina, um von hier aus nördlich und nordwestlich über Mazzaspit-
ze, Täligrat wieder nach Westen über den Guggernüll bis zu dieser
Brücke zurückzustossen. Das ganze Gebiet umfasst 92,46 km². [13]

Allein, nicht nur aus diesem Grund ist diese Stelle bemerkenswert.
Man kommt hier mit einer ganzen Reihe von geographischen, historischen und wirtschaftlichen Besonderheiten in Berührung.

Die Brücke, von der die Rede war, führt über den Reno di Lei, und
hier endet also die Valle di Lei, das Läil, wie die Avner sagen. Dieser
Reno di Lei, der hier in den Averser Rhein einmündet, ist das einzige
Wasser, das von Italien aus nach Norden fliesst und bis in die Nordsee
gelangt. Dies rührt daher, dass sich mit dieser Valle di Lei italienisches

Neue und alte Valle di Lei-Brücke.
Das Avers beginnt hier!

Staatsgebiet wie ein Keil in die Schweiz hineinschiebt. Wer einen etwas
mühseligen Abstieg nicht scheut, der sollte unmittelbar hinter dem
letzten Tunnel dem Wegweiser folgend talabwärts klettern; er gelangt
dann unter der modernen Betonbrücke auf die alte Strassenbrücke vom
Ende des vorigen Jahrhunderts, und er kann von hier aus in der
Felswand leicht einige eingemeisselte Grenzmarkierungen erkennen.

  Das hat eine lange Vorgeschichte. Sie geht auf einen Verkauf der
Alpen in der Valle di Lei durch den Grafen von Werdenberg-Sargans an
die Gemeinde Plurs zurück. Auf Grund dieses Verkaufs vom Jahre 1462
bestätigte das oberste Gericht des Grauen Bundes im Jahre 1644, «das
die Alp und tall Ley in der Gemeindt und territorio Plurss» liege, und
dies wurde wiederum die Grundlage für eine definitive Grenzregulie-
rung zwischen der Schweiz und Italien im Jahre 1863. In der Zwischen-
zeit hatte wegen der unklaren Verhältnisse – Plurs war am 4.9.1618
durch einen gewaltigen Bergsturz verschüttet worden[14] – Graubünden
Hoheitsrechte auf die Valle di Lei in Anspruch nehmen wollen. Aber
1863 fiel dann die Entscheidung zugunsten Italiens: die ehemalige Pri-
vatgrenze wurde nun endgültig Staatsgrenze, sie sollte allerdings jeweils
nur bis zur Strasse reichen, damit diese nicht auch noch durch italienisches Hoheitsgebiet führte.[15]

  Dass aber der Reno di Lei trotz dieser völkerrechtlichen Regelung
geographisch nach wie vor zum Flussgebiet des Rheins gehört, hatte in

unserer Zeit wiederum Konsequenzen für die wirtschaftlichen Strukturen dieses Gebietes. In der italienischen Valle di Lei wurde nämlich ein Stausee für die Kraftwerke Hinterrhein errichtet. Die Auswirkungen betrafen auch die wirtschaftliche Situation des Avers unmittelbar, und nicht zuletzt gab es sogar noch eine kuriose politische Folge, insofern nämlich mittels eines Gebietsaustausches die Staumauer selbst Schweizer Hoheitsgebiet wurde![16]

Aber blicken wir nun noch einmal in die Schlucht des Averser Rheins und auf die gegenüberliegende Talseite, bevor wir unsern Weg fortsetzen: der Felsenturm, der den engen Durchbruch, den Eingang in das Avers zu bewachen scheint, die steinernen Wände, die aus dem Wasser hochragen, heruntergerutschte Matten, Arvenkränze über den steilen, zackigen Rändern, bei denen der Blick sich verliert. Ist es nicht, als ob die Hand eines Riesen in breiten Mulden ihre Spuren hinterlassen hätte bei dem Versuch, diese Enge wenigstens etwas auseinanderzudrükken! «Ein schauerlich wildes Gebiet», nannte es ein Wanderer zu Beginn unseres Jahrhunderts,[17] von «düsteren Bildern» sprach ein anderer und von «beengenden Eindrücken», denen er sich «mit eiligeren Schritten» zu entziehen suchte.[18]

Doch wenn der rasche Autofahrer nun seinen Weg auf der linken Talseite fortsetzt, zunächst auf der in den Felsen gehauenen kurvenreichen Strasse, dann durch schützenden Wald, und wenn sich sein Blick plötzlich auf eine ausgedehnte Talmulde auftut – geht es ihm in diesem Augenblick nicht immer noch ähnlich wie dem Wandersmann von damals: «... freier athmet er auf, wenn die anmuthige Wiesenebene, in deren Mitte Campsut liegt, vor ihm sich ausbreitet»?

Campsut ist die erste Ansiedlung, die zu Avers gehört. Wenige Häuser, die sich hinter einer Kurve und vor einem erneuten Anstieg entlang der Strasse drängen, Wohnhäuser und Ställe, getrennt auseinanderliegend, schwarzbraunes Holz, helles Mauerwerk dazwischen, grauverwitterte Steinplatten auf den Dächern – die erste Averser Siedlung auf der untersten Stufe des Hochtales. Hat man soeben noch ein «schauerlich wildes Gebiet» durchfahren? Friedlich schlängelt sich der Bach durch das wellige Wiesengelände, Tannenwald hebt sich dunkel von dem blumendurchsetzten satten Grün ab, Lärchen- und Arvenwald steigt zu den umrandenden Felswänden empor und nimmt ihnen die kahle Schroffheit. Direkt über der Ansiedlung, verborgen durch eine tannenbestandene Felsenkulisse und nicht zu vermuten, liegt ein Plateau, wo sich einstmals die ältere Siedlung Campsur befand.

Ein weiterer steiler Anstieg, eine fast liebliche Strecke dahinter –
wer Zeit und Lust hat, nochmals anzuhalten, der mache einige Schritte
bis zum Flussbett, um hier die Auswasçhungen zu bewundern. Danach
aber ist Cröt erreicht. Endet das Tal hier? In südlicher Richtung ahnt
man eine Öffnung. Hinter dem waldbestandenen Höhenzug verbirgt
sich das erste der grossen Seitentäler des Avers, das Madrisertal. Allerdings liegt nicht das ganze Tal auf Averser Gebiet. Seit dem Jahre 1412
hat die Bergeller Gemeinde Soglio Alpen im hinteren Teil des Tales
übernommen und konnte diesen Besitz auch bis auf den heutigen Tag
behaupten. Lediglich die Alp Bles wurde 1849 bei der Trennung von
Soglio und Castasegna an letztere Gemeinde abgetreten, bei Soglio
verblieben die Alpen Sovrana und Preda.[19] Zum Avers gehörig waren
dagegen immer die besiedelten vorderen Teile des Tales, und eine der für
das Avers lebenswichtigen Verbindungen nach dem Süden führte durch
das Madrisertal über den «Madris-Berg» (Passo di Lago) oder über den
Prassignola ins Bergell.

Der Usser Tobel bei Cröt

Folgen wir jedoch nun den Serpentinen der Hauptstrasse, um die nächste Stufe des Averser Hochtales zu erreichen. Schon nach der ersten Kurve überquert eine Brücke den Averser Rhein, und von hier aus muss man einen Blick in die tiefe Schlucht werfen, durch die der Fluss sich erneut einen Weg gebahnt hat. Durchgangsmöglichkeiten für eine Strasse bieten sich nicht mehr, es bleibt nur die Umgehung über den Querrücken bis hinauf zur Letzihöhe. Bevor es die jetzige und die noch deutlich erkennbare frühere Strasse gab, benutzten die Bewohner der oberen Talstufen diese Schlucht dennoch im Winter, indem sie über Eis und Schnee einen Schlittweg für den Holztransport bahnten. Tatsächlich aber bildeten die Schlucht und die beiderseitigen Steilhänge bis zum Bau der Strasse einen Sperriegel, und der Name «Letzihöhe» weist darauf hin, dass sich auf dieser Anhöhe eine Wehranlage befunden haben muss, die in frühen Zeiten diese geographischen Gegebenheiten zu einer Talhut für das Obertal ausnützte.[20]

Mit der Letzihöhe ist die nächste Talstufe erreicht. Es lohnt sich, auch hier noch einmal – also vor der Letzibrücke – anzuhalten und auszusteigen. Da ist der schwindelerregende Abgrund der Rhein-schlucht, über den in elegantem Bogen die Betonbrücke zur rechten Talseite hinüberführt. Da ist der Blick talaufwärts: die schroffen, einge-buchteten Steilwände, die das tief eingeschnittene Flussbett einrahmen, bis zur Höhe hinauf zur linken Hand die welligen Matten, zur Rechten der Letzi- und dann der Capettawald, und schliesslich weit oben schon die Häuser von Cresta. Der alte Weg dorthin – die erste Fahrstrasse aus den neunziger Jahren also – war auf der linken Talseite geblieben und hatte durch den schattigen Wald geführt, um den Fluss auf einer Stein-brücke weiter oberhalb zu überqueren; die Zufahrt ist vor der Letzibrük-ke leicht zu erkennen, und es ist ein nicht nur erfrischender, sondern auch lehrreicher Spaziergang bis zu dieser alten Steinbrücke, denn hier kann man sehr schön den alten Strassenbau studieren! Im Umkreis dieser Zufahrt befand sich im übrigen auch der «Galgaboda», die ehemalige Averser Richtstätte.

Aber setzen wir nun die Fahrt auf der neuen Strasse fort, entlang der rechten Talseite bis hinauf nach Cresta, dem Mittelpunkt des Avers, denn hier befinden sich Gemeindekanzlei, Kirche, Schule, ein Selbstbe-dienungsladen und ein Hotel! Es ist die grösste Ansiedlung im ganzen Hochtal.

Offen und weit ist auf einmal alles geworden. Die Höhen auf der Nordseite, von Grasteppichen überdeckt und von Sturzbächen durch-

schnitten, sind überragt von dem leuchtenden Weissberg. Auf der Südseite reichen oberhalb des Waldes grüne Alpweiden bis zum Horizont.
Nach Nordosten hin, wo der Wald aufhört, scheint das Tal nur noch eine
sanfte Mulde zu bilden, überdeckt von Matten, die von der einen
Hangseite zur anderen hinüberreichen, alles in leichtem Anstieg bis zu
dem abschliessenden mächtigen und breitfüssigen Wengenhorn. Dennoch täuscht das Bild. Wo die beiden Talseiten ineinander überzugehen
scheinen, klafft auch jetzt in tiefem Abgrund die Schlucht des Averser
Rheins, erst zu entdecken, wenn man ganz nahe an seinen Rand gelangt,
etwa hinter der Kirche von Cresta das «Turrli» hinabsteigend. Da blickt
man wieder in wilde, dunkle, felsenkalte Schroffheit, und man ist nur
noch umgeben vom schäumenden Rauschen des Wassers.

Streusiedlungen begleiten den Weg weiter talaufwärts über Pürt,
Am Bach, Juppa. Hier, vor dem Wengenhorn, zweigt das zweite Seiten-
tal nach Süden hin ab, das Bregalgatal mit dem Bregalgabach; in seiner
Verlängerung führt hier der Weg über Bregalga- und Duanpass wieder-

um bis ins Bergell. Der Averser Rhein hingegen, von Osten kommend, hatte sich unmittelbar vor der Einmündung des Bregalgabaches – für uns ein letztes, für ihn ein erstes Mal! – durch eine Schlucht hindurch-fressen müssen, während die Strasse am Podestatshaus vorbei die letzte Höhenstufe erklettert, um dann den obersten Teil des Averser Hochtals und die letzte Siedlung, Juf, zu erreichen. Hier endet die Strasse. Das Tal verläuft sich in einem leichten Bogen nach Südosten, bis es in abgeschie-dener Stille vor dem Piz Forcellina und dem Piz Turba seinen Abschluss findet.

Man sollte von Juf aus den Weg bis an dieses einsame Ende machen. Die Wegweiser über den Stallaberg nach Bivio und über die Forcellina zum Septimer, nach Casaccia oder Majola zeigen die Verbin-dungen über die Pässe nach aussen hin an. Das Avers selbst, das wir über die lange Zufahrt durch das Ferreratal bei der Brücke über den Reno di Lei erreicht haben, hört hier auf. Es ist ein guter Ort, um den Blick und die Gedanken noch einmal zurückzuwenden. Der Rhein, der hier (als Jufer Rhein) zeitweise schon recht breit daherfliesst, war unser steter

Juf, der letzte Weiler im Avers, die höchstgelegene
Dauersiedlung Europas (2126 m). Im Hintergrund Piz
Forcellina (2936 m) und Piz Turba (3018 m)

Begleiter; ihm sind wir auf diesem langen Weg gefolgt und immer
wieder begegnet. Er bildet die Längsachse des Hochtales und fasst es
damit zu einer Einheit zusammen. Doch das ist keine uniforme Einheit.
Auf stets neuen Stufen entfalteten sich stets neue Aspekte: schauerliche
Klüfte, schattige Wälder, sanfte Matten, nackte, steinige Einsamkeiten,
und dies alles eingeschlossen und durchbrochen von hochragenden
Gipfeln und felsigen Graten. So ist dieses Land. Aber das ist noch nicht
alles. Sahen wir nicht zwischenhinein auch Ställe, Häuser, Siedlungen,
Strassen und Brücken? Die Spur des Menschen? Was also waren, was
sind die Menschen in einem solchen Land? Wie gestalteten sie in ihm und
mit ihm ihr Leben und ihre Geschichte?

# II

## Die erste Walsersiedlung

Wer mit dem Postauto von Andeer nach Cresta fährt, der kann hier eine Erfahrung machen, die auch bereits den Historikern Rätiens aus dem 16. Jahrhundert zu denken gab: Er hört Romanisch und Deutsch redende Fahrgäste. Aber es wird ihm dann weiterhin auffallen, dass dies nur bis Innerferrera der Fall ist. Ab dann und bis nach Juf sind nur noch deutsche Laute zu hören. Die Romanisch redenden Fahrgäste sind in Ausser- und Innerferrera ausgestiegen. Der Autofahrer kann ähnliche Beobachtungen machen, vor allem, wenn er auf der Fahrt nach dem Avers in den Ferrera-Gemeinden einen kurzen Halt macht oder wenigstens einen kleinen Umweg durch die Dorfstrassen einlegt. Die Leute reden Romanisch, die Schilder sind zum grössten Teil romanisch beschriftet. Ab Campsut hört aber das Romanische auf. Wir sind im Avers.

Dass es im Romanisch sprechenden Rätien Leute «in obersten hochinen» gibt, die «noch hüt by tag guot heyter tütsch redent», hatte erstmals Ägidius Tschudi in seiner 1536 erschienenen «Uralt wahrhaftig Alpisch Rhetia» mitgeteilt, und knapp fünfzig Jahre später hatte Ulrich Campell in seinem Geschichtswerk «Rhaetiae Alpestris Topographica Descriptio» präzisiert, dass solche Deutsch redenden Leute ihre Sprache als «Walliser Sprach» bezeichneten.[21] Tschudi hatte seine Beobachtungen auf das Rheinwald bezogen, Campells Bemerkungen betrafen Davos. Beide hätten das gleiche auch im Avers feststellen können. Was die beiden Historiker des 16. Jahrhunderts zum erstenmal ansprachen, ist das Thema der Walsersprache und damit der Walsersiedlungen und der Walserwanderungen. Rheinwald und Davos bildeten dabei Schwerpunkte, aber auch das Avers ist in seiner Geschichte und mit seinem Leben bis auf den heutigen Tag von diesem umfassenden Prozess geprägt. Um was handelt es sich?

## Die grosse Walserwanderung

Über den grossen Rahmen ist sich die Forschung heute einig.[22] Nachdem man in der älteren Geschichtsschreibung in diesen deutschen Sprachinseln noch Reste einer alten deutschen Ureinwohnerschaft oder auch Zuwanderer aus sächsischen oder alemannischen Gebieten sehen wollte, die unter dem Einfluss deutscher Kaiser zum Schutz der Alpenübergänge hier angesiedelt worden waren,[23] vielleicht auch in den Bergbauzentren Verwendung gefunden hatten oder einfach geflohen waren, hat sich die ja bereits seit Campell auftretende Auffassung durchgesetzt, dass es sich hier um eine Wanderungsbewegung handelte, die ihren Ausgangspunkt im Oberwallis hatte. Ihr Beginn ist im 13. Jahrhundert anzusetzen.

Was ist das für ein Jahrhundert? Es ist nicht unwichtig, sich seiner Hauptcharakterzüge zu erinnern. 13. Jahrhundert – da wird an den grossen Kathedralen von Chartres, Reims und Amiens gebaut, da ziehen Kreuzfahrer in immer neuen Wellen in das Heilige Land, da blüht das Leben der Städte, da lehrt ein Thomas von Aquin und wird ein Dante geboren, da gibt es einen heiligen König Ludwig mit seiner Sainte-Chapelle, und da erregt der kaiserliche Glanz eines Friedrich II. das Staunen der Welt, da wird die Reconquista der iberischen Halbinsel mit Ausnahme von Granada beendet, und da sieht man im byzantinischen Osten die Gründung und die Auflösung eines Lateinischen Kaiserreiches, da tritt Habsburg in der Nachfolge der untergegangenen Staufer auf die europäische Bühne, und da schliessen sich in der Schweiz Eidgenossen zu einem Bündnis gegen ihre Herrschaft zusammen…

In diesem 13. Jahrhundert der grossen Bewegungen, Höhepunkte und Umwälzungen in der europäischen Geschichte entwickelt sich vom Oberwallis aus das, was man «eine späte Völkerwanderung durch die Alpen» genannt hat,[24] und was grundlegend für die Geschichte des Avers werden sollte.

Eine ursprünglich alemannische Bevölkerung, die im 8. Jahrhundert das Berner Oberland erreicht hatte, war um die Jahrtausendwende in Teilen weiter in das Rhonegebiet gezogen, und von hier aus setzte mit dem beginnenden 13. Jahrhundert erneut eine Wanderungsbewegung ein, die sich bis zu den ersten Jahrzehnten des 14. Jahrhunderts von den italienischen «ennetbergischen» Südtälern jenseits der Walliser Alpen bis zum «Schwäbischen Meer» und Davoser Raum, bis zu den Jurahöhen und bis nach Savoyen hin erstreckte. Es war freilich keine geschlossene Massenbewegung, sondern, wie Paul Zinsli es formulierte, «ein Neben- und Nacheinander von Auszügen aus der Heimat, die schliesslich in eine heute kaum mehr überschaubare Vielfalt von Gruppen- und Sippenbewegungen münden». In immer neuen Schüben zogen Gruppen aus bereits bestehenden Kolonien zu neuen Zielen, so dass man «von primären, sekundären, ja von Kolonien mehrfachen Grades der Abstammung reden kann».[25]

Was hat diese Menschen zu diesen Wanderungen bewogen? Es war zunächst sicherlich eine Notwendigkeit, die sich aus der Überbevölkerung in den ursprünglichen, aber dann wohl auch schon in den nächstfolgenden Siedlungsräumen ergeben hatte. Dazu aber trat eine Anziehungskraft, die von den Dynasten und Grundherren der Einwanderungsräume ausging. Sie nämlich waren in doppelter Weise an den Walliser Kolonisten interessiert. Einmal erhofften sie sich von ihnen eine einträglichere Bewirtschaftung der bislang schlecht genutzten Höhenlagen, zum anderen waren die kriegstüchtigen Walliser willkommene Söldner. Die Gegenleistung bestand in der Gewährung von «Kolonistenrechten», die den Zuwanderern mit den Siedlungen zugleich freie Lebensformen zusicherten.[26]

Wie hat man sich in diesem grossen Zusammenhang die Walserbesiedlung des Avers vorzustellen?

Bislang bestand die Auffassung, dass diese Besiedlung von einer der sogenannten Mutterkolonien ausgegangen war, dem Rheinwald. Hier waren Anfang der siebziger Jahre des 13. Jahrhunderts unter dem Schutz des Freiherrn Albert von Sax-Misox erste Ansiedler eingetroffen. Eine Urkunde vom 24. Juli 1274 erwähnt zum erstenmal ihre Anwesenheit. 1277 erhielten sie von dem Freiherrn Walter IV. von Vaz einen Freiheitsbrief ausgestellt, und aus einer weiteren Urkunde vom 25. November 1286 geht hervor, dass es sich um 23 Genossen mit ihren Familien handelte, die in der Mehrzahl aus dem Tocetal stammten. Im gleichen Jahr erhielten sie alles Land im Talgrund von Hinterrhein zu erblichem Lehen gegen einen jährlichen Zins. Im Jahre 1301 wurde dieses Gebiet noch durch drei weitere Alpen im hinteren Rheinwald erweitert.[27]

Von dieser Mutterkolonie aus, so nahm man bislang an, sei dann die Besiedlung des Avers erfolgt. Erhard Clavadetscher, der 1942 das entsprechende Material zusammenstellte, setzte als Zeitpunkt «etwas früher als die Mitte des 14. Jahrhunderts» an, weil einerseits der erste bis dahin bekannte urkundliche Hinweis auf Averser Walser, die Vergabe eines Erblehens an einen Johannes Ossang, «ministralis in valle Avero» aus dem Jahre 1377, auf eine bereits bestehende Gemeinde schliessen lässt, und weil zum anderen im gleichen Jahr Walser im Oberhalbstein belegt sind, die aus dem Avers stammen und also eine kleine Tochterkolonie der Averser Siedler darstellen sollen. Dass es sich bei diesen ersten Walsern um Abkömmlinge aus dem Rheinwald handeln müsse, wurde aus sprachgeschichtlichen Gründen geschlossen; «etwa drei Viertel der sprachlichen Kriterien» sprechen «für eine nähere Zugehörigkeit des Avers zum Rheinwald», so übernahm Clavadetscher die Ergebnisse der Untersuchungen von R. Hotzenköcherle.[28]

Auf welchem Weg wären diese ersten Ansiedler aus dem Rheinwald ins Avers gekommen? Wer hat sie zur Ansiedlung ermutigt und was fanden sie in den neuen Siedlungsräumen vor?

## Vorwalserische Siedlungen im Avers: Das Urbar von St. Peter

Beginnen wir bei der letzten Frage. Dass das Avers kein unbesiedeltes Land war, als die ersten Walser dort eintrafen, steht fest. Allerdings wissen wir nichts über die Anfänge dieser Besiedlung. Es haben sich bisher keinerlei Spuren dafür gefunden, dass etwa auch das Avers in den steinzeitlichen, bronzezeitlichen oder eisenzeitlichen Siedlungsbereich gehörte, für den man in seiner weiteren Nachbarschaft – im Oberhalbstein, im Domleschg, im Schams und Rheinwald und im Churer Rheintal – reichliche Funde gemacht hat.[29] Gerade für die Bronzezeit spricht man ja von einem plötzlichen und starken Ansteigen der Siedlungstätigkeit, die auch entlegene Talschaften erfasst hat, wobei «markante Hügelkuppen und Hangterrassen» von dem bäuerlichen Bronzezeitmenschen bevorzugt wurden.

Dennoch gibt es einen Beleg dafür, dass Menschen auch in dieser frühen Zeit schon das Avers berührt haben. Es ist ein von Jürg Stoffel 1961 auf einem Steinhaufen bei Gorisch-Hus gefundenes Steinbeil. Von den Fachleuten wird es auf Grund seiner Form in das späte oder ausgehende Neolithikum eingeordnet, also in das Ende der Jungsteinzeit. Es gehört zum Typ der Rundnackenäxte, der weit verbreitet ist: von Südskandinavien bis nach Norditalien und Frankreich. Wenige Funde sind bisher auch in der Schweiz gemacht worden. Die Tatsache jedoch, dass hier ein sogenannter Höhenfund vorliegt, besagt, dass es sich wahrscheinlich um ein bei der Jagd oder an einem Übergangsweg verlorenes Stück handelt, man kann es aber nach Meinung der Fachleute «kaum» als «ein Zeugnis für Almbetrieb schon im Neolithikum betrachten».[30]

Für die Annahme von J. R. Stoffel, das Avers könne von den Römern als Durchgangsgebiet benutzt worden sein – etwa als zeitweiser Ersatz für den Splügen- oder Septimerübergang – gibt es keine Anhaltspunkte, selbst wenn man früher den steingemeisselten Weg im «Turrli» hinter der Kirche von Cresta sowie in der «Furra» unterhalb von Cresta

Steinbeil aus dem Ende der Jungsteinzeit.
(1961 von Jürg Stoffel bei Gorisch-Hus gefunden)

«Römerweg» genannt haben mag. Als eine blosse Möglichkeit legt Stoffel auch nahe, bei den noch vorhandenen drei alten Steinbrücken über den Maleggenbach zwischen Pürt und Cresta, über den Casalbach unterhalb von Cresta und über den Rhein bei Cröt könne es sich um römische oder rätische Konstruktionen handeln, da die Walser mit Holz bauten.[31]

Die einzigen archäologischen Funde im Avers sind drei Gräber; die ersten beiden wurden 1920 bei dem kleinen Hof «Furra» zwischen Pürt und Am Bach entdeckt, aber zerstört,[32] während das dritte am 21. Juni 1928 auf dem «Büeltschi» oberhalb von der Strasse am westlichen Ortseingang von Cresta aufgefunden wurde. Es handelt sich um ein Steinkistengrab, dessen Einzelheiten aber nur eine sehr grobe Datierung erlaubten, vielleicht bereits 3., spätestens 6.–8. Jahrhundert nach Chr., und die auf die Bestattung eines Räters hinzuweisen scheinen.[33] Diese Grabfunde bezeugen also die Anwesenheit von Menschen im Aversertal, belegen aber noch keine Besiedlung. Diese wird erst durch die Flurnamen greifbar, und damit befinden wir uns hinsichtlich der Besiedlungsfrage im Avers zum erstenmal auf festem Boden.[34]

Abgesehen von wenigen Flurnamen vorromanischer Herkunft (Zocca, Bles im Madrisertal; Ganda oder Oberganda in Juf, Cresta, Casol und Platta; Crapol beim Podestatshaus) sind 12% aller Orts- und Flurnamen im Avers romanischen Ursprungs.[35] Das betrifft die Ortsnamen so gut wie ausschliesslich (beginnend mit Avers selbst, von romanisch Avras, sodann Juf, Juppa, Cresta, Casol, Platta, Cröt, Madris, Campsut; lediglich Pürt und Am Bach sind also nicht romanischen Ursprungs). Bei der Verteilung der romanischen Flurnamen fällt allerdings auf, dass sie sich in überwiegendem Masse im Jufer Raum erhalten haben.[36] Wir

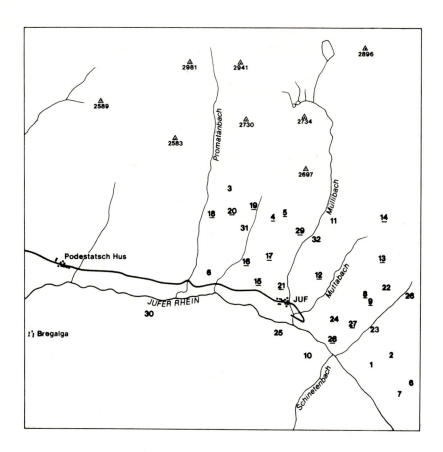

## Flurnamen im Bereich Juf[1]

| | | |
|---|---|---|
| 1 Alpagada | 12 Mutta (R) | 23 Stanga |
| 2 Alpagadabächli | 13 Muttabach (R) | 24 Stück |
| 3 Büel | 14 Muttarätsch (R) | 25 Tiergarta |
| 4 Foppa (R) | 15 Pardätscha (R) | 26 Treiabach |
| 5 Foppabärg (R) | 16 Pezzalawina (R) | 27 Tubadell (R) |
| 6 Ganda (vorrömisch) | 17 Prumatän (R) | 28 Tubadellbächli (R) |
| 7 Gandabächli | 18 Prumatänbach (R) | 29 Uf dr ussara Mutta (R) |
| 8 Ganscheron (R) | 19 Prumatänbächli (R) | 30 Under dr Flua |
| 9 Ganscheronbärga (R) | 20 Prumatämhoolta (R) | 31 Walcazett (R?) |
| 10 Gärtli | 21 Puntgada (Punt = R) | 32 Wissa Turtschi |
| 11 Müllibach | 22 Rosswäg | |

[1] Gegenwärtig gebräuchliche Flurnamen laut Liste der Gemeindekanzlei Avers.
R = laut RHB romanischen Ursprungs.
Im angrenzenden Bereich Podestatshaus sind von 31 Flurnamen dieser Liste nur noch 3 romanischen Ursprungs (Pfrunt, Pfruntbärga und Pfrunthoolta).

werden über die wahrscheinlichen Gründe dafür noch zu sprechen haben. Jedenfalls ist davon auszugehen, dass wir in Anbetracht der Ausbreitung romanischer Orts- und Flurnamen mit einer durchgängigen romanischen Besiedlung des gesamten Talverlaufs einschliesslich des Ferreratals rechnen können, und zwar wird jetzt für den Ausbau dieser Siedlungen das 11.–13. Jahrhundert angesetzt.[37]

Damit haben wir aber nun auch einen Anhaltspunkt gewonnen für die Frage, was die ersten Walser Siedler im Avers vorgefunden haben. Die Tatsache nämlich, dass romanische Namen von ihnen übernommen und beibehalten wurden, so dass sie auch noch heutigen Tages in Gebrauch sind, beweist zum einen, dass diese ersten Walser Siedler nicht etwa in Niemandsland kamen, sondern in ein Gebiet, das bereits durch eine romanische Siedlung geprägt worden war. Zum andern ist daraus zu schliessen, dass bei ihrer Ankunft eine bereits ansässige Bevölkerung noch vorhanden war, von der die deutschsprachigen Walser diese romanischen Orts- und Flurnamen übernehmen konnten. Man muss daher drittens auch annehmen, dass diese Walser mit den romanischen Bewohnern während einer gewissen Zeit in alltäglichem und friedlichem Kontakt standen.

Diese Annahme lässt sich durch eine sehr interessante Quelle erhärten. Es handelt sich um eine Eintragung in dem Urbar (Abgaben- und Güterverzeichnis) des St. Peter-Hospizes auf dem Septimer über die Abgaben, die dem Hospiz aus dem Avers zustanden. Mit der Abfassung dieses Urbars wurde Ende des 14. Jahrhunderts begonnen, die das Avers betreffende Eintragung ist sogar erst in der 2. Hälfte des 15. Jahrhunderts vorgenommen worden, in allen Fällen besteht das Urbar jedoch aus Abschriften und Auszügen aus sehr viel älteren Quellen.[38] Martin Bundi hat dieses Urbar erwähnt,[39] indessen hat er nur die von Fritz Jecklin besorgte Edition[40] benutzt, die sich – soweit dies das Avers betrifft – nach einer Überprüfung mit dem Original als recht fehlerhaft erwiesen hat.[41] Das Original lässt eine noch genauere – in manchen Punkten von Bundi auch abweichende – Interpretation zu. Mit dieser Quelle müssen wir uns etwas ausführlicher beschäftigen. (Text und Transkription s. Anhang S. 199–203).

Die zinspflichtigen Höfe aus dem Avers werden in dem Urbar in folgender Anordnung aufgeführt. Es beginnt mit einem Hof *in der usseren Cresten, die da stost wswerd an Casal* und einem Hof *of der inderen Kresten.* Diese beiden Höfe, die also im Gebiet des heutigen Cresta liegen, und die im Westen (talauswärts) an Casal angrenzen, sind in deutscher

Sprache beschrieben; sie zahlen jeder 60 Plappart Zins. Danach folgt in lateinischer Sprache und nach einem gleichmässigen Schema aufgebaut die Aufzählung von vier weiteren zinspflichtigen Gütern, die ausdrücklich Meierhöfe genannt werden; sie sind durch ihre Lage und die Anstösser sehr viel genauer beschrieben als die Güter in Cresta, und auch ihre Abgaben sind anders formuliert. Zweifellos deuten diese Unterschiede in der Beschreibung auf zwei verschiedene Vorlagen hin.

Diese vier zinspflichtigen Höfe aus dieser 2. Gruppe werden in der folgenden Weise aufgeführt und beschrieben:

1. Ein Meierhof *pansot,* im Avers gelegen, in einer *gyoff* genannten Örtlichkeit, gegen Morgen von einer *aqua molini,* gegen Mittag von einer *aqua coriva,* gegen Abend von einer (aqua) *premontana* und gegen Mitternacht von einem *fyl culminis* begrenzt. – In *gyoff* erkennen wir unschwer das heutige Juf, in der *aqua molini* den heutigen Mülibach, in der *aqua premontana* den Promatänbach. Zwischen diesen beiden Bächen lag also dieser erste Hof. Die südliche und nördliche Begrenzung, *aqua coriva* und *fyl culminis* bezeichnet den Talfluss oder das Landwasser (heute Jufer und Averser Rhein) und die Bergkette; sie ist für alle vier Höfe gleich, sie lagen demnach alle auf der Nordseite des Talflusses und südlich der Bergkette.

2. Ein Meierhof *dextra ckrucz,* ebenfalls im Aversertal gelegen; der östliche Anstösser ist der Hof *cleyn hans,* der westliche Anstösser ist der Hof *bertz.*

3. Ein Meierhof, dessen Bezeichnung nur sehr schwer zu lesen ist, wahrscheinlich aber *rivyus* lautet, er stösst im Osten an den Hof *claus heins* und im Westen an die Güter *cleyn hans.*

4. Ein Meierhof *subtus sasol,* ebenfalls im Avers, grenzend im Osten an *aqua premontana,* also den Promatänbach, und im Westen an *heredes quondam zwannoti,* die Erben des weiland zwannoti.

Alle diese Höfe zahlen Zins, allerdings in unterschiedlicher Höhe: der erste 3, die beiden nächsten 4 und der letzte 6 Gulden Churer Währung. Allen ist aber eingeräumt, dass sie statt des Geldes einen Naturalzins von *pingues XVI* pro Gulden zahlen können, also von 16 Einheiten eines Fettproduktes (Talg, Schmalz oder Butter?).

Nun sind aber neben diesen vier zinspflichtigen Höfen auch noch vier Anstösser genannt: *cleyn hans* (der sogar zweimal auftritt), *bertz, claus heins* und die Erben *zwannoti.* Damit haben wir in dieser zweiten Gruppe insgesamt acht Höfe. Und wir können aus der Beschreibung sogar ihre genaue Lage rekonstruieren. Sie grenzen nämlich alle aneinander und bilden so eine geschlossene Reihe, allerdings ist die Reihenfolge anders als in der Aufzählung des Urbars. Dort richtet sich die Reihenfolge offenbar nach der Höhe der Zinspflicht. Die örtliche Lage ist dagegen von Osten (also von der östlichen Begrenzung Mülibach an) nach Westen folgendermassen zu rekonstruieren:

1. der Hof *pansot* in Juf,
2. der Hof *subtus sasol,*
3. der Hof der Erben *zwannoti,*
4. der Hof des *claus heins,*
5. der Hof *rivyus,*
6. der Hof *cleyn hans,*
7. der Hof *dextra ckrucz,*
8. der Hof *bertz.*

Wo die westliche Grenze dieses Hofes und damit der ganzen Reihe zu sehen ist, müssen wir vorläufig noch offenlassen.

Dieses erste Ergebnis ist nach zwei Richtungen hin zu vertiefen.

Zunächst ist festzustellen, dass hier eine Siedlungsstruktur greifbar wird, die kontinuierlich bis in unsere Gegenwart wirksam geblieben ist. Das lässt sich aus Quellen aus verschiedenen Zeitabschnitten belegen.

Da ist einmal ein Kaufvertrag aus dem Jahre 1550 erhalten,[42] durch den die Vögte und Verweser von St. Peter den Zins von vier Meierhöfen aus dem Avers an den Junker Baptist von Salis-Soglio verkaufen, «so die meyeren in affers hie vor bezalt handt und nach bezalent», und zwar – unter Berufung auf das Urbar – von folgenden Höfen: «ein meyr hoff genampt Cresta stost uszwert an Casell», «ein meyr hoff gnampt Pensott im joff»,[43] «ein ander meyer hoff genampt dextra crutz», «ein ander mayer hoff genampt sasell». Damit treffen wir also auf vier der sechs Höfe (und Hofbezeichnungen), die uns bereits aus dem Urbar bekannt sind: einer aus der Gruppe Cresta und drei aus der zweiten Gruppe.

Diese gesamte zweite Gruppe wird dann noch einmal greifbar in einer aus dem 17. Jahrhundert stammenden Quelle. Hier handelt es sich um die in zwei Fassungen vorliegende Beschreibung der Nachbarschaften des Avers durch Fortunat Sprecher von Berneck.[44] In beiden Fassungen figuriert als siebte Nachbarschaft «die Höfe». Die lateinische Ausga-

(Ober-)Juf und Mülibach, Foppaspitz (2697 m),
Mazzaspitz (2937 m) und Jupperhorn (3155 m).
Vgl. die Flurnamenkarte S. 36

be von 1622 spricht dabei lediglich allgemein von «curtes» ohne weitere Spezifizierung,[45] während die deutsche Ausgabe von 1672 diese Höfe im einzelnen auch aufführt.[46] Der Text lautet hier: «7. die Höff, deren Namen sind Pürt, Michels Hoff, im Bach, in Riven, in Juppen, Lorentzen Hoff, Pregalga, zur Newen Stuben, under dem Schroffen, oder Felsen, von Joff».

Bemerkenswert ist nun einmal, dass die Gruppe von Höfen, die uns bereits in dem Urbar wegen ihrer im Vergleich zu den Höfen in Cresta unterschiedlichen Beschreibung auffiel, auch jetzt noch als ein zusammenhängender Komplex «die Höff» auftritt und unter dieser Bezeichnung eine eigene Nachbarschaft bildet. Ein weiteres fällt auf. Statt der acht Höfe im Urbar zählt Fortunat Sprecher von Berneck allerdings nun zehn Höfe auf. Davon liegt aber einer, nämlich der Bregalga-Hof, gewiss nicht nördlich, sondern südlich des Talflusses.[47] Von den verbleibenden neun Höfen ist einer ausdrücklich als eine Neugründung charakterisiert: «Zur Newen Stuben».[48] Es bleiben dann noch acht «Höfe», in die sich der Bereich zwischen Pürt und Juf nördlich des Talflusses aufgliedert. Von diesen acht «Höfen» tragen auch jetzt noch drei Höfe die bereits im Urbar verwendeten Bezeichnungen: «In Riven», «Under dem Schroffen oder Felsen», was nichts anderes als die Übersetzung von «subtus sasol» ist, und «von Joff». Wir hätten also immer noch die Reihe, die wir bereits aus dem Urbar rekonstruieren konnten, und in Ergänzung zu dieser Rekonstruktion könnten wir jetzt auch die westliche Begrenzung dieser Reihe bestimmen – also talauswärts nach Cresta hin –: es dürfte doch wohl die westlich von Pürt verlaufende tiefeingeschnittene Schlucht des Maleggenbachs sein.

Die gleiche Beschreibung der 7. Nachbarschaft des Avers mit den gleichen Hofbezeichnungen finden wir im 18. Jahrhundert bei Sererhard.[49]

Aber gehen wir noch einen Schritt weiter ins 19. und 20. Jahrhundert, und ziehen wir hier Landkarten zu Rate. Eine «Übersichtskarte der Landschaft Avers 1866»[50] zeigt uns von Osten nach Westen: 1. westlich des Mülibachs «Juf», 2. westlich des Promatänbachs eine Hofstatt «Unter der Fluh», 3. «Podestathaus», 4. das «Loretz-Haus», 5. «Juppa», 6. «Am Bach» und 7. «Pürt». Im Vergleich zum früheren Befund stellen wir fest: Neu ist das (1664 erbaute) Podestat-Haus, das aber im Bereich des früher genannten Hofs «Zur newen Stuben» steht, und es fehlen Hinweise auf «In Riven» und «Michels Hof». Lediglich der Bachname «Mariabach» östlich von Pürt könnte einen Zusammenhang mit einem dort ehemals gelegenen Meierhof andeuten.[51] Immerhin: die meisten Elemente der alten Gliederung finden wir auch noch auf der Karte von 1886. Überträgt man schliesslich die aus dem Urbar ermittelte Aufteilung auf die Landeskarte 1:25000, so lässt sie sich auch hier noch wiedererkennen. Zwischen Pürt und Am Bach liegt «Furren»; zwischen Am Bach und Juppa liegt «Bim Hus»; nach dem Komplex Loretz Hus / Gorisch Hus / Gallisch Hus / Podestatsch Hus fehlt der Hof «Unter der Fluh», er wurde 1877 von einer Lawine zerstört,[52] nur noch ein Stall ist erhalten (die Flurbezeichnung «Under der Flua» besteht aber weiterhin); zwischen Promatänbach und Mülibach ist «Promatän» eingetragen, dort sind nur noch Reste von Bauten im Gelände zu erkennen; es folgt Juf.

Alles bisher Gesagte soll das nachfolgende Schema illustrieren. Es zeigt, dass trotz mancherlei Veränderungen während der vergangenen Jahrhunderte dennoch eine deutliche Kontinuität festzustellen ist. Sie nimmt ihren Ausgang bei der vorwalserischen Besiedlung der obersten Talstufe des Avers durch das St. Peter-Hospiz und findet sogar in der heutigen Siedlungsstruktur noch ihren Niederschlag.

Mit dieser ersten Reihe von Bemerkungen sind wir jedoch der Zeit schon weit vorausgeeilt. Kehren wir nun wieder zu dem Urbar und der Zeit seiner Entstehung zurück und wenden wir uns hierbei einem zweiten Aspekt zu.

Folgendes fällt ja doch auf. Wir haben vier Höfe, die durch Flurnamen romanischen Ursprungs gekennzeichnet sind, und eben diese vier Höfe sind auch zinspflichtig. Dazu treten zwei weitere Höfe im Bereich Cresta. Die anderen, nicht zinspflichtigen Höfe tragen Eigennamen, und davon sind drei Namen ganz eindeutig Walsernamen (cleyn hans, claus heins und bertz), während der vierte auf das Bergell hinweist. Was kann dies bedeuten? Sollte dies etwa so zu erklären sein, dass dieses Urbar zwar noch eine ursprüngliche Siedlungsstruktur, jedoch nicht mehr die ursprünglichen Rechtsverhältnisse festhält?

Diese ursprüngliche Siedlungsstruktur weist, wie wir gesehen haben, insgesamt zehn nebeneinander liegende Höfe von Juf bis Cresta auf, alle nördlich des Talflusses gelegen, wenigstens einige recht dicht beim Ufer, alle jedenfalls da, wo das Tal eine relativ flache Mulde bildet, und alle also in Südorientierung. Ist es da abwegig zu denken, dass diese Anlage auf die systematische Siedlungtätigkeit des um 1100 gegründeten Hospizes St. Peter auf dem Septimer zurückgeht, das ja laut Bundi «entscheidend... bei der Rodung, Bewirtschaftung und Besiedlung bisher wenig genutzter Räume im Dreieck Bergell–Avers–Oberhalbstein

nullora – Norden
fyl culminis (Bergkette)

meridie – Süden
aqua coriva
(Averser Rhein / Jufer Rhein)

sero – Westen

| Quelle | 8 | (Mariabach/Meinabach) | 7 | (Klosbach/Chloschbach) | 6 | (Bacher Bach) | 5 | 4 | (Jupper Bach) | 3 | (Eggelübächli) | 2 | (Promatenbach) | 1 | (Mülibach) |
|---|---|---|---|---|---|---|---|---|---|---|---|---|---|---|---|
| Urbar | marya bertz | | marya dextra ckrucz / floreni 4 | | marya cleyn hans | | marya rivyus / floreni 4 | claus heins | | heredes quondam Zwannoti | | marya subtus sasol / floreni 6 | aqua premontana | marya pansot in loco dicto gyoff / floreni 3 | aqua molini |
| 1550 | | | meyer hoff genampt dextra cruz | | | | | | | | | mayer hoff genampt sassell | | meyer hoff genampt pensott in joff | |
| 1672 | Pürt[1] | | Michels Hoff | | Im Bach | | In riven | In Juppen[2] | | Loretzen Hof Zur newen Stuben[3] (Bregalga) | | Under dem Schroffen oder Felsen | | von Joff | |
| 1886 | Pürt (Mühleckbach) | Mariabach | Furren | Chloschbach | Am Bach | Bacher Bach | | Juppa | | Loretz-Hus Podestat-Hus[4] | | Unter der Fluh | Promatenbach | Juf | Mülibach |
| Blatt 1256 Bivio 1:25 000 | Pürd (Malegggenbach) | (Meinabach) | | Klosbach | Am Bach[5] | (Bacher Bach) | Bim Hus | Juppa | Jupper Bach | Loretz Hus Gorisch Hus Gallisch Hus[6] Podestatsch Hus | (Eggelübächli, früher: Mariabach) | (Under der Flua)[7] | Promatenbach | Promatän Juf | Mülibach |

Eingeklammerte Bachnamen = mündlicher Sprachgebrauch

Weitere Belege:

1 Salis-Reg. 206 (1551): «in der pürth, im grossen neuen hoff genannt».

2 Salis-Reg. 204 (1551): «Gut in Juppen gelegen».

3 Salis-Reg. 353 (1580): «in der nüwen stuben hoff gehörend»; 357 (1580): «Zur nüwen stuben sesshaft».

4 Erbaut 1664, die Bezeichnung «Zur näwa Stuba» hält sich für eine benachbarte Hofstatt.

5 In der gesprochenen Sprache noch heute: «Im Bach».

6 Salis-Reg. 353 (1580) erwähnt «Stina, Galli's Rüedi ehel. Tochter... zur nüwen stuben sesshaft».

7 So in Grundbuchplan 1:1000.

43

mitwirkte».[53] Alle diese Höfe müssten dann aber ursprünglich auch zinspflichtig gewesen sein. Diesen ursprünglichen Rechtszustand erfasst das Urbar jedoch nicht mehr. Es hält vielmehr einen veränderten Zustand fest, in dem nunmehr vier der ursprünglich zehn zinspflichtigen Höfe nicht mehr zinspflichtig sind, und zwar eben jene, die durch Eigennamen gekennzeichnet sind. Hält das Urbar damit also einen Rechtszustand fest, der durch das Auftreten und Eindringen neuer Siedler gekennzeichnet ist, die nicht als Eigenleute des Hospizes kamen und daher auch nicht zinspflichtig wurden? Und weisen die Walsernamen der nicht zinspflichtigen Höfe darauf hin, dass diese Veränderung eben durch das Auftreten von Walser Siedlern im obersten Talabschnitt hervorgerufen worden war?

Das Urbar würde uns demnach folgende Schlüsse nahelegen:

1. Alle zehn Meierhöfe sind Gründungen des Hospizes St. Peter.

2. Ursprünglich waren alle diese Höfe in der Hand von Romanen.

3. Alle Höfe waren ursprünglich auch zinspflichtig.

4. Walser Siedler haben einige dieser Höfe, die möglicherweise bereits verlassen waren, im Verlauf ihrer Ansiedlung übernommen.

5. Im Gegensatz zu den romanischen Siedlern waren sie nicht zinspflichtig; sie wurden nicht als Leute des Hospizes behandelt.

Und nun wollen wir uns nach diesem langen Umweg noch einmal an den Befund der Flurnamen erinnern: Häufung der romanischen Flurnamen vor allem im Bereich von Juf! Die Schlüsse, die wir aus dem Urbar gezogen haben, bekräftigen jetzt die Erklärung, die wir bereits dafür gegeben hatten: Walser Siedler lebten im innersten Talabschnitt des Avers noch eine Zeitlang mit einer romanischen Bevölkerung zusammen, die ihrerseits aber bereits in Abwanderung begriffen war.

Berührung, Begegnung also mit einer bereits ansässigen Bevölkerung – gefolgt jedoch recht bald von einem Prozess der Verdrängung. Die Neuankömmlinge übernehmen in einer ersten Phase die Namen, sie übernehmen dann aber auch neue Gebiete und haben hier niemanden mehr neben sich von den Vorgängern. Die Intensität dieser Übernahme schlägt sich in der Weise nieder, wie die romanischen Flur- und Ortsnamen von den Walsern mit Wörtern aus der eigenen Sprache durchsetzt

Underplatta (auf der rechten Talseite, unterhalb von Cresta)

und schliesslich ersetzt werden. Und als gesprochene Sprache beherrscht das Walserdeutsch dann das ganze Gebiet bis nach Campsut hinunter, ja, im romanischen Ferreratal selbst finden sich noch heute deutsche Orts- und Flurnamen, die darauf hinweisen, dass sich der Walsereinfluss sogar bis in diesen untersten Teil des gesamten Tales ausgedehnt hatte.[54]

Dies alles führt zu der Frage, wie diese Walsersiedlung und Implantation im Avers vonstatten gegangen ist. Erfolgte sie reibungslos, oder hat es hier Auseinandersetzungen gegeben? Und damit hängen die beiden weiteren, früher schon gestellten Fragen zusammen nach dem Weg, den die ersten Walser Siedler wohl genommen haben, als sie in das Avers kamen, und nach der Förderung, die ihre Ansiedlung eventuell von Dynasten oder Grundherren erfahren hatte, wie das erwiesenermassen z. B. in Rheinwald der Fall gewesen war.

## Ankunft und Ausbreitung der Walser im Avers: Das Statutenbuch von Como

Soweit bisher eine Ansiedlung vom Rheinwald angenommen wurde, ging man davon aus, dass die ersten Walser Ansiedler den Weg vom Hinterrhein her talaufwärts dem Ferrera- und Averser Rhein entlang genommen hatten. Geographisch ist dies auch das Nächstliegende. Zweifellos waren dabei die hochgelegenen Partien des Tales von Anfang an ihr Ziel, denn sie waren sicher bereits dünner besiedelt und liessen also eher Neuankömmlinge zu, und so waren die Verhältnisse ja auch bereits in den früheren Walserkolonien gewesen. Dies würde dann bedeuten, dass die aus dem Rheinwald kommenden Neusiedler nicht nur durch eine im Ferreratal dichter angesiedelte rätoromanische Bevölkerung hindurchziehen mussten, sondern dass sie mit ihrem Hab und Gut, also auch mit ihrem Vieh, die ausserordentlich schwierigen Schluchtpassagen zwischen Innerferrera und Campsut zu überwinden hatten, bevor sie sich vielleicht zunächst einmal in Campsut festsetzen konnten, um sich von dort aus im Laufe der Zeit ins Obertal hin auszudehnen. Dies alles beinhaltete grosse Schwierigkeiten.

Gerade diese geographisch bedingten Schwierigkeiten hatten früher schon zu einer völlig entgegengesetzten Annahme über die Besiedlungsvorgänge im Avers geführt. Danach wären die ersten Walser Siedler nicht von Nordwesten, sondern von Nordosten in das Avers eingewandert, etwa von Bivio über den Stallaberg, und damit verband sich die weitere These, dass es sich überhaupt nicht um Rheinwaldner, sondern um Davoser Walser gehandelt habe.[55]

Auf die Frage nach den dynastischen oder grundherrlichen Protektoren der Walsersiedlung im Avers hat es bislang überhaupt noch keine Antwort gegeben.

In jüngster Zeit ist nun aber eine hochinteressante Hypothese aufgestellt worden, die nicht nur in dieser Richtung plausible Lösungsmöglichkeiten eröffnet, sondern durch die überhaupt der ganze Komplex der ersten Walsereinwanderung im Avers auf eine völlig neue Grundlage gestellt wird.[56]

Der Ausgangspunkt ist hier eine Eintragung im Statutenbuch von Como aus dem Jahre 1292.[57] Danach übertrug Como einem Wilhelm von Bagiana, seinen Brüdern und Genossen auf die Dauer von 15 Jahren im einzelnen aufgeführte Zollrechte bis zu einer Höhe von 4000 neuen Denaren, und zwar ausschliesslich zu Lasten von Leuten aus Chur und dem Bistum Chur. Diese Übertragung sollte als Entschädigung gelten für den Raub von Vieh und Gegenständen, den Wilhelm, seine Brüder und seine Genossen «in alpibus de Bregaglia et de Zovo valis Anue episcopatus Curiensis» angeblich erlitten hatten. Die Höhe des erlittenen Schadens war von diesen folgendermassen beziffert worden: 613 Stück Grossvieh, 2750 Stück Kleinvieh, 14 Butterfässer, 1 Kupferkessel und eine grosse Menge Käse, Butter und Ziger.

Das Inkrafttreten dieser Übertragung war an folgende Bedingungen gebunden: 1. musste Wilhelm «sindicus omnium sociorum suorum» werden mit Bestätigung durch einen öffentlichen Akt («et de hoc sit publicum instrumentum»), 2. hatten Wilhelm und alle von dem Raub Betroffenen den (eidlichen) Nachweis über den tatsächlich erlittenen Schaden zu erbringen, 3. hatte Wilhelm im Namen der durch ihn Vertretenen dafür zu sorgen, dass die Beklagten durch Schreiben von Podestat und Gemeinde von Como vor den Podestat von Como zitiert werden (und zwar nur ein einziges Mal), um den Betroffenen für den erlittenen Schaden Genugtuung zu leisten, 4. würde diese Übertragung jedoch sofort wieder hinfällig, wenn die Beklagten bei dieser Gelegenheit oder später die geforderte Genugtuung leisteten.

Die mit Zoll zu belastenden Waren bestanden einmal in Ausfuhrartikeln aus dem Bistum Como nach dem Bistum Chur (Wein, Tuch, Barchent bzw. Flanell und alle sonstigen, nicht eigens spezifizierten Waren), sodann in Ausfuhrartikeln aus dem Bistum Chur nach dem

Bistum Como (Rinder bzw. Ochsen, Kühe, Kleinvieh, Käse, Butter, Ziger und Sensen), schliesslich in Artikeln, die in beide Richtungen gingen (Kriegspferde mit Waffen, sonstige Pferde und Stuten). Ausdrücklich durften die Zölle in der vorgeschriebenen Höhe nur erhoben werden, wenn diese Waren von Leuten aus Chur oder dem Bistum Chur befördert wurden, Leute aus Stadt und Bistum Como oder Waren und Leute aus Uznach und Rapperswil (so übersetzt der Kommentar Guixna und Raspergulle) waren ausdrücklich ausgenommen.

Worin liegt nun die Bedeutung dieser Eintragung? Zunächst einmal liegt sie in der Angabe des «Tatorts», also «in alpibus de Bregaglia et de Zovo valis Anue episcopatus Curiensis». Der Kommentar im Bündner Urkundenbuch erklärt Bregalgia mit «Bregalga, im Avers»,[58] de Zovo mit «wohl Juf im Avers» und valis Anue mit «wohl verschrieben für Avre, Avers».[59] Wir hätten es also mit einem sehr umfangreichen Raubzug im oberen Avers zu tun – oder auch mit mehreren Raubzügen –, und die Beute lässt auf das Vorhandensein einer ausgedehnten Viehwirtschaft schliessen. Zu beachten ist aber nun, dass dieser Raubzug auf dem Territorium des Bistums Chur erfolgte, die Sanktionen zugunsten der Beraubten jedoch durch Como und gegen Leute des Bistums Chur ausgesprochen werden. Im oberen und zum Bistum Chur gehörigen Avers haben also Leute Viehwirtschaft betrieben, deren Interessen durch Como vertreten und die durch Leute aus Chur angegriffen worden waren. Von diesen beraubten Siedlern im oberen Avers ist weiterhin zu sagen, dass sie eine Gemeinschaft bildeten, in der ein namentlich Genannter offenbar eine führende Rolle spielte, eben dieser Wilhelm von Bagiana. Die Rolle dieses Wilhelm wird jetzt dadurch unterstrichen, dass er zum «sindicus omnium sociorum suorum» erhoben wird, und als solcher übernimmt er Funktionen gegenüber seinen Genossen und im Auftrag von Como. Sollte es sich bei dem «sindicus» um eine dem Ammann entsprechende Funktion handeln, so würde diese Gemeinschaft durch die (Wieder-?) Einführung dieses Amtes eine gewisse rechtliche Struktur erhalten.[60] Schliesslich ist zu sehen, dass diese Gemeinschaft durch die Übertragung von Zolleinnahmen in den Warenverkehr zwischen Como und Chur eingeschaltet werden soll, sehr wohl in Abhängigkeit von einer ganz bestimmten Situation, dennoch unter Umständen für die Dauer eines beträchtlichen Zeitraums. Und wo sollen diese Zölle erhoben werden? Bundis Annahme, dass es sich um das Gebiet des Duan-Passes handeln könnte,[61] hätte als Argument neben dem Vorhandensein entsprechender Namen auch die Tatsache für sich, dass es sich hier um einen durch das Bregalgatal führenden Übergang handelt, jenes Seitental des Avers also, in dem die Genossen des Wilhelm von Bagiana beraubt worden waren.

Wer waren aber nun dieser Wilhelm von Bagiana, seine Brüder und Genossen? Hier setzt die «teilweise Hypothese» von Bundi ein.[62] Er glaubt, Wilhelm von Bagiana mit einem «Guidobono De Baceni» bzw. einem «Guillelmus de Bazino qui stat domo» identifizieren zu können. Als Guidobono de Baceno tritt er in einem Vertrag vom 2. August 1267, als Guillelmus de Bazino in einem Vertrag vom 2. August 1284 auf. In beiden Fällen handelte es sich um die Klärung von Streitigkeiten um den Simplonverkehr, die Vertragsschliessenden kamen von diesseits und jenseits des Alpenkamms. Wilhelm von Bagiana habe danach zu einer Gruppe von Oberwallisern gehört, die sich inzwischen im oberen Ossola-Tal niedergelassen hatten, und Wilhelm selbst, zunächst in Baceno, am Eingang des Valle Dévero wohnhaft, habe dann mit einem «Teil der von Baceno» seinen Sitz nach Domodossola verlegt. Damit sei Wilhelm von Bagiana zu jener grossen Zahl von Wallisern zu rechnen, die im dreizehnten Jahrhundert «als Säumer, Söldner oder Siedler auf der Alpensüdseite» tätig waren, und so könne er denn auch im weiteren Verlauf mit einer Gruppe von Söldnern in den Comserseeraum und in den Kriegsdienst der Stadt Como gekommen sein. Hierbei habe er dann «in den Fehden zwischen Welfen und Ghibellinen ... seinen spezifischen Kriegsdienstauftrag im Gebiet nördlich von Chiavenna, in den Bergeller Alpen» erhalten, und in diesem Zusammenhang sei «von seiner und von seiten seiner deutschen Volksgenossen die Landnahme des Averser Obertales» erfolgt. Der gleiche Wilhelm von Baceno/Bagiana, der im Juli 1292 «sindicus» seiner Siedlungsgemeinschaft werden sollte, wird dann jedoch im Herbst des gleichen Jahres im Auftrag des Kapitels von Mailand Podestat in der Leventina, gerät dort ein Jahr später in die Gefangenschaft des Podestaten des Bleniotales, Guido von Orelli, wird erst durch Vertrag vom 7. Dezember 1294 wieder freigelassen, und Bundi schliesst, dass Wilhelm sich nun «endgültig in das Neusiedlungsgebiet seiner Stammesgenossen, ins Averser Obertal, zurückgezogen» habe; in den Quellen träte er jedenfalls nicht mehr auf.

Aber wenn wir schon bei den Hypothesen sind, so mag nun noch eine weitere hinzugefügt werden. Bundi nämlich sieht in diesem Wilhelm von Bagiana auch jenen «Dominus miles Wilhelmus de Bivio», der 1289 dem Hospiz von St. Peter auf dem Septimer seine «presuram de Campofaro» schenkte.[63] Zu ergänzen wäre hier, dass im gleichen Jahr in einer am 11. September in Zuoz ausgefertigten Urkunde dieser «Willehelmus miles de Bivio» als Zeuge auftritt,[64] und zwar zusammen mit dem von Bundi ebenfalls erwähnten «Jacobus de Bivio dictus Rote».[65] In Beziehung zu dem inzwischen verstorbenen «Jacobus dicto Reden» wird aber nun im Klagerodel der Churer Kirche von 1314 mehrfach ein «Wilhelmus Lombardus» genannt, und es treten im gleichen Klagerodel auch weitere «Lombardi» auf.[66] Wer sind diese Lombardi? Laut Zinsli gibt es «walserische Südkolonisten», die «Lamparten» genannt werden, nämlich «Leute aus Lamparten, eigentlich der Lombardei, wozu aber ebenfalls noch südalpine Aussenorte gezählt werden konnten».[67] Sollten etwa mit den Lombardi im Churer Klagerodel und speziell mit dem Lombarden Wilhelm solche aus «Lamparten», d. h. aus «südalpinen Aussenorten» der Lombardei stammende Leute, also «walserische Südkolonisten» gemeint sein, so wäre hier nicht nur an einen weiteren Beleg für Wilhelm von Bagiana, sondern zumal auch für seine südalpine/walserische Herkunft und für die Anwesenheit weiterer Genossen zu denken und somit die Hypothese von Bundi nur noch erhärtet.

Fassen wir also noch einmal das Bisherige unter Einbeziehung der Hypothesen zusammen, so ergibt sich folgendes. 1292 wird im oberen Avers eine Gruppe von Walser Siedlern fassbar, die um diese Zeit bereits über einen beträchtlichen Besitzstand und eine ausgedehnte Viehwirtschaft im Gebiet von Juf und Bregalgatal verfügte; sie stammen aus einem der südalpinen Täler im Tocegebiet, stehen unter dem Schutz von Como, haben auf ihrem zum Bistum Chur gehörenden neuen Siedlungsgebiet mit Angriffen von Churer Leuten zu tun, erhalten von Como als Entschädigung Zollrechte gegenüber Leuten aus Chur zugesprochen und werden zu diesem Zeitpunkt möglicherweise sogar als eine unter einem Ammann stehende Gemeinschaft organisiert.

Die Averser Walsersiedlung wäre dann keine Tochterkolonie des Rheinwald, sondern eine eigenständige Gründung. Als solche zeigt sie dann jedoch eine Reihe von auffallenden Parallelen zu Rheinwald.

Die Besiedlung des Rheinwald durch Walser Siedler hatte Mitte der sechziger Jahre des 13. Jahrhunderts eingesetzt.[68] Sie erstreckte sich zunächst auf das Hinterrheingebiet und damit auf Territorien, über die die Herren von Sax Hoheitsrechte in Anspruch nahmen. Ausdruck dieses Verhältnisses war der Vertrag von 1274, durch den diese Walser Siedler Albert von Sax den Vasalleneid schworen.[69] Dabei handelte es sich jedoch nur um die Weiterführung eines Ansiedlungsprozesses von Walsern durch die Herren von Sax, der bereits in der ersten Hälfte des

13. Jahrhunderts im Mesolcinatal nördlich von Mesocco eingesetzt hatte.[70] Jetzt ging es allerdings deutlich um ein Überschreiten der Wasserscheide und ein Ausgreifen auf Gebiete in einem nördlich gelegenen Tal, das zwar schon von Misox aus bewirtschaftet worden war, und wo seit 1219 das Kollegiatstift von San Vittore durch Schenkungen Heinrichs von Sax Besitzungen besass.[71] Aber mit dem Einsatz von Walser Siedlern in diesem Gebiet am Hinterrhein war offensichtlich mehr als nur ein wirtschaftliches Interesse verbunden. In dem 1274 geleisteten Vasalleneid kam die Schutzfunktion zum Ausdruck, die diese aus dem Formazzatal stammenden walserischen Söldner dort ausüben sollten. Es handelte sich nämlich um einen Raum, dessen Besitz nicht unumstritten war. Der Konkurrent der Herren von Sax war hier der mächtige Walter IV. von Vaz, der als Herrscher über die Grafschaft Schams über Nufenen hinaus auch das zum Hoheitsgebiet des Misox gehörende Hinterrhein für Schams beanspruchte. Massiv kam das in dem Freiheitsbrief vom 9. Oktober 1277 zum Ausdruck,[72] wo er nicht nur die seit Mitte der sechziger Jahre dort von dem Herrn von Sax angesiedelten Walser, sondern auch eine jetzt erst eingetroffene neue Gruppe unter seinen Schutz nahm, und zwar in einem Gebiet, das beschrieben war «in valle Rheni de valle Schams usque ad montem qui vulgariter dicitur Vogel», d. h. also bis zur Wasserscheide. Walter von Vaz hatte damit seinerseits Walser nicht nur aus wirtschaftlichen Gründen, sondern zur Behauptung von Besitzansprüchen eingesetzt. Er hatte ihre diesbezüglichen Pflichten mit der Erteilung von Freiheitsrechten verbunden, die zumal in der selbständigen Organisation der Siedlergemeinschaft unter einem Ammann ihren Niederschlag fanden. Auch diese neu angesiedelten Walser waren aus dem südalpinen Bereich stammende Söldner, und ihre Beziehung zu Walter IV. von Vaz leitete Karl Meyer von ihrem Einsatz im Dienste der Ghibellinen ab, die sich 1277 in Mailand und in Como hatten durchsetzen können, und auf deren Seite Walter von Vaz gestanden hatte.[73]

Die Parallelen zwischen den Vorgängen in Rheinwald und im Avers wären daher in folgendem zu sehen. Zunächst einmal ordnen sich beide in den umfassenden Prozess der seit der 2. Hälfte des 12. Jahrhunderts zu beobachtenden Expansion aus den südlichen Alpentälern nach Norden ein. Zum Teil unter dem Druck aus Misox,[74] aber auch, weil an sich schon «die expandierende Viehwirtschaft der Alpensüdseite... dringend ertragreicher Alpweiden» bedurfte,[75] hatte sich Chiavenna aus dem San Giacomo-Tal hinaus nach dem Avers hin orientiert. 1204 war die ganze Alp Emet von Chiavenna gepachtet worden,[76] seit 1226 bestand ein Fahrweg von Campodolcino bis Madesimo, der in der Verlängerung über den Pass da Niemet eine Verbindung nach Innerferrera fand. Ähnliche Aktivitäten entwickelte etwas später Plurs in Richtung auf die Valle di Lei und das Madrisertal.[77] Ob die Siedlung Avero ebenfalls als ein «vorgeschobener Vorposten» in Richtung auf das Avers zu betrachten ist, wie Bundi annimmt,[78] mag dahingestellt bleiben. Gestützt wurden alle diese Bestrebungen durch den Stadtstaat und das Bistum Como, die ihren Einfluss auf die Alpenkämme und ins Bergell ausdehnen wollten, und die damit in Konflikt mit dem Bistum Chur geraten mussten.[79] Zusammenstösse der Chiavennasken mit ihren nördlichen Nachbarn – die wie 1292 mit Raub von Vieh und Alpprodukten verbunden waren – fanden daher auch abschliessende Regelungen unter der Beteiligung von Como und Chur, so die Friedensschlüsse von 1219,[80] ohne dass damit die Konflikte endgültig beigelegt worden wären.

Denn – und hier ist die zweite Parallele zu sehen – auch die Expansion aus dem Raum Como/Chiavenna in die nördlichen Alpentäler stiess zum Teil in Zonen, in denen die Besitzverhältnisse unklar oder umstritten waren, und wo sich Interessenfelder überschnitten. Das betrifft insbesondere auch die Septimerzone zwischen Julier und Bergell. Dieser Pass hatte für die Bischöfe von Chur von jeher eine zentrale politische Bedeutung besessen und ihr Verhältnis zu den deutschen Königen und Kaisern bestimmt, denen an der Sicherung der Alpenpässe im Rahmen ihrer Italienpolitik gelegen war. So hatte Bischof Hartmann von Chur bereits 960 von Otto I. u. a. auch das Bergell mit voller gräflicher Gewalt als Schenkung erhalten.[81] Aber auch im 12. und 13. Jahrhundert war hier die Abgrenzung zum Bistum Como noch nicht klar und zeigten sich Tendenzen Comos, den «Einfluss im Bergell weiter auszudehnen».[82] Überlagert wurden diese Differenzen zwischen Chur und Como im 13. Jahrhundert jedoch durch das Auftreten des gleichen Feudalherren, dem wir auch im Rheinwald begegneten, Walter IV. von Vaz.[83] Mit diesem Vasallen war dem Bischof von Chur ein mächtiger Konkurrent entstanden, der während des Interregnums und als Anhänger Rudolfs von Habsburg von dessen Aufstieg profitierte. Die Vazer hatten in der ersten Hälfte des 13. Jahrhunderts die Reichsvogtei über das Bistum Chur erwerben können, sie 1274 zwar wieder an den neuge-wählten König Rudolf von Habsburg zurückgegeben, 1282/83 aber erneut von ihm als Pfand erhalten. Im Zusammenhang mit der Rückgabe der Reichsvogtei 1274 war es zu einer territorialrechtlichen Regelung mit Chur gekommen, bei der einerseits Churer Besitz im Oberhalbstein, der an die Vazer verpfändet worden war, wieder an das Bistum zurückgegeben wurde. Diese Verpfändung, deren Umstände unklar sind, hat man als vazischen Versuch werten wollen, «die Herrschaft über die Julierroute auszudehnen und den Bischof langsam aus dem Oberhalbstein zu verdrängen».[84] Das bedeutete dann aber eben auch, Chur von dem Komplex Septimer/Bergell abzuschneiden. Anderseits war bei der gleichen Regelung die Zugehörigkeit der Grafschaft Schams zu Vaz als ein Churer Lehen ausdrücklich bestätigt worden.[85] Damit reichte das Einfluss- und Interessengebiet des Vazers zum einen bis zum Rheinwald und der uns schon bekannten umstrittenen Zone von Hinterrhein, zum andern aber auch bis in die Randzone des Septimer, und zwar hier ebenfalls in ein Gebiet, dessen Besitzverhältnisse nicht klar definiert waren, nämlich das Avers![86]

Nimmt man jetzt die dritte Parallele hinzu, die Herkunft der Averser wie der Rheinwaldner Walser aus Söldnerkreisen, die aus dem Pomat stammten und auf der ghibellinischen Seite gekämpft hatten, und steht dabei fest, dass im Falle Rheinwald Walter IV. von Vaz als ghibellinischer Parteigänger von solchen Söldnern profitierte, so sollte man im Falle der 1292 von Como geschützten Averser Walser daran denken, dass der gleiche Walter IV. von Vaz 1283/84 Podesta von Como gewesen war.[87] Und damit lassen sich diese drei Parallelen zu einer weiteren Hypothese bündeln.

Über die Umstände der Amtserhebung des Vazers in Como ist bekannt, dass sie im Zusammenhang mit dem am 21. Mai 1283 zwischen Rudolf von Habsburg und Como abgeschlossenen Vertrag zu sehen ist, und Karl Meyer vertrat die Auffassung, dass sie sogar wesentlich mit der Durchführung dieses Vertrags zu tun hatte. Ich zitiere Karl Meyer: «Jedenfalls ist die Bündnisbestimmung, dass Como dem König stets Weg und Steg nach Italien offenhalten soll, am nachdrücklichsten dadurch verwirklicht worden, dass die Regierungsgewalt über Como weitgehend an Rudolfs Freund Walter von Vaz übergeben wurde, den Herrn der Viamala und der Zugänge zum Splügen und Vogelberg (S. Bernardino), der Wege nach Chiavenna und Bellinzona.»[88] Wie wäre es, wenn man hierzu auch den Septimerbereich rechnen könnte? Dann nämlich, wenn die 1292 im Avers auftretenden Walser ihrerseits von Walter IV. hier eingesetzt worden wären mit den gleichen Zielsetzungen, wie dies auch bei den Rheinwaldnern der Fall war: Einflussnahme auf Passübergänge durch Inanspruchnahme von Besitzrechten in einer

Zone unklarer Verhältnisse und Übertragung der Behauptung und evtl. Verteidigung dieser Ansprüche an Walser Söldner, wobei ein zu Schams zu rechnendes Avers sowohl wegen seiner Flankenstellung zum Septimer wichtig werden, als auch für eine Ausweichverbindung zwischen Julierstrasse und Bergell über Stallaberg–Bregalgatal–Duanpass in Frage kommen konnte. Und fügt man gar die «Lombardi» aus Bivio hinzu, so rundet sich das Bild sogar noch nach dieser Seite hin glücklich ab. Man könnte die Averser Siedlung dann zeitlich in die Nähe der Rheinwaldner Siedlung rücken, was wiederum eine Entfaltung bis zu der 1292 greifbar werdenden wirtschaftlichen Ausdehnung der Genossen Wilhelms im Avers plausibler macht. Ein in Como sitzender Podesta Walter von Vaz wäre damit nicht nur wegen der Splügener, sondern auch wegen der Bergell-Linie eine wichtige Stütze Rudolfs von Habsburg geworden, und dies gerade auch gegenüber einem unsicheren Bischof von Chur. Die erneute Übertragung der Reichsvogtei 1282 oder 1283 würde durchaus in den gleichen Komplex gehören.

Der Tod Walters IV. von Vaz 1283/84 und die Tatsache, dass seine unmündigen Nachkommen noch nicht in der Lage waren, seine Politik fortzusetzen, schuf dann eine neue Situation. Sie erklärt das Verhältnis der Averser Walser zu Como, wie es aus den Vorgängen von 1292 sichtbar wird. Wenn Como jetzt als Schutzmacht auftritt, dann einmal natürlich deshalb – bleiben wir bei unserer Hypothese –, weil der starke Feudalherr nun ausgefallen war. Zum andern aber können die Averser Walser jetzt in die unmittelbaren Interessen von Como einbezogen werden, und das sind sowohl die über die Alpenkämme nach Norden gehenden Expansionsbestrebungen, als auch die Reibereien mit dem Bischof von Chur. Die Situation der Averser im Jahre 1292, zu dem Zeitpunkt also, wo sie zum erstenmal greifbar werden, zeigt sie vor allem im Kontext der Spannungen Como–Chur.

Wir können damit die Hypothesen und Überlegungen, die sich an die Eintragung im Statutenbuch von Como anschliessen, und für die Martin Bundi den Weg geöffnet hat, beenden. Sie waren weitaus nach rückwärts gerichtet und betrafen das Zustandekommen dieser Besiedlung, ihre mögliche Funktion und ihre Einordnung in grössere Zusammenhänge und Hintergründe. Es dürfte damit als gesichert gelten, dass die Averser Walsersiedlung nicht als eine Tochterkolonie von Rheinwald entstanden ist, sondern als eine eigene Gründung betrachtet werden muss. Die Beziehung zu Como, die 1292 im Vordergrund steht, muss allerdings nicht auch schon für ihre Gründung massgebend gewesen sein. Es könnten auch hier, wie bei Rheinwald, Initiativen und Zielsetzungen Walters IV. von Vaz eine entscheidende Rolle gespielt haben, und zwar sowohl im Interesse eines Ausbaus seiner eigenen Machtstellung in Churrätien[89] wie auch der Unterstützung Rudolfs von Habsburg. Nach seinem Tod werden diese Interessen dann, soweit sie Avers betreffen, von Interessen Comos abgelöst.

Wenden wir den Blick von hier aus jedoch auf die kommenden Jahre, so zeigt sich, dass nicht Como, sondern Chur für das weitere Schicksal der Averser Walsersiedlung massgebend sein wird.

Es muss angenommen werden, dass sich die Averser Walsersiedlung verhältnismässig rasch ausgedehnt hat. Schon der 1292 feststellbare Umfang an Beute, die im Jufer- und Bregalgatal gemacht werden konnte, ist ein Indiz für eine bis dahin bereits eingetretene Aufwärtsentwicklung. Zinsli hat diese Expansionskraft und dieses Expansionsbedürfnis mit demographischen Gegebenheiten in Verbindung gebracht, also mit der Grösse der Familie, in der er zugleich «die Existenzbedingung für die bäuerlichen Frühsiedler» sah, «die nur mit diesen vielen, anspruchslosen Arbeitskräften in ihren entlegenen Wildenen die Natur zu meistern und ihr einen kargen Ertrag abzutrotzen vermochten».[90] In den zwanziger Jahren des 14. Jahrhunderts sind die Walser Siedler jedenfalls bereits im Madrisertal anzutreffen. Wir erfahren dies aus einem sehr interessanten Vorgang, der in mehrfacher Hinsicht aufschlussreich ist für die bis dahin eingetretene Entwicklung.

1329 nämlich führte Chiavenna eine «militärische Expedition» durch, bei der es um den Schutz der Interessen von Plurs im Madrisertal gegen die dort vordringenden Walser ging.[91] Die Aktion war durch diplomatische Schritte vorbereitet worden, die sich auf das Bergell, den Grafen Donat von Vaz und die Leute aus Rheinwald bezogen hatten; militärische Hilfe hatte Como gestellt, «ein gut ausgerüstetes, aus zwei Abteilungen bestehendes Heer» führte die Aktion gegen das Avers durch. Über den Ausgang der Aktion ist aus den Quellen nichts zu erfahren, es wird mit einem Scheitern gerechnet.

Welche Schlüsse können wir aus diesem Unternehmen ziehen?

Zunächst einmal werden hier indirekt wichtige Hinweise auf die Ausbreitung der Averser Walser gegeben. Vorbereitung und Durchführung des Unternehmens von Chiavenna zeigt, dass man sich auf einen ernst zu nehmenden Gegner einstellte. Wenn mit einem solchen Aufwand Vorstösse von Averser Walsern auf das Interessengebiet Chiavennas abgewiesen werden sollten, dann kann es sich bei diesen Vorstössen

nicht um ein sporadisches Auftreten und Vordringen handeln, sondern um eine massive Präsenz. Zugleich rechnete man dabei offensichtlich mit einem Gegner, der sowohl aus Bewohnern der unmittelbar betroffenen und umstrittenen Gebiete wie auch aus der restlichen Siedlergemeinschaft bestand. Das alles legt nur den Schluss nahe, dass sich um diese Zeit die Walsersiedlung aus der obersten Jufer Talstufe talabwärts über Cresta bis nach Cröt, eventuell sogar schon bis nach Campsut, und auf jeden Fall also auch bis in das Madrisertal ausgedehnt hatte, und zwar innerhalb von 2–3 Jahrzehnten. Das wirft die Frage auf, auf wessen Kosten diese Ausdehnung erfolgt war. Im Madrisertal stiess sie auf Leute aus dem Süden. Wie aber war es im Aversertal?

Hier müssen wir noch einmal auf die Orts- und Flurnamen zu sprechen kommen und uns der eigenartigen Tatsache erinnern, dass sich mit wenigen Ausnahmen die romanischen Ortsnamen im ganzen Talbereich, die romanischen Flurnamen jedoch fast ausschliesslich nur im Jufer Abschnitt erhalten haben. Wenn wir davon ausgehen, dass die

Übernahme romanischer Flurnamen durch die Walser eine gewisse Periode friedlicher Kohabitation voraussetzt, so würde eine solche also nur für die erste Phase der Walsersiedlung im obersten Talabschnitt zutreffen. Bei der weiteren Ausdehnung nach unten jedoch waren diese Bereiche bereits von der romanischen Bevölkerung aufgegeben, oder diese wurde im Zuge dieser Expansion verdrängt.[92]

Ein anderer Schluss betrifft die politischen Verhältnisse. Walser aus dem Avers, die 1292 noch unter dem Schutz von Como gestanden hatten, erscheinen 1329 als dessen Gegner. Und nicht nur dies. Zu den Helfern, die Chiavenna bei der Vorbereitung der militärischen Aktion angesprochen hatte, zählten Graf Donat von Vaz wie auch Leute aus Rheinwald. Damit wird deutlich, dass diese Averser Walser sich auch nicht als zur Grafschaft Schams gehörende Leute des Vazers betrachteten, wie dies bei den Rheinwalder Walsern der Fall war. Dies aber gilt auch schon für die Vazer Fehde von 1310–1313 gegen den Bischof von Chur.[93] Donat von Vaz hatte hier, wie aus dem Klagerodel der Churer Kirche von 1314 hervorgeht, Leute «de Valle Reni et de Schammes», «de Tavaus» und «de Stosavia» eingesetzt, also Walser aus Rheinwald, Schams, Davos und Safien, und sie stellten sogar nach der Meinung Bundis auf Grund ihrer Abhängigkeit von ihrem Herrn «die eigentliche Schlagtruppe des Donats von Vaz dar».[94] Ganz offensichtlich waren dabei aber Walser aus dem Avers nicht beteiligt,[95] und dies ist um so bemerkenswerter, als «der Raub- und Fehdekrieg... konzentriert im Ausbaugebiet von Tinizong bis zum Septimerhospiz stattgefunden» hatte,[96] die Walser aus dem Avers dem Schauplatz also am nächsten gewesen wären.

Diese Nachrichten aus den Jahren 1310–1313 und 1329 belegen demnach, dass die Walser Siedler im Avers sich nach 1292 von ihren bisherigen Bindungen gelöst und völlig neu orientiert hatten, und zwar nach dem Territorialherrn, der sich in diesen Jahren in diesem Raum als der Entschlossenere und Stärkere durchgesetzt hatte: eben der Bischof von Chur. Dies muss sich nach dem Tode Rudolfs von Habsburg (1291), der ja seinerseits bereits wegen des schwierigen Churer Bischofs sein Interesse von der Septimer- auf die Gotthardroute verlagert hatte,[97] gerade auch den Vazern gegenüber abgezeichnet haben; die Rückgewinnung der Reichsvogtei aus den Händen der Söhne Walters IV. von Vaz ist hierfür kennzeichnend. Ohne Zweifel konnte die Entfaltung der Walser auf dem Churer Hoheitsgebiet im Avers nur mit dem Wohlwollen des Churer Bischofs erfolgen, und das bedeutet dann auch, dass die

Präsenz der Walser Siedler in diesem Raum jetzt mit den Interessen des Churer Bischofs konform ging. Das konnte die Abwehr der Ambitionen von Como und Chiavenna betreffen, dürfte aber noch eher im Rahmen der Auseinandersetzungen mit den Erben Walters IV. von Vaz zu sehen sein und die deutliche Klärung der Churer Ansprüche in der Septimerrandzone Avers zum Gegenstand gehabt haben. Der Nutzen der für Chur gewonnenen und von Chur geförderten Walser war ja dann auch 1310–1313 schon unübersehbar. Es ist dieser Rahmen, innerhalb dessen sich fortan die Averser Siedlung formieren wird. Er ist vor allem auch massgebend für die rechtlichen Strukturen dieser Siedlung. Die Umrisse, die sich in dieser Hinsicht in den Texten von 1292 zeigten, werden unter diesen neuen Voraussetzungen definitive Formen erhalten. Wir werden dies in einem späteren Kapitel behandeln.

Zunächst sei damit die Betrachtung der ersten Walsersiedlung im Avers abgeschlossen. Noch einmal: Es dürfte als sicher gelten, dass wir es auch im Avers, wie in Rheinwald und Davos, mit einer primären Ansiedlung aus den gleichen Herkunftsbereichen und sehr wahrscheinlich auch aus den gleichen Motiven und dank gleicher Initiativen zu tun haben, und damit auch in zeitlicher Parallele. Was sich aber als Eigenentwicklung abzeichnet ist die Tatsache, dass nach einer ersten Phase der Anbindung an südliche Schutzherren wohl schon in den neunziger Jahren eine Umorientierung nach Chur stattfand, unter deren Vorzeichen dann auch schon eine zweite Phase der Expansion in das untere Avers stand. Um 1330 könnte hier eine Konsolidierung eingetreten sein, insofern der Bereich Cröt–Madrisertal, nach dem Scheitern der Intervention von Chiavenna, unangefochten blieb, dank auch einer eventuellen Abgrenzung der Interessensphären im Madris.[98] Ob um diese Zeit auch der Bereich um Campsut in das Ausbaugebiet der Walser Siedler gehörte, oder dies erst einer dritten Phase in den kommenden Jahrzehnten zuzurechnen ist,[99] müssen wir offen lassen.

Eine letzte Bemerkung dennoch, bevor wir uns den nächsten Themen zuwenden. Mancher Leser ist vielleicht unbefriedigt ob so vielerlei Unsicherheiten in dem, was über diese erste Walserzeit im Avers gesagt wurde: Da hiess es immer wieder «es könnte sein» und «es scheint» und «daraus dürfte man schliessen» usw. Und manchem fällt es vielleicht überhaupt schwer, sich in diese fernen Zeiten hineinzudenken, eine Beziehung zu ihr zu bekommen und dann den Versuch des Historikers nachzuvollziehen, aus wenigen Quellen und Nachrichten ein Bild zusammenzustellen, das dann einigermassen stimmen könnte. Nur, ganz so fremd und fern und nur dem Fachmann zugänglich, wie manche meinen, ist diese alte Welt des Avers denn doch nicht. In einem ganz bestimmten Punkt reicht sie sogar noch bis in unsern Alltag hinein, und das sind diese Orts- und Flurnamen! Sie, die uns ja manches Mal geholfen haben, den Schleier der Vergangenheit etwas zu lüften, sind von Mund zu Mund und von Ohr zu Ohr von den ersten romanischen und walserischen Siedlern bis in unsere Zeit weitervermittelt worden, und so sind sie auch heute noch im lebendigen Gebrauch. Wenn man sich darüber einmal klar wird, dann kann es einem beim Hören oder Aussprechen von uns allen so geläufigen Namen wie Avers oder Cresta oder Campsut genau so ergehen, wie wenn man ein altes, kostbares Familienstück in die Hand nimmt oder ein Bild von Vorfahren betrachtet oder im Museum eine wertvolle Urkunde anschaut: Da spürt man auf einmal, wie eine fremde Vergangenheit und tote Menschen einem doch nahekommen. Aber mit diesen Orts- und Flurnamen ist es so, dass man dafür nicht auf verstaubte Speicher oder in Archive gehen muss; sie sind noch allenthalben im Hochtal gegenwärtig. Und damit haben wir alle noch einen Zugang zu diesen fernen und fremden Zeiten und sprechen mit ihnen eine gemeinsame Sprache. Und so kompliziert das Hineindenken in diese Zeiten und ihr Verständnis und ihre Ausdeutung auch oft sein mögen – hier klingt ihr Echo noch unmittelbar an unser Ohr, und wir können bei allen Unsicherheiten mit unfehlbarer Gewissheit dieses eine sagen: Wenn der Averser Kreispräsident von 1983 einen der Genossen des Wilhelm von Bagiana aus dem Jahre 1292 fragen könnte, wo denn zum Beispiel wohl der Promatänbach läge – der Genosse würde ihn dahin führen, wo der Bach auch heute in die Karte eingetragen ist!

Aber nun wollen wir uns der weiteren Geschichte des Avers zuwenden. Sie wollen wir behandeln, indem wir einmal das Wirtschaften und Arbeiten und zum andern das Gemeinschaftsleben im engeren und weiteren Verband durch die Zeiten hindurch bis in unsere Gegenwart hinein verfolgen.

# III

## Wirtschaften und Arbeiten

## Lebensbedingungen

Es wäre schön, wenn wir uns genaue Vorstellungen darüber machen könnten, in welchen Verhältnissen die ersten Walser Siedler im Avers gelebt haben. Die Quellen lassen uns hier wiederum fast ganz im Stich. Immerhin erlaubte die schon verschiedentlich zitierte Passage aus dem Statutenbuch von Como die Aussage, dass diese Siedler, als sie von ihren Kontrahenten überfallen wurden, bereits über einen beachtlichen Viehbestand verfügten und dass sie Milchwirtschaft betrieben haben. Die Grösse dieses Viehbestandes sagt weiterhin aus, dass sie auch Viehzüchter gewesen waren. Sie müssen aber dann auch über entsprechende Weideflächen verfügt haben. Und nicht nur dies. Da in den Höhenlagen der ersten Siedlungen der Winter früh einsetzt und lange andauert, mussten die Voraussetzungen für eine langwährende Stallfütterung bestehen, also neben den Weideflächen auch ein ausreichendes Wiesland, von dem der notwendige Heuvorrat gewonnen werden konnte.

Eine erste Frage erhebt sich. Haben die Walser, um Wiesen und Weiden zu gewinnen, Wald gerodet? Wir können aus den Rheinwalder Erblehenverträgen entnehmen, dass die dortigen Siedler die für Rodungen typischen Zinserleichterungen erhalten haben.[100] Entsprechendes ist aus dem Avers nicht bekannt. Aber ging im 13. Jahrhundert der Wald überhaupt bis in das Averser Obertal hinauf? Heute gibt es nur noch – auf der linken Talseite von der Letzibrücke aufwärts und gegenüber Cresta – den Letziwald und den Capettawald, und ganz vereinzelt kann man auf der rechten Talseite oberhalb von Cresta und in den Schründen des Maleggenbaches einige alte, malerisch verkrüppelte Arven vorfinden. War dies immer schon so? Die Reisenden des 18. Jahrhunderts berichten bereits von der Holzarmut des Avers, und sie verzeichnen dabei als Kuriosität, dass die Bewohner des Hochtales dazu übergegangen seien, Schafsmist zu trocknen, um ihn im Winter als Brennmaterial zu gebrauchen.[101] Das kann der Tourist von heute auch immer noch beobachten! An den Wänden vieler Ställe von Cresta bis Juf sieht man diese Schafsmistplatten aufgestapelt,[102] obwohl inzwischen die Heizungsfrage im allgemeinen durch Elektrizität und Öl gelöst ist. Nun konnte man noch vor 100 Jahren im Tal alte Sagen hören, die davon berichten, dass der Wald einstmals sogar über den Stallaberg gereicht und dort an den Wald von Oberhalbstein gestossen sei, die Bewohner hätten aber – trotz der Warnungen des Narrischen Michel aus Juf – eine derartige Misswirtschaft mit dem Holz betrieben, dass sie binnen kürzester Zeit tatsächlich stundenlang laufen mussten, um Tannen und Birken zu finden.[103] Sicher ist jedenfalls, dass man noch oberhalb von Juf im moorigen Gelände Baumstümpfe ausgegraben hat, die also auf eine frühere Bewaldung schliessen lassen.[104] Wurde sie bereits das Opfer der Rodungstätigkeit der ersten romanischen oder/und der Walser Siedler?[105] Oder hat man zugunsten von Bergwerken Raubbau betrieben?[106] Oder ist der Rückgang darauf zurückzuführen, dass die natürliche Waldverjüngung durch die Benutzung des Waldes als Weide für Ziegen und Schafe verhindert wurde? Erst 1862 wurde der Letziwald von Weidevieh gebannt, und der Capettawald war bis Ende der achtziger Jahre des vorigen Jahrhunderts noch Geissweide![107]

Mit Sicherheit können wir davon ausgehen, dass die ersten Siedler im Avers durch Rodung eine Vergrösserung der Weide- und Wiesflächen zu erreichen suchten, und dass sie damit auch am Anfang der Zerstörung des Waldbestandes stehen, die in den folgenden Jahrhunderten grosse Schwierigkeiten für die Holzgewinnung brachte, und zu dem heutigen waldlosen Zustand des Obertales führte. Dazu treten weitere Gründe, wie sie andernorts für die «Depression der oberen Waldgrenze von ca. 2150 m auf 1850 m» festgestellt worden sind:[108] Zerstörung durch zu starken Holzschlag, «Schädigung durch Weid- und Wildtiere», «Vernichtung durch Naturgewalten» und «Sterilität», wobei dann auch der Klimarückgang seit dem 13./14. Jahrhundert zu berücksichtigen ist.

Ganz sicher aber ist es, dass die Walser nicht rodeten, um Ackerbau zu betreiben, so wie sie das in ihren ennetbirgischen Herkunftsgebieten wohl noch getan hatten.[109] Hätten sie es versucht, so wäre dies wohl sehr bald durch Höhe und Klima zu Misserfolg verurteilt worden. Die Walsersiedlung setzte ja zu einem Zeitpunkt ein, wo nach dem sogenannten «kleinen klimatischen Optimum», das von 800 bis 1200/1300 reichte, eine «gemässigte, dann kältere Periode» von 1250/1300 folgte,[110] die sich natürlich in den extremen Höhenlagen der ersten Siedlungen besonders stark auswirken musste. Wenn die Quellen dennoch von Getreideabgaben auf Ackerbau schliessen lassen, wie das im Ämterbuch des Bistums Chur aus dem beginnenden 15. Jahrhundert der Fall ist,[111] so könnte sich das höchstens noch auf die mittleren Talabschnitte (Campsut?) beziehen. Vollends ausgeschlossen ist der Ackerbau dann aber im ganzen Avers während des – nach einem milderen 15. Jahrhundert – um 1550 einsetzenden «kleinen Eiszeitalters». «An Kornbau ist nicht zu denken. In kleinen Gärtchen und Ackerplätzchen pflanzt man etwas Salat, Erbsen, kleine, aber sehr schmackhafte, weisse Rüben, sehr wenige Kartoffeln und vorzüglich Blakten als Schweinefutter», so wird der Zustand der Anbaumöglichkeiten im Jahre 1812 beschrieben.[112] Das hat sich bis heute kaum geändert. Man muss nur in die bescheidenen Gärtchen blicken, die man hie und da noch im Averser Obertal findet. Den Kartoffelanbau hat man sogar inzwischen wieder ganz aufgegeben.[113]

Nun muss es aber wohl einige Mühlen gegeben haben.[114] Die oberste stand in Juf beim noch heute so genannten Mülibach, und zwei Mühlsteine waren in den neunziger Jahren des vorigen Jahrhunderts in Unterjuf zu sehen. Eine zweite Mühle befand sich zwischen Cresta und Pürt am Maleggenbach; in der Nähe des alten Talwegs konnte man hier noch Ende des 19. Jahrhunderts Fundamente von etwa 12 m² Grundfläche und ebenfalls einen Mühlstein ausmachen. Beide Gewässernamen deuten im übrigen ebenfalls noch auf diese Anlagen hin. Schliesslich befand sich im Madrisertal wie auch in Campsut («Bim Mülleli» heisst die Wiese) je eine Mühle. Allgemein aber nimmt man an, dass in diesen Mühlen kein an Ort und Stelle angebautes, sondern eingeführtes Korn verarbeitet worden ist. Lediglich in Campsut hatten möglicherweise die romanischen Siedler noch Getreideanbau betrieben.

Die Unmöglichkeit, Getreide anzubauen, bestimmte damit auch das Wirtschaftssystem der Averser Walser. Im Gegensatz zu der romanischen Bevölkerung, die wirtschaftliche Autarkie anstrebte, (und die sich u. a. auch aus diesem Grunde wohl aus den für den Getreideanbau ungünstigen Höhenlagen zurückgezogen hatte),[115] waren die walserischen Avner darauf angewiesen, ihre einseitige Vieh-, Milch- und Graswirtschaft durch Handel mit den so erzeugten Produkten zu ergänzen. Beides musste von Anfang an das Wirtschaftsleben der Avner bestimmt haben, und weil sie hier aus geographischen Gründen auf die Märkte im Süden angewiesen waren, behielten sie trotz einer entgegengesetzten Entwicklung der politischen Verhältnisse die wirtschaftlichen Beziehungen zum Süden aufrecht. Diese beiden Schwerpunkte der Averser Wirtschaft und diese Südorientierung blieben von Anbeginn bis zum Ende des 19. Jahrhunderts so bestehen. Mit dem Bau der Strasse trat hier eine entscheidende Wende in bezug auf den Warenaustausch ein. Unverändert blieben aber auch dann noch – und bis auf den heutigen Tag – die wesentlichen und charakteristischen Züge der Alpwirtschaft.

Ställe mit getrocknetem Schafmist.
Trotz Ölfeuerung und Elektroheizung wird er auch heute noch
als Brennmaterial verwendet

## Die Alpwirtschaft

Hinsichtlich der Eigentumsform und der Bewirtschaftungsweise der Alpen hat man festgestellt, dass innerhalb von Graubünden die Walsersiedlungen besondere Merkmale aufweisen. Hier herrschen als Eigentumsform die Genossenschafts- oder Korporationsalpen und als Bewirtschaftungsweise die Einzelsennerei vor.[116] Um was handelt es sich bei den Korporationsalpen?

Hier ist nicht die Gemeinde (ein Gemeindeteil oder mehrere Gemeinden) Eigentümer der Alpen, sondern eine Korporation von Teilhabern, die in Form von Kuhweidrechten Anteil an diesem Gemeinbesitz haben. Diese Kuhweidrechte gehören zum persönlichen Vermögen der Inhaber, sie können verkauft, verpachtet und vererbt werden. Juristisch gesprochen handelt es sich um «verdinglichte Mitgliedsrechte, ähnlich wie Aktien». Im Prinzip bedeutet die Masseinheit «Kuhweide», dass eine Kuh auf der Korporationsweide weiden darf. Diese Einheit ist teilbar. Auf ein Kalb entfällt $\frac{1}{2}$, auf ein Rind je nach Alter $\frac{3}{4}$–1 Kuhweid- (oder Alp-)recht. Je nach Qualität der Alp kann es sich aber auch als notwendig erweisen, dass für eine Kuh $1\frac{1}{2}$ Kuhweidrechte in Anspruch genommen werden dürfen, und für Rinder usw. entsprechend. Die Versammlung der Teilhaber bestimmt – im allgemeinen jährlich – einen Alpvogt, der die Korporationsalp zu verwalten hat, insbesondere die Nutzung durch die Teilhaber überwacht und darüber Rechnung führt. Weiterhin fasst die Versammlung Beschlüsse über die allgemeine Handhabung der Weidrechte und der Weidnutzung.

Nach diesem System werden auch heute noch die meisten Alpen im Avers genutzt. Die Gemeinde selbst besitzt lediglich im Bregalgatal eine Gemeindealp – sie wurde Ende des vorigen Jahrhunderts erst in Gemeindeeigentum umgewandelt[117] – und seit jüngerer Zeit die Capettaalp. Im übrigen bestehen folgende Korporationen: Campsuteralp, Cröteralp, Hohenhaus- und Ramsenalp, Städtlialp, Plattneralp, Cresteralp, Pürteralp, Bachalp, Vorderbregalgaalp, Juferalp (Zusammenlegung der früheren Jufer Kuh- und Ochsenalp), Schafberg, Jupper Ochsenalp.

Die Ursprünge dieses Korporationssystems führen uns ganz offenbar bereits in die Anfänge der Walsersiedlungen zurück. Wir wissen, dass den Rheinwalder Siedlern ebenso wie den Davosern die Alpen in Form von Erblehensverträgen übertragen wurden, und zwar erfolgte die Übertragung nicht an einzelne Siedler, sondern an die Gesamtheit der Genossen.[118] Dass es daneben auch die Übertragung an einzelne gab, zeigt gerade die erste urkundlich belegte Übertragung im Avers aus dem Jahre 1377, wo der Ammann Johannes Ossang von den Salisschen Grundherren ein Erblehen erhielt.[119] Aber das Bestehen dieser zahlreichen Korporationsalpen im Avers deutet darauf hin, dass auch hier die ursprünglichen Lehensträger nicht Einzelsiedler, sondern Siedlergruppen waren, und dass diese als die Vorläufer der heutigen Privatkorporationen zu betrachten sind.[120] So werden also auch in den gegenwärtig noch bestehenden und gültigen Organisationsformen dieser typisch walserischen Korporationsalpen Zustände aus einer nunmehr rund 700 Jahre zurückliegenden Zeit greifbar.

In der Praxis haben sich hier nun allerdings doch Veränderungen ergeben. Man kann dies recht gut verfolgen, wenn man das Alpbuch der Alp Cresta durchblättert. Es wurde am 25. Mai 1685 von der «Nachpurschaft Cresta und Cassal sampt überigen Inhabern der Cresta kuo Alp» angelegt, damit «fuerhin alle gesätz und Rächnungen der Crester kuo Alp hierin verschrieben werden, selbige steif und fest zuhalten». Es ist ein in Leder gebundener, etwa 18 × 21 × 6,5 cm grosser Band; nach einem 12 Blatt umfassenden alphabetischen Register enthält er 272 von Hand foliierte Blätter. Aber dies ist nun nicht etwa ein verstaubtes Museumsstück, sondern es befindet sich in der Hand des gegenwärtig amtierenden Präsidenten der Korporation, und die letzte Eintragung stammt aus dem Jahre 1982! Ein wohl nicht allzu häufig vorkommender Fall also, dass ein und dasselbe amtliche Buch nun schon fast 300 Jahre lang in Gebrauch ist.

Dennoch ist hinsichtlich der Intensität der Eintragungen ein Wandel abzulesen. Beschrieben sind die Blätter 1–138, 151–153 und 259 bis Schluss. Eine grosse Lücke von über 100 Blatt besteht also zwischen 153 und 259. Der Hauptteil der Eintragungen stammt aus den Jahren 1686–1804 und betrifft die jährlichen Abrechnungen. Sie beruhen auf den Angaben der einzelnen Teilhaber über die Anzahl ihrer Weidrechte und die Anzahl der Kühe usw., die sie «geladen» haben. Stimmt die Anzahl mit den Weidrechten überein, so folgt im allgemeinen der Zusatz «ist just», andernfalls ist vermerkt: «hat überladen» (z. B. «ein fiertlig»), und hie und da ist dahinter noch ergänzt «hat zahlt». Angegeben ist auch, ob der Inhaber eventuell einige Weidrechte an andere abgegeben hat. Des weiteren findet man auf verschiedene Stellen verteilt die Namen der gewählten oder durch das Los bestimmten Alpvögte ab 1686 mit einigen Unterbrechungen bis 1884. Schliesslich sind aus einer Reihe von Jahren, vornehmlich aus dem 18. und beginnenden 19. Jahrhundert, Beschlüsse

Die erste Seite aus dem Alpbuch von Cresta. Begonnen 1685,
wird es auch heute noch verwendet

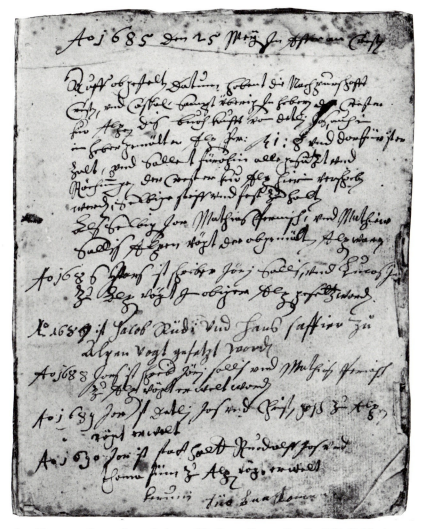

der Versammlung festgehalten. Sie betreffen z. B. die Möglichkeit zu
«überladen», Kälber für eine kurze Frist zur Weide zuzulassen, den
Zeitpunkt des ersten Viehauftriebs usw. Vielsagend für die Entwicklung
in den letzten Jahrzehnten ist eine Eintragung aus dem Jahre 1918,
wonach seit 10 Jahren keine Rechnung mehr abgelegt und die leeren
Weiden nicht mehr verzinst worden seien; die in der Versammlung
Anwesenden beschlossen daher, «Ordnung zu schaffen» und bestimmten
für die nächsten Jahre wieder Alpvögte. Aber auch jetzt werden, wie
schon während des ganzen 19. Jahrhunderts, keine Rechnungen mehr in

das Alpbuch niedergelegt. Wohl enthält es noch einmal – aus dem Jahre 1935 – eine Aufstellung der Teilhaber der «Corporation Crestaalp inkl. Hörnli».

In früheren Zeiten wies jeder Teilhaber seine Weidrechte durch eine sogenannte Tässla nach.[121] Es waren dies Holzstäbchen, in die auf der einen Seite das Hauszeichen des Besitzers und auf der anderen Seite die Anzahl der Kuhweidrechte eingeritzt waren. Ein Querstrich bedeutete ein ganzes, ein kurzer Längsschnitt ein halbes, ein Mond ein viertel, ein Halbmond ein achtel und eine «Stupf» oder «Hick» an der Kante ein sechzehntel Kuhweidrecht. Wie nüchtern sind demgegenüber «moderne» Listen!

Eine Auszählung des Alpbuchs der Cresteralp ergab folgende Werte:

## 1. Anzahl der Teilhaber
1686–1728 : 12–15 (einmal 9)
1729–1760 :  8–12 (einmal 14, einmal 16)
1762–1804 : 10–13 (zweimal 14, einmal 15)

## 2. Anzahl der Kühe (Gesamtzahl)

| Anzahl | | Fälle vollständige Zahlen | Jahr | Fälle unvollständige Zahlen | Jahr |
|---|---|---|---|---|---|
| 1. | 40–49 | 3 | 1697 1760 1798 | 2 | 1688 1752 |
| 2. | 50–59 | 12 | | 7 | |
| 3. | 60–69 | 26 | | 26 | |
| 4. | 70–79 | 6 | 1712 1762 1764 1782 1791 1792 | 4 | 1722 1725 1763 1790 |
| 5. | 80–89 | | | 3 | 1746 1747 1756 |

Dazu kommen
**Kälber**
(1–17): in den Jahren 1686–1709, 1712–1718, 1720–1731, 1736–1739, 1772–1774
**Mässe**
(1–12, meistens unter 5): in den meisten Jahren
**Schafe**
(1–8, meistens unter 5): vereinzelt ab 1701, fast durchgehend 1715–1776 und nochmals 1784–1788
**Geissen**
(1, einmal 2) in wenigen Jahren

### 3. Anzahl der Kühe pro Teilhaber
Mindestzahl : 1
Höchstzahl : 21
Die Höchstzahl besassen:
in den Jahren 1686–1715: Jöri Salis (Schreiber) und Tetli Jos (Statthalter)
               1717–1764: im allgemeinen Tetli Füm (Ammann)
               1772–1803: im allgemeinen Michel Jeger

### Die Höchstzahlen verteilen sich auf folgende Jahre
(grobe Durchschnittswerte)
1686–1729 : 10–12
1730–1763 : 14–21 (häufig 16)
1764–1782 : 12
1784–1787 : 14–16
1788–1803 : 10–13

### Nur eine Kuh
kommt mit ganz wenigen Ausnahmen immer nur in einem Fall vor, und überhaupt nicht in den Jahren
1705–1714, 1724–1728, 1731–1763, 1738–1755, 1758–1761, 1764–1771, 1775–1780, 1781–1786, 1788–1795

Gemäss der Aufstellung von 1935 bestand die Korporation damals aus 17 Teilhabern mit zusammen 71 Stössen, gegenüber 17 Teilhabern mit 68 Stössen im Jahre 1904. Inzwischen war die Hörnlialp nämlich mit der

Cresteralp vereinigt worden. Durch eine weitere Transaktion erhöhte sich die Anzahl der Stösse inzwischen auf 72. Diese Abweichungen zeigen, dass dieses Korporationssystem in seiner Eigenschaft als Besitzorganisation nach wie vor lebendig ist und Veränderungen unterliegt. Dies wird insbesondere auch deutlich in den wenigen Eintragungen, die die Korporation Capettaalp betreffen. Hier wurden 1899 die Teilrechte zunächst um ein Drittel zugunsten der Gemeinde reduziert, die hier den Bannwald vergrössern wollte (1880 hatten hier 28 Teilhaber 62 Stösse); 1958 wurde dann die gesamte Alp «zwecks Aufforstung» verkauft.[123] In diesem Fall hat also eine ganze Korporation ihr Ende gefunden, und dies hängt nun damit zusammen, dass ein grösserer Wandel hinsichtlich der Nutzung eingetreten ist. Der Verkauf der Capettaalp, der völlige Verzicht also auf die ehemals 62 und dann immer noch 41 $^4/_{12}$ Stösse ist ein extremes Beispiel für einen Rückgang, der seit dem 19. Jahrhundert schon zu beobachten ist. So hat eine Untersuchung aus dem Jahre 1925 über die Jufer Korporation bereits festgestellt, dass der dortige Viehauf-

... und heute

trieb längst nicht mehr mit der im Alpbuch 1858 festgelegten Bestossungszahl übereinstimmt.[123] Ausserdem wurde eine der drei Jufer Alpen, die Fluhalp, zu dieser Zeit schon überhaupt nicht mehr bestossen.

Aber mit diesen Bemerkungen verlassen wir nun auch schon die Frage des Korporationssystems als einer für das Avers typischen Eigentumsform. Wir werden auf die Gesamtentwicklung noch einmal zu sprechen kommen. Zunächst müssen wir uns einen Augenblick lang noch der typischen Bewirtschaftungsform zuwenden, die mit dieser Eigentumsform einhergeht.

Wer heute im Sommer am frühen Morgen in Cresta über die Strasse geht, der hört auf einmal Kuhglockengeläute und sieht eine kleine Herde herankommen, einige Kühe, einige Kälber, bis zum Ende des Dorfes ist sie noch etwas grösser geworden, denn aus diesem oder jenem Stall erhält sie noch Zuwachs. Hinterher geht eine Hirtin, in der einen Hand einen Stock, in der anderen einen Kessel mit Milch, und mit Locken und Zurufen und aufmunternden Stockbewegungen treibt sie ihre Herde den kleinen Weg links vor dem Ortsausgang hoch in den Hang, oder sie überquert weiter talaufwärts die Fahrstrasse noch einmal und lässt ihr Vieh rechts der Strasse im Talgrund. Hat alles glücklich die Weiden erreicht, dann schliesst sie den elektrischen Zaun und geht zu ihrer kleinen Sennhütte zurück, die etwas oberhalb der Strasse liegt. Am Abend das umgekehrte Bild. Da holt sie die Tiere wieder zusammen, führt sie in das Dorf zurück, und die einzelnen Kühe verlassen von selbst schon an der richtigen Stelle die Herde und finden von alleine zu ihrem Stall. Etwas ganz Ähnliches könnte man auch in Pürt oder in Juf beobachten. Ist es nicht eine Hirtin, so sind es ein paar Buben, die in Begleitung eines Hundes für Ausfahrt und Rückkehr der Herde sorgen.

Was man hier zu sehen bekommt, ist die für die Walsergegenden und insbesondere für das Avers typische Betriebsweise der Einzelsennerei.[124] Im Gegensatz zur genossenschaftlichen Sennerei, wo die Milch zentral durch das Alppersonal besorgt wird, erfolgt bei der Einzelsennerei das Hüten des Viehs zwar auch durch einen genossenschaftlichen oder durch die Korporation angestellten Hirten, das Melken und die Verarbeitung der Milch erfolgt jedoch durch den jeweiligen Besitzer selbst im eigenen Stall und in den eigenen Gebäulichkeiten.

Die Gründe dafür sind zum einen naturbedingt. In den Höhenlagen des Avers ist die Distanz zwischen Alp und Wohnstätte so gering, dass es durchaus möglich ist, das Vieh täglich aus den Ställen auf die Weide zu treiben und abends wieder zurückzuholen. Hier fällt damit die

Butterfass. Eine Aufnahme aus dem Jahr 1903

Zone des Alpdörfleins oder des Maiensässes weg. Aber man hat es hier offenbar nicht nur mit naturbedingten Faktoren zu tun. Da die Einzelsennerei auf dem ganzen Wanderweg der Walser – vom Berner Oberland her über das Rhonetal, die Südkolonien bis nach Graubünden und Vorarlberg hin – aufgetreten ist oder noch immer auftritt, ist man versucht, hierin eine spezifische Walsertradition zu erblicken, in der sich ein besonders charakteristischer Zug zum Individualismus zeigt.[125] Der Walser will «seine» Milch und «seinen» Käse. Mit dieser Tendenz verbindet sich aber dann auch recht gut das System der Korporation, innerhalb dessen ja gerade das private Moment in Form der Weidrechte in ausgeprägter Weise zur Geltung kommt und gesichert ist. Nicht so sehr den naturbedingten als vor allem diesen psychologischen Faktoren schreibt man es schliesslich zu, dass sich das System der Einzelsennerei trotz seiner offenkundigen wirtschaftlichen Nachteile bislang so hartnäckig halten konnte. Schon jetzt sei aber darauf aufmerksam gemacht, dass auch eine ganze Reihe von Alpbräuchen, wie z. B. Alpfahrt und Alpentladung, in diesem System entfallen!

Nach diesen charakteristischen Eigentums- und Bewirtschaftungsformen haben wir noch einige andere Züge der Averser Viehwirtschaft zu betrachten, die aber nun ausschliesslich mit naturbedingten Faktoren zu tun haben. Das ist zum einen die besondere Bedeutung, die die Graswirtschaft hier im Zusammenhang mit der Viehwirtschaft einnimmt.

Die Qualität des Averser Heus hatte schon Pfarrer Sererhard gelobt;[126] es sei «weit nuzbarer und kräftiger» als das in der «Zähme»; allerdings bemerkte er im gleichen Zusammenhang auch etwas ironisch, dass «die Wildner ausser circa drei oder vier Wochen ihres Heuens das ganze Jahr hindurch gleichsam Ferias gegen jenen haben», dann nämlich seien sie nur noch mit der Wartung ihres Viehs beschäftigt. Richtig und bis in die heutigen Zeiten zutreffend an diesen Aussagen ist sicher, dass die Zeit der Heuernte eine Zeit erhöhter Aktivität im Avers ist, und dass es sich hier um eine der elementaren Aktivitäten des Hochtales handelt. Wie sich dies vor 100 Jahren noch darstellte, zeigt sehr schön ein Bericht von Fr. Käser im Jahrbuch des Schweizer Alpenclub von 1883/84. «Im Juli beginnt der Heuet. Zu dieser Zeit bildet das Thal einen wahren Wallfahrtsort für Arbeitssuchende; aus dem Domleschg, dem Bergell, aus Montafun und selbst aus dem Tirol kommen Mäher und Mähderinnen hergepilgert, so dass um diese Zeit über 100 fremde Arbeitskräfte im Thal sind. Bei gutem Wetter dauert die Ernte doch volle sechs Wochen.

Auf solchen Wagen fuhr man früher das Heu
in die Scheunen

Um halb 3 Uhr ziehen die Leute aus und mähen oft bis Abends spät fast
ununterbrochen fort. Für diese anstrengende Arbeit bekommen die
Mähder 2–2½ Fr. Lohn per Tag nebst Kost und Logis, Regentage nicht
ausgenommen.»[127]

Aus diesem Bericht ist mancherlei zu entnehmen, was langfristig
gilt und auch heute noch von Bedeutung ist. Das frühe Eintreten des
Winters und seine lange Dauer in diesen Höhenlagen ergibt für die
Fütterung des Viehs ganz besondere Probleme. Der Ertrag der Heuernte
ist daher von vitalem Interesse. Aber auch hier wirken die geographischen und klimatologischen Verhältnisse beeinträchtigend. Nur die
Fettwiesen, die jährlich im Herbst gedüngt werden, erlauben auch eine
jährliche Heuernte. Und auch dann kommt es noch darauf an, wie gut
oder wie schlecht der an sich ja nur kurze Sommer ausfällt. So versteht
es sich, dass die guten Tage des kurzen Sommers Zeiten erhöhter und
konzentrierter Aktivität sind. Aber im allgemeinen kann nur einmal
gemäht werden. Eine «Emdernte» gibt es häufiger nur in Cröt oder

Campsut, im Obertal fast nie. Alle zwei Jahre konnten dann auch die
über den Fettwiesen liegenden und bis in Höhen von 2400 m reichenden
Bergwiesen gemäht werden. All dies geschah bis vor wenigen Jahrzehnten noch ausschliesslich mit der Sense, die ihre jetzige Form bereits im
12./13. Jahrhundert erhalten hatte – was ihr damals als Beinamen «ge-
bürkleinet», Bauernkleinod, einbrachte.[128] Die grossen Flächen und die
gedrängte Erntezeit ergeben einen erhöhten Bedarf an Arbeitskräften
und recht lang ausgedehnte Arbeitszeiten.

   Hier hat sich inzwischen einiges geändert. Wer heutzutage das
Avers im Juli/August besucht, sieht allenthalben Maschinen im Einsatz:
Mäher, Wender, Heuraupen, Kreiselheuer und nicht zuletzt hohe Lade-
wagen, die in oftmals halsbrecherischer Fahrt das trockene Heu zusam-
menraffen, aufstocken und dann in den Scheunen wieder ausstossen. Das
erspart natürlich Arbeitskräfte und Arbeitszeit und erlaubt vor allem
auch eine bessere Nutzung der guten Witterung. Aber alles können die
Maschinen doch nicht tun. So kann man auch jetzt noch sehen, wie mit
der Sense gemäht, mit der Gabel gewendet und mit dem Rechen zusam-
mengerafft wird. Man kann auch jetzt noch an den italienischen Lauten
die fremden Arbeitskräfte erkennen (oft sind es die gleichen Arbeiter, die
Jahr für Jahr die gleiche Arbeitsstelle aufsuchen), und man kann auch

jetzt noch die Geschicklichkeit bewundern, mit der Alte und Junge die Sense an steilsten Hängen zu führen wissen. Nicht mehr sehen kann man jene «praktisch eingerichteten Wägelchen . . . , vierrädrige, mit einem nach unten gewölbten Boden, so dass sich die Heubündel recht bequem hineinschmiegen».[129] Teile davon liegen jetzt höchstens noch bei altem Holzgerümpel zwischen den Ställen herum. Und die Bergwiesen werden heute im allgemeinen auch nicht mehr gemäht.[130]

Das alte Averser Landrecht hatte Spekulationen mit dem Heu verboten und im Gegenteil bestimmt, dass diejenigen, die im Frühjahr noch Heu im Überfluss hatten, den Mangelleidenden zu einem behördlich festgesetzten Preis davon abtraten, gegebenenfalls sogar unter dem Druck der Obrigkeit.[131] In diesen Bestimmungen klingt an, dass die Frage des Vorrates nicht nur den einzelnen Bauern betraf, sondern ein elementarer Bestandteil des gemeinschaftlichen Lebens war, der obrigkeitliche Massnahmen und Regelungen erforderlich machte. Wie kritisch sich schlechte Heuernten auswirken konnten, beschreibt J. R. Stoffel am Beispiel der achtziger Jahre des vorigen Jahrhunderts. Da genügte es nicht mehr, sparsamer zu füttern. Da musste im März das «dürre, unter dem Schnee überwinterte Gras» unter grossen Mühen und Gefahren gewonnen und ins Tal befördert werden; manche Familien waren aber darüberhinaus gezwungen, mit Teilen ihrer Viehbestände unter grossen Kosten und Umständen talabwärts zu ziehen, bis sie vielleicht erst in Thusis oder am Heinzenberg wieder Heu vorfanden.[132]

So dramatisch musste es nicht immer sein. Dennoch brachten auch die normalen Winter für die Viehwirtschaft ganz besondere Probleme, und dies ist nun der andere naturbedingte Faktor, den wir hier noch zu berühren haben.

Das Heu wurde – wie auch heute noch – zunächst in die Scheunen gebracht, die über die Ställe gebaut sind. Soweit früher Bergheu gemacht wurde, kam dieses in die «Bärggädemli». Im Winter wurde es dann im sogenannten Heuziehen mit nachbarschaftlicher Hilfe von den Bärggädemli heruntergeholt.[133] In den letzten Jahren des Bergheus hat man dies zum Teil durch einfache Transportseilbahnen ersetzt. Aber das war nicht die einzige Beschwerlichkeit im Winter. Für die höchstgelegenen Siedlungen kam hinzu, dass man in den dortigen Ställen nicht genug Futter für den ganzen Winter lagern konnte, sondern noch auf tiefergelegene Scheunen zurückgreifen musste. Man transportierte aber nun nicht etwa das Heu von dort in die höchsten Talställe, sondern zog zum gegebenen Zeitpunkt mitsamt dem Vieh und dem notwendigsten Hausrat in tiefer-

liegende Wohnhäuser und Ställe. Ein solches «Roba» und «Säila» erfolgte von Juf aus nach Lorezhus, Im Bach und Pürt, aber auch vom
Madrisertal aus nach Campsut, Cröt, Platta und Cresta. J. R. Stoffel
beschreibt einen solchen Umzug vom Madrisertal nach Pürt im Winter
1887/88.[134] Das Vieh wurde im Föhnsturm bis Cröt getrieben und dann
durch den «Ussertobel», also die oberhalb von Cröt ansetzende tiefe
Schlucht des Averser Rheins, über das vereiste und verschneite Bachbett
bis nach Pürt weitergeführt, wobei man zwischen den Felswänden der
Schlucht sogar noch Schutz vor dem Schneesturm finden konnte. 1925
hat man das «periodische Wandern von Mensch und Vieh» bei zwei
Familien aus Juf untersucht[135] und festgestellt, dass die eine von Juni bis
Dezember, die andere von Juni bis Mitte Februar in Juf lebte, und
während der übrigen Wintermonate mit unterschiedlicher Dauer sich
samt dem Vieh an tiefergelegenen Wohnstätten bis Im Bach aufhielt.
«Beim Umzug helfen sich die Familien gegenseitig. Den Zug eröffnet das
Grossvieh; ihm folgt das Schlittengespann mit dem Hausrat, den Klei-

So sehen noch heute viele Ställe im Avers aus

dern etc., Ziegen und Schafe schliessen an, und das Ende des Zuges
bilden die Kälbchen», so vollzog sich das auch noch um diese Zeit, und
man kann heute noch ältere Leute treffen, die sich an diese Umzüge
lebhaft erinnern.

Freilich hat sich auch hier ein Wandel vollzogen. Im Jahre 1947/48
hat die Familie Rudolf Menn – sie wohnt im ersten Haus links in Oberjuf
und unterhält dort auch das Postbüro – den ganzen Winter in Juf
verbracht, und weitere Haushalte folgten in den nächsten Jahren ihrem
Beispiel. Die Gründe für diese Änderung sollen einmal in einer rationelleren Verteilung des Erbgutes liegen, zum andern – und das gilt vor
allem für die Gegenwart – in den besseren Strassenverbindungen, die
jetzt ohne weiteres auch im Winter einen Heutransport talaufwärts
zulassen.[136] Aber es ist bemerkenswert, dass hier bis vor noch nicht allzu
langer Zeit in diesen obersten und äussersten Tallagen noch Reste einer
Wanderungsbewegung bestanden, zu der sich die Bewohner dieser
Siedlungen durch die naturbedingten Faktoren gezwungen sahen – in

kleinstem Umfang also auch hier noch ein Nachklang aus den fernen Jahrhunderten der grossräumigen Walserwanderungen.

Im übrigen hat die ständige Bewohnung von Juf den Effekt, dass in der stolzen Bezeichnung «höchstgelegene Dauersiedlung Europas» zumindest das Element «Dauer» zutreffend ist. Den Rang der höchstgelegenen Siedlung Europas macht ihm allerdings das italienische Trepalle, zur Gemeinde Livigno gehörend, streitig.[137]

Wir haben bisher im Rahmen dieser Betrachtungen über die Viehwirtschaft nur das Heimvieh berücksichtigt. Ergänzend ist noch auf das Galt- oder Sömmerungsvieh hinzuweisen, das sich im allgemeinen zwischen der letzten Juniwoche und Mitte September auf dem oberen Teil der Alpen befindet. Sein Aufenthalt auf diesen Weiden und seine Betreuung stellt eine zusätzliche Einnahmequelle für die Inhaber der Alpen dar. Auch hier ist ein grosser Wandel festzustellen. Während das Vieh früher zu Fuss aus dem Unterland heraufgetrieben wurde und der Zuzugsbereich entsprechend eingeschränkt war, findet man jetzt auf den Averser Alpen sogar Galtvieh aus den Kantonen Appenzell, Zürich und Thurgau. Es wird mit grossen Viehtransportern heraufgefahren und auch wieder abgeholt. Wer die Romantik eines Alpabtriebs etwa im Berner Oberland kennt und dann dem Verladen des Viehs in Juf einmal beigewohnt hat, der wird hierbei den Wandel der Zeiten in besonders krasser Weise empfunden haben.

Überblickt man abschliessend diesen Zweig der Averser Wirtschaft, so kann man sagen, dass seit den Tagen des Wilhelm von Bagiana und seiner Genossen die Viehwirtschaft eine wesentliche Grundlage des Averser Wirtschaftslebens geblieben ist, und dass sich hier in vieler Beziehung die Grundstrukturen durch die Jahrhunderte hindurch erhalten haben.

Über den heutigen Zustand geben die Untersuchungen des französischen Geographen Henri Rougier einige Hinweise.[138] 1973 zählte man 28 Viehbesitzer im Avers, was gegenüber 1960 einen Rückgang von 9,6% bedeutet. Dieser Rückgang fügt sich in eine Gesamttendenz ein, ist aber im Vergleich zum Gesamtdurchschnitt des Kantons Graubünden (23%) wesentlich geringer. Avers ist überhaupt der einzige Kreis, dessen Rückgang unter 10% liegt, es folgt Rheinwald mit 15,1%. 1966 zählte man 523 Rinder gegenüber 482 im Jahre 1976. Diesem Rückgang um 7,8% steht eine Zunahme um 5,1% bei den Schafen gegenüber. In beiden Fällen aber hat sich – im Gegensatz zur Anzahl der Viehbesitzer – die Durchschnittsgrösse der Herden vergrössert; bei Rindern von 16,8 auf 19,2 (= +14,2%) und bei Schafen von 17,2 auf 20,4 (= +18,6%) (Durchschnittszahl des Bestandes). Leicht zurückgegangen ist auch der Anteil der Milchkühe (1966 21,4%, 1976 20,4%), worin sich für das Avers die Tendenz zeigt, Viehzucht im Hinblick auf den Verkauf für die Fleischproduktion und nicht im Hinblick auf die Milchproduktion zu betreiben. Insgesamt aber zeigen diese Zahlen doch – im Vergleich zum Gesamtkanton – eine relative Stabilität.[139]

Wie wird die weitere Entwicklung sein? Wer das Madrisertal besucht, dem werden dort die sehr modernen Stallgebäude auffallen, die in einem starken Gegensatz zu der Mehrzahl der Stallungen im übrigen Avers stehen. Hier ist ein Erfolg der Stiftung «Pro Avers» zu sehen.[140] Ähnliches sieht man in Juppa. Und 1982 ist auch in Juf ein grosses Stall- und Scheunengebäude errichtet worden, das 60 Rinder umfasst; 1983 folgte in Pürt ein vergleichbarer Bau. Das mag manchem auf den ersten Blick missfallen, der im Avers und besonders in Juf nur die bescheidene Abgeschiedenheit kannte und liebte. Aber das Avers ist eben nicht nur Postkartenromantik! Wenn hier jetzt grosse, moderne Ställe gebaut werden, so heisst dies ja doch, dass entgegen allen Unkenrufen eine bodenständige traditionelle Wirtschaft weitergeführt, ja entwickelt und modernisiert wird. Und das ist doch ein ermutigender Vorgang! Vielleicht zeigt sich hier sogar eine entscheidende Wende an. Dann könnte es so sein, dass spätere Generationen gerade mit solchen Gebäulichkeiten, die jetzt noch fast wie ein Fremdkörper in der gewohnten Umgebung erscheinen mögen, den Auftakt zu neuen Entwicklungen datieren.

Damit sind wir schon bei der Frage, inwiefern die typischen Siedlungs- und Bauformen, die wir im Avers vorfinden, sich von bestimmten wirtschaftlichen Betriebsfunktionen her erklären lassen.

## Haus und Hof

Den schon häufig zitierten Reisenden früherer Jahrhunderte fiel im allgemeinen auf, dass die Siedlungen im Avers recht zerstreut lagen.[142] «Avers hat kein rechtes Dorf, sondern nur etliche Nachbarschäftlin, deren jedes aus zehn bis zwanzig, auch mehreren oder mindern Häußern besteht, doch soll alles zusammen noch ein ziemlich zahlreiche Versammlung ausmachen. Zu diesen Nachbarschaften werden auch etliche Höfe gezählt», so fasste Sererhard seine Eindrücke zusammen.[143] Als Nachbarschaften zählte er insgesamt sieben auf: «1. Madriß, 2. Krott, 3. Campsul, 4. auf der Platten, 5. Casal, 6. Cresta, das Ort wo die Kirche ist und zugleich das Rathauß, 7. die Höfe. Diesern Nammen sind 1. Purt, 2. Michelshof, 3. Imbach, 4. In Riwen, 5. In Juppen, 6. Lorenzen Hof, 7. Pregalga, 8. Zur neuen Stuben, 9. under dem Schrofen oder Felsen, 10. von Jof».[144] Wir haben von dieser Aufteilung und ihrem Ursprung bereits gesprochen. Die Verschiebungen, die sich bis auf den heutigen Tag ergeben haben, machen es dem jetzigen Besucher auf den ersten Blick nicht mehr ganz leicht, im gegenwärtigen Zustand der Besiedlung des Tales die ursprünglichen Formen wiederzuerkennen, sei es, dass eine Vielzahl von Häusern aufgegeben, verfallen oder ganz verschwunden ist, sei es, dass neben oder zwischen den alten Gebäuden neue errichtet worden sind, die mit ihnen zusammen ein verändertes Gesamtbild ergeben, sei es schliesslich, dass die Wegführung verändert worden ist.

Man hat in diesen Streu- oder Weilersiedlungen zum Teil typisch walserische Siedlungsformen sehen und sie insbesondere auch mit dem Unabhängigkeitssinn der Walser in Verbidung bringen wollen.[145] Sicherlich spielen hier mehrere Faktoren eine Rolle. Insoweit sich die Wirtschaftsform auswirkt, bestehen wohl Zusammenhänge mit der auf dem Korporationssystem beruhenden Viehwirtschaft. Aber für das

Die «Hauptstrasse» in Cresta um die Jahrhundertwende

Avers gilt sicher auch, dass die Walser Siedler den Niederlassungen der
romanischen Bevölkerung gefolgt sind; das zeigt die Übernahme der
alten Ortsnamen. Aufs Ganze gesehen haben wir es jedenfalls auch heute
noch mit einer auf eine grosse Fläche in kleine Einheiten aufgesplitterten
Gemeinde zu tun, und auch heute noch sind Kirche, Friedhof und
Gemeindehaus, die wir in Cresta sehen, nicht etwa die des Dorfes Cresta,
sondern Kirche, Friedhof und Gemeindehaus für die gesamte, auf
Haupt- und Nebentäler verteilte Gemeinde Avers. Diese für das gesamte
Avers zentrale Funktion kam wohl noch deutlicher zum Ausdruck, als
das gemeinsame Rathaus dicht neben der von Cresta ja etwas abseits
gelegenen Kirche stand.[146] Wenn man um die Aussenmauer des Friedhofs herumgeht, kann man hier auf dem kleinen Plateau an der Südseite
noch leicht die Umrisse der Grundmauern des früheren Rathauses erkennen. Typische Züge einer Nachbarschaft bzw. eines Weilers sind noch
in Pürt oder Im Bach zu sehen. Wohnhaus und Stallscheune bilden die
Wirtschaftseinheit, aber sind deutlich voneinander getrennt: die Wohnhäuser bilden bergseits, die Scheunen talseits der Strasse eine Reihe.[147]
Diese in groben Rundhölzern gefügten Stallscheunen – bei manchen
kann man noch die Jahreszahl und die Initialen der Besitzer am Querbal-

Cresta, Mittelpunkt des Avers.
Hier befinden sich
Gemeindehaus, Schule,
Selbstbedienungsladen,
Kirche und Friedhof

86

Das Buchli-Haus in Juf, erbaut 1649, dem Verfall
preisgegeben?

ken entziffern – zeigen in dem für das Vieh bestimmten unteren Teil
manchmal noch die primitive Innenaufteilung aus den früheren Jahrhunderten: das Vieh ist in den recht niederen Räumen an den Seitenwän-
den vor den Futterkrippen aufgereiht, statt der festgestampften Erde
haben sich seit 1800 aus Brettern gezimmerte Läger eingeführt, zwischen
dem hölzernen Laufgang in der Mitte und den Lägern befinden sich im
allgemeinen Mistgräben, durch die häufig Harn und Mist direkt durch
die Stallwände nach aussen in die Sammelgrube geführt werden können.[148] Diese Stallscheunen können aus bis zu vier nebeneinander liegenden Einheiten bestehen.[149] Die Eingänge für das Vieh liegen zur Talseite
hin, und an dieser Front sind dann auch sehr oft noch in mehreren
Reihen die für die Heizung vorgesehenen Schafsmistplatten übereinan-
der gestapelt. Über den Ställen befinden sich die Lagerräume für das
Heu. Sie sind von der Bergseite aus zugänglich. Die ältesten Wohnhäuser, die wir im Avers vorfinden, stammen aus dem 16. Jahrhundert. In
einem sehr gepflegten Zustand ist das sogenannte Gassa-Hus in Cresta

Die ursprüngliche Eingangstür des Buchli-Hauses, später in einen Vorbau einbezogen

(gegenüber dem ehemaligen Hotel Heinz gelegen), 1576 erbaut und so benannt, weil an ihm vorbei der Weg zur Alp führte. Dagegen scheint das seit Jahrzehnten schon unbewohnte Buchlische Haus in Juf (neben dem Gasthaus Alpenrose) dem Verfall preisgegeben zu sein. Hier trägt im Innern ein Balken die Jahreszahl 1668, im Giebelfeld ist 1649 zu erkennen.

Wie verdienstvoll wäre es, wenn dieses Haus gerettet würde! Als Hausmuseum eingerichtet, könnte es ein Anziehungspunkt für jeden Besucher des Avers werden, und besser als jede Beschreibung würde es dem heutigen Menschen anschaulich machen, in welcher Weise frühere Generationen hier gelebt haben. Im Äusseren entspricht es ganz dem Bild, das uns alte Darstellungen von den Häusern des Avers übermitteln: sie sind teils gemauert, teils aus Holz gebaut, mit Steinplatten gedeckt und mit auffallend kleinen Fenstern versehen. Auch von aussen erkennt man bereits die niederen Stockwerke. «Obschon die Leute von Avers nicht zu den Zwergen gehören», schrieb der schon zitierte Gottfried

Das Gassa-Hus in Cresta,
erbaut 1576 und immer noch bewohnt

Das stattliche Haus des Ammanns Theodosius Füm,
erbaut 1739

Heer vor 100 Jahren, «die eigentlichen Averser vielmehr ein schöner und
grosser Menschenschlag sind, dürfen in den hiesigen Bauernhäusern
keine Zimmer von 2½ und 3 m Höhe gesucht werden. Die Fenster aber
sind vielfach so klein, dass sie schon mehr blossen Schiessscharten
gleichen. Wir sehen solche, die gewiss wenig mehr als 4 dm² (2 dm lang
und breit) machen. Den Kopf durchs Fenster hinaus zu strecken, wäre
da für Erwachsene schon fast eine Kunst.»[150] Aber schon der Pfarrer
Sererhard hatte den Grund für diese Konstruktion begriffen: «Das Holz
zu erspahren haben sie desto kleinere Stuben, und in denselben desto
weniger oder ganz kleine Tagliechter oder Fenster wegen der scharfen
Lüften und des langen Winters.»[151]

Buchli-Haus und Gassa-Hus weisen auch im Grundriss und in der
Aufteilung der Räume verwandte Züge auf, wie sie Christoph Simonett
als typisch für viele Averser Häuser dargestellt hat.[152] Es handelt sich um
den Typus des sogenannten zweiraumtiefen Wohnhauses. Über dem
gemauerten Keller befindet sich ein Wohngeschoss, das zur Strassenseite

91

Stube und Nebenstube enthält. Mit der Stube ist auf der Ostseite die Küche durch den Ofen verbunden, und gegenüber der Küche, durch einen Korridor von ihr und den Stuben getrennt, liegt eine Vorratskammer. Eine schmale Treppe führt in das Geschoss mit den Schlafkammern, dem Liggspycher, der im Buchlischen Haus so niedrig ist, dass man nicht aufrecht darin stehen kann; die Betten sind zum Teil fest mit den Wänden verbunden. Über dem Liggspycher, unter dem Dachgiebel, befindet sich schliesslich noch ein Dach- oder Speicherraum. Die gegen den Berg gelehnte Nordwand des Buchli-Hauses ist ganz aus Steinen gemauert, dort befindet sich auch die nach aussen angebaute Abortanlage, eine Einrichtung, wie sie zuerst eben im 16. Jahrhundert im Avers und in Davos auftritt. Die für die Averser Häuser typischen Vorbauten an der Westseite weisen auch das Gassa-Hus und das Buchli-Haus auf, allerdings ist dieser Vorbau bei letzterem erst später hinzugefügt worden, und hier wurde dann auch noch eine zweite Feuerstelle eingerichtet.

Freilich – es gab auch reichlicher ausgestattete Häuser. In Cresta etwa fällt – schräg gegenüber dem Kur- und Sporthotel und etwas zurückliegend – ein ganz in Stein erbautes Haus auf, das über dem Eingang ein Wappen trägt mit der Inschrift «Theodosio Füm, Per Volenta di Dio Fecce Fare a 1739». Der Erbauer erscheint im Alpbuch von Cresta jahrzehntelang als der Ammann Tetli Füm, der über die meisten Kuhweidrechte verfügte und die grösste Stückzahl Vieh laden konnte. Und noch eindrucksvoller ist das bereits aus dem 17. Jahrhundert stammende «Podestatshaus», das sich 1664 Augustin Strub errichten liess, der Podestat in Teglio war.[153] «Nit Geitz sondern Gott macht reich», lautet eine Inschrift auf dem Büffet in der Stube, gefolgt von den Namen der Besitzer «Herr Augustin Strub und Frau Lena Menuzzi v. Castlemur». Und selbstbewusster, und die Rolle des Erbauers und seines Geschlechtes deutlicher unterstreichend, ist über dem Hauseingang an der Südfront zu lesen: «Augustin Strub et Helena Menus v. Cmur. Hostibus invitis / vivat Strubea / propago agere et / pati fortia Strubeum est. 1664» (In der Übersetzung von Erwin Poeschel: «Den Feinden zum Tort [= Schaden, Nachteil] lebt das strubische Geschlecht, für das Land zu handeln und Tapferes auszuhalten ist strubisch»).

Aber für das Leben im Avers und für dessen Siedlungsformen sind Augustin Strub und sein Podestatshaus die Ausnahme. Und auch das Haus des Ammanns Füm gibt nicht die Regel wieder. Wollen wir uns ein Bild machen von dem Rahmen, in dem die Menschen des Avers jahrhundertelang lebten, dann sollten wir uns eher von dem Buchli-Haus

Das Podestatshaus des Augustin Strub, erbaut 1664

inspirieren lassen. Arbeit und Ruhe, Liebe und Leid, Nahrung und
Geborgenheit, Feiertag und Alltag, Sorge und Freude, Leben und Tod
– jahrhundertelang vollzog sich dies alles in solchen Häusern als dem
engsten und intimsten Bereich menschlichen Lebens. Und doch standen
sie nicht isoliert da. Zusammen mit den Stallscheunen und den Heucho-
bern bildeten sie Nachbarschaften, Einheiten des Aufeinanderangewie-
senseins, in die die Menschen mit ihren Tieren eingebunden waren. Und
auch dies wiederum geschah nicht losgelöst von der Umwelt, sondern in
engstem Zusammenhang mit ihr. Der Lebensraum war dieses Hochtal,
das von seinen natürlichen Gegebenheiten her grösste Anstrengungen
und härteste Entbehrungen abforderte, das aber auch mit seinem Gras
und seinem Wasser, seinem Holz und seinen Steinen, seinen Wintern
und seinen Sommern für Mensch und Tier die Existenzgrundlage anbot.
Mit alledem war es letztlich sogar auch präsent in den Siedlungen und
Ställen und Wohnhäusern.

Avers. Hauszeichen an Dachpfetten des 16. Jhs.

Avers. Hauszeichen und Initialen auf den Tessla der Jufer Kuhalp, 18. Jh. Nr. 1 und 2 Buchli, 3–9 Fümm, 10–13 Heinz, 14–17 Jäger, 18–23 Joos, 24 und 25 Menn, 26 Magani, 27 Plattner, 28–30 Rüedi, 31 Safier, 32 und 33 Salis, 34 und 35 Soldat, 36–39 Strub, 40 und 41 von Salis, 42 und 43 Stoffel, 44–47 Wolf

An den Bandseen (2643 m). Sie gehören zu den schönsten
der stillen Bergseen im Avers

## Handel und Verkehr

Dennoch, das Hochtal bietet nicht alles. Es bietet die Grundlagen für die
Viehwirtschaft, aber es erlaubt keinen Ackerbau und ermöglicht keine
autarke Wirtschaft. Die Walser Siedler des Avers waren von Anfang an
darauf angewiesen, das, was sie ergänzend für ihre Ernährung brauch-
ten, durch Handel zu beziehen.

«Ihre Nahrung besteht aus Milchproducten, geräuchertem und
frischem Schweinefleisch, Reiss, Kastanien, Bohnen und Mehlspeisen.
Brot geniessen sie sparsam; ihr Getränke ist Milch, Wein, Branntwein.»
Was hier der «Neue Sammler» von 1812 über die Ernährungsweise der
Avner zu sagen wusste, gilt sicherlich ebenso für die früheren Jahrhunderte, und trifft auch noch für die Verhältnisse bis in unser Jahrhundert
hinein zu.[154] Die Aufzählung zeigt, dass ausser den Milchprodukten und
dem Schweinefleisch eine ganze Reihe von Nahrungsmitteln eingekauft
werden mussten, und einige der genannten Nahrungsmittel deuten auch

die Richtung an, aus der sie bezogen wurden: es war der Süden. Immer gemäss dem «Neuen Sammler», wurden um 1800 eingekauft: In «Cläven: Korn, Reiss, Kastanien, Wein, Branntwein, Zeuge, Metallwaren». Salz hatte man vormals aus Silvaplana bezogen, jetzt wurde es von Tirol durch das Engadin bis Casaccia befördert, und dort kauften die Avner jährlich «150–200 Säckchen (Sacchette) jedes zu 10 Rupp».[155] Getreide und Mehl («Roggen, Forment und Maismehl») kamen aus Castasegna (100–150 Rupp). Wein (60 Saum und mehr) holte man ausser in Chiavenna auch noch in Bivio oder im Veltlin.

Das Bergell also, und nicht das näher gelegene Bivio war die wichtigste Bezugsquelle. Das hing einmal damit zusammen, dass sich hier ein Produktions- oder wenigstens ein Einzugsgebiet dieser Waren befand, zum andern aber auch und vor allem damit, dass hier das Absatzgebiet der von Avers gelieferten Produkte war. In erster Linie handelte es sich um Vieh. Am Ende des Sommers kamen, so berichtet der «Neue Sammler», «die Italiäner und kaufen gegen 200 Stück des schönsten Viehs weg; was hierauf noch übrig bleibt und nicht gewintert werden kann, führt der Averser selbst nach Italien zum Verkauf». Chiavenna war hier der wichtigste Markt. Aber noch Ende des 19. Jahrhunderts trieben die Avner ihr Vieh sogar selbst bis nach Mailand, um es dort zu verkaufen, und auch Lecco oder Lugano waren Zielorte, wenn man das Vieh nicht zu Hause bei den italienischen Händlern loswerden konnte.[156] Dass sich diese Entfernungen nicht günstig auf die zu erzielenden Preise auswirkten, versteht sich von selbst. Das Vieh war durch die langen Märsche abgemagert, und weil man es nicht wieder nach Hause mitnehmen konnte, musste man sich mit niedrigen Preisen zufrieden geben. Mitunter hatte man auch lange Wartezeiten in Kauf zu nehmen, bis alles Vieh abgesetzt war, und dies verursachte zusätzliche Kosten. Aus dem Jahre 1883 berichtete J. R. Stoffel, dass man hier am ersten Tag mit den Kühen über die Forcellina und den Septimer bis Casaccia kam, am zweiten Tag bis Chiavenna, am dritten Tag per Schiff über den Comersee fuhr und am vierten Tag per Bahn dann Mailand erreichte. Der Weg war also nun wesentlich kürzer, die Transportkosten aber wohl auch höher geworden, und auch dann dauerte es noch 14 Tage, bis alles Vieh einen Käufer gefunden hatte.

Vieh war das wichtigste Ausfuhrgut, und dies erklärt, dass die Averser Viehwirtschaft sich in erster Linie auf die Viehzucht konzentrierte. Die milchverarbeitende Produktion beschränkte sich – mit Ausnahme der Butter – auf den Hausbedarf, und danach bemass sich auch die Anzahl der Milchkühe. Auch die Häute der geschlachteten Kühe gingen nach Chiavenna, wofür man billiges Leder erhielt, und unter sonstigen Produkten spielten noch Holzwaren eine gewisse Rolle, die in Heimarbeit hergestellt worden waren.

Im Gegensatz zu den Nahrungsmitteln war man bei den Textilien nicht in gleichem Umfange auf den Handel angewiesen. Hanf und Flachs scheinen in früheren Zeiten sogar noch über Cresta hinaus bis zum Lorenzhaus und im 19. Jahrhundert immer noch in Cröt angebaut worden zu sein; sie wurden, ebenso wie die Wolle der eigenen Schafe, zu Hause versponnen und verwoben.[157] Letzteres konnte noch in den zwanziger Jahren unseres Jahrhunderts beobachtet werden.[158] Flachs musste allerdings zu diesem Zeitpunkt schon importiert werden.[159]

Aus der Einseitigkeit der Averser Wirtschaft und der Abhängigkeit in vitalen Bedürfnissen von aussen resultierte seit den ersten Zeiten der Besiedlung bis zur Wende vom 19. zum 20. Jahrhundert die Beziehung nach dem Süden mit der Zielrichtung Chiavenna als gleichbleibende Konstante. Erst der 1895 abgeschlossene Bau der Strasse, der das Avers mit der Splügenstrasse und damit mit Andeer, Thusis und Chur verband, brachte hier schlagartig eine grundlegende Veränderung. Wir werden auf die Bedeutung dieser Umorientierung noch zu sprechen kommen. Jetzt gilt es nur, sich klar zu machen, mit welch gewaltigen Schwierigkeiten diese Verbindung nach dem Süden verknüpft war. Zwar hielt es der Pfarrer Sererhard für einen der Vorteile der Averser «Wilden», «da sie ihre Nothwendigkeiten um das erlößte Geld, als Korn, Reiß, Kestenen, Wein, Salz und was sie verlangen, von dannen, als von einem Ort, da es am wohlfeilsten im Land zu haben, mitnehmen und in anderhalb Tagen nacher Hauß bringen können»,[160] aber er hat die Dinge vielleicht doch etwas zu einfach gesehen.

Die Verbindung vom Untertal führte durch das Madrisertal über den Madriserberg (Passo di Lago) nach Chiavenna. J. R. Stoffel berichtet in seinem Buch recht anschaulich, wie dieser Weg im Sommer und Winter begangen wurde.[161] Der Höhenunterschied ist beträchtlich. Von rund 1700 m im Madrisertal musste zunächst die Passhöhe mit 2647 m überwunden werden. Dann erfolgte der Abstieg bis nach Chiavenna, das auf 332 m liegt. Savogno, 1½ Stunden von Chiavenna entfernt, war auf dem Hin- und Rückweg der Etappenort, wo man für die Nacht bei den Einwohnern unterkommen konnte, denn ein Gasthaus gab es dort nicht. Was auf dem Hinweg zu tragen war, war wohl nicht allzu schwer: selbst hergestellte Holzgeräte, die in Chiavenna verkauft werden sollten. Auf

Der alte Alpweg durchs Madrisertal, mit Steinplatten
ausgelegt, führte über den Madriser Berg (Passo di Lago) ins
Bergell

dem Rückweg dagegen mussten die eingekauften Waren über den Berg
geschleppt werden, wobei sich mitunter die Einwohner von Savogno als
Träger etwas Geld zu verdienen suchten. Die Normallast betrug 43 kg!
Dieser Weg wurde aber auch im Winter begangen. Mit Schneereifen an
den Füssen musste man sich einen Weg bahnen, und abgesehen von den
erhöhten Anstrengungen, die eine grosse Ausdauer erforderten, hatte
man auch noch mit Wetterumschlägen und Lawinengefahr zu rechnen.
So konnte es passieren, dass man nach Chiavenna zurückkehren und den
Weg über den Splügen nehmen musste. Aus dem üblichen Einkaufsweg
von 3 Tagen konnte dann eine Woche oder mehr werden. Man muss sich
vorstellen, dass dies bis zum Ende des 19. Jahrhunderts die normale
Einkaufsmöglichkeit für die Avner war!

Für die Leute des Obertales führte die Verbindung zum Bergell
und nach Chiavenna über die Forcellina und den Septimerpass. Dort traf
man also – in der Nähe des Hospizes – auf die uralte Nord-Süd-Route,

die zwischen Stalla (Bivio) und Casaccia das Oberhalbstein mit dem Bergell verband. 1382 war Jakob von Castelmur vom Bischof von Chur angewiesen worden, die Passstrasse so auszubauen, dass Wagenladungen von 36 Rup (= 342 kg) befördert werden konnten.[162] Allerdings wird schon Ende des 15. Jahrhunderts berichtet, dass man beim Herabsteigen nicht zu Pferde bleiben konnte, so steinig und beschwerlich sei der Weg gewesen, und Ende des 18. Jahrhunderts heisst es: «Von Casatsch auf den Septmer Berg ist der Weg nur für Saum- und Packpferde practicabl; den er ist nicht alleine sehr steil, sondern schwingt sich in gähen, kurzen und schmalen Wendungen, längst einer tiefen Felsenschlucht bis zum Wirthshaus hinauf, gleich einem Gewinde.»[163]

Bequem war also auch diese Verbindung nicht, aber zumal für den Viehtransport nach Chiavenna doch gut gangbar, und vor allem konnten Waren hier mit Saumtieren befördert werden. Dass es vom Avers zum Bergell über den Septimer Säumerverkehr gegeben hat, dafür gibt es eine Reihe von Anzeichen.[164] Flurnamen wie «Rossweg», «Rosstäli» und «Rossturtschi» erinnern daran. Nachrichten von einer einstmals starken Pferdezucht im Avers werden noch zu Beginn des 19. Jahrhunderts übermittelt,[165] Rossställe gab es in Cresta, Platta, Cröt;[166] dort und in Cresta befand sich auch eine Schmiede.[167] Möglicherweise deutet dies sogar darauf hin, dass diese Säumerei nicht nur den direkten Averser Bedürfnissen diente, sondern Averser Säumer sich sowohl am Verkehr über den Septimer beteiligten, wie auch eine vom Septimer abzweigende Verbindung über Averser- und Ferreratal abwärts ins Schams herstellten.[168] In dem Masse, als der Transitverkehr über den Septimer im 17./18. Jahrhundert an Bedeutung verlor,[169] wird jedoch auch diese Tätigkeit von Leuten aus dem Avers ihr Ende gefunden haben, und darin ist es wohl auch begründet, dass die Pferdezucht ebenfalls eingestellt wurde. Aber auch der unmittelbare Säumerverkehr zwischen dem Avers und dem Bergell scheint in zunehmendem Masse abgelöst worden zu sein durch die nähere Verbindung über den Stallaberg nach Bivio. Der Weg war hier kürzer, dennoch musste hier ebenfalls geschleppt werden! Von den Rekordleistungen des Hans Hartmann aus Juf heisst es, er habe oft einen Sack Mehl oder Salz von 100 kg von Stalla nach Juf und einmal sogar einen Marmorblock von 110 kg den umgekehrten Weg auf dem Rücken transportiert.[170] Auch die Glocken der Kirche von Cresta haben 1513 diesen Weg genommen.[171] Für das in Chiavenna, Lugano oder Mailand zu verkaufende Vieh blieb es indessen bei dem Weg über Forcellina-Septimer und Casaccia.

Diese Reisen in den Süden waren durchaus nicht nur durch Beschwerden geprägt. Sie bedeuteten auch die Entdeckung einer neuen, schöneren Welt mit Genüssen, wie man sie im abgeschlossenen Avers nicht kannte. Der Arzt Dr. Jörger, der vor 100 Jahren in Andeer praktizierte und von dort aus auch das Avers versorgte, übermittelte die Erzählung eines alten Gemeinderates aus Cresta, der sich in folgender Weise an seine Jugenderlebnisse erinnert.[172] «Solche Italienfahrten habe ich in meinen Knabenjahren mitgemacht. Unser Kommandant und unsere Respektsperson war der arme Hirt, der den Sommer über unter einem zerlöcherten Hut und in zerrissenen Hosen am Gletscher oben das Galtvieh gehütet. Jetzt paradierte er in ganzen Kleidern, die ihm der Viehhändler geschenkt. Er kannte jedes Tier bei Namen und Eigenart. Die Buoben der Geschworenen, der Enkel des Podestaten und andere waren auch dabei. Unter Jauchzen, Johlen, Pfeifen und Peitschenknallen ging's über den windigen, eiskalten Berg. Dann abwärts, abwärts endlos

Der Stallaberg: die Verbindung zwischen Avers und Bivio

in die heissen Täler. Wir sahen zum erstenmal aus herbstlich rötlichem Laube die blauen Trauben blinken, lagerten unter Kastanienbäumen, Weltskerle mit grossen Blättern, wie wir derartiges noch nie erschaut; wir stibizten in den Viotoli grün vom Ast die Feigen, die über die hohen Mauern herunterhingen. Von so viel ungewohnten Genüssen wurden wir sterbenskrank, wie die Leute auf dem Meere. Aber die Sonne des Südens lachte und küsste uns rasch wieder gesund. Wenn wir dann nach einigen Wochen aus der Fremde heimkehrten, fühlten wir uns gewachsen, spuckten hoch im Bogen aus, sahen stolz auf die kleinen Geschwister herab, hatten das Averserdeutsch halb vergessen, parlierten italienisch: buon giorno, felice notte, per bacco. Und erst der Viehhändler, wenn er vom italienischen Markt heimkehrte! Er jodelte und jauchzte von der Forcellina ins Tal herunter, sofern der Handel gut verlaufen. War er in Verlust geraten, so wartete er auf der Passhöhe, bis der Nebel kam, und schlich verstohlen heim. Er klimperte als reicher Mann mit den

Dublonen in der Hosentasche und starb in Dürftigkeit auf dem Heusack; denn im Handel war die deutsche Geradheit der welschen Kniffligkeit auf die Dauer nicht gewachsen.»

Das Abenteuer der fremden südlichen Welt konnte aber auch am Rande der Katastrophe enden. So ging vor 100 Jahren im Hochtal die Geschichte des zehnjährigen Agathli Jäger um, das mit seinem Vater die Reise nach Mailand mitmachen durfte, und das dann bei der Rückkehr, als die Heimkehrer an der Forcellina von einem Schneesturm überrascht wurden, um ein Haar erfroren wäre.[173] Das – zurzeit nicht mehr auffindbare – Kirchenbuch von Avers verzeichnet sogar eine Reihe von tödlichen Unfällen:[174] 1686 fiel eine Frau am «Persegnola-Berg» zu Tode, ein fünfzehnjähriger Knabe aus Campsut erfror im gleichen Jahre am Splügenberg, 1719 erfror dort eine Frau, 1733 erfror ein dreizehnjähriger Knabe am Prasignola-Berg, 1847 verirrte sich ein Hans Heinz «am Gletscher» auf dem Rückweg vom Markt in Lecco und erfror.

Stallaberg, Forcellina, Madriserberg haben längst die vitale Bedeutung verloren, die sie bis vor rund 100 Jahren noch für die Bevölkerung des Avers besassen. Jetzt kann man in Cresta einkaufen – der gemütliche kleine Laden in dem alten Haus hinter dem Kur- und Sporthotel ist inzwischen durch einen geräumigen Selbstbedienungsladen im Erdgeschoss des ehemaligen Hotels Heinz abgelöst worden –, oder man fährt nach Thusis und Chur. Aber auch das Vieh nimmt nicht mehr diese

Wege nach dem Süden. Die Märkte – und die italienischen Händler – sind jetzt in Thusis.

Sind dies die einzigen Veränderungen, die das wirtschaftliche Leben des Avers heute kennzeichnen?

## Krisenzeichen

Bei der Betrachtung der gegenwärtigen Lage haben wir davon auszugehen, dass sich das Avers in der Endphase einer langfristigen Krise befindet. Die Zahlenbeispiele über den Rückgang des Viehbestandes sind ein Indiz dafür.[175] Um 1800 ein Gesamtbestand von 700–800 Stück Rindvieh, 1876 noch 566, 1966: 523 und 1976: 482. Ein weiteres Indiz ist der empfindliche Bevölkerungsrückgang. In ihm hat man schon Ende des 19. Jahrhunderts die Anzeichen für eine katastrophale Situation des Avers gesehen.

Ein Verzeichnis des Pfarrers Gaudenz Tack aus dem Jahre 1645 gibt für das Avers eine Gesamtzahl von 498 Seelen an.[176] Um 1800 wurde die Zahl bereits nur noch auf 370, höchstens 400 Einwohner geschätzt, und eine Auszählung der Kirchenbücher von 1780–1803, die damals vorgenommen und im «Neuen Sammler» von 1812 veröffentlicht wurde, ergab einen schwachen Geburtenüberschuss von 6.[177] Sehr empfindlich wurde der Rückgang dann im 19. Jahrhundert: Von 293 Einwohnern 1850 ging die Zahl über 283 (1861),[178] 237 (1880),[179] 220 (1888)[180] auf 204 im Jahre 1900 zurück.[181]

Dieser Bevölkerungsrückgang war in erster Linie das Ergebnis einer Abwanderungsbewegung, die den örtlichen Behörden Anlass zu grösster Sorge gab. Man befürchtete, dass bei gleichbleibender Entwicklung in 70 bis 100 Jahren niemand mehr im Tal sein werde, so gab Fr. Käser Anfang der achtziger Jahre die Meinung eines Gemeindevorstehers wieder.[182] Tatsächlich blieb es auch in den nächsten Jahrzehnten noch bei einer abfallenden Tendenz, die allerdings nicht mehr so rapide war wie im 19. Jahrhundert. Die Volkszählungen ergaben 185 Einwohner für 1930, 167 für 1950 und 153 für 1970.[183] «Avers, das aussterbende Hochtal Graubündens», so lautete der Titel eines alarmierenden Artikels im «Schweizer Journal» aus dem Jahre 1954.[184]

Um so erfreulicher ist es aber nun, dass sich bei der Volkszählung von 1979 erstmals wieder eine Bevölkerungszunahme feststellen liess: Gegenüber dem bisherigen Niedrigststand von 1970 mit 153 Einwoh-

Das zeitlose Gesicht einer Frau aus dem Avers

nern zählte das Avers 1979 165 Personen.[185] Nachdem also die Bevölkerung seit der Mitte des 17. Jahrhunderts um rund 70% abgenommen hatte, ist jetzt erstmals wieder eine Zunahme, und zwar um 3,9%, zu verzeichnen. Dass es sich hierbei schon um das Anzeichen einer Tendenzwende handelt, wie Henri Rougier dies in seiner Untersuchung von 1981 zu hoffen nahelegt, wäre angesichts dieser sich über Jahrhunderte hinstreckenden Krise vielleicht doch noch ein etwas voreiliger Schluss. Ein Gleiches dürfte auch für die Gründe gelten, die für diese positive Veränderung ins Feld geführt werden. Immerhin, die letzten Ergebnisse zeigen einen weiteren Anstieg: die Zählung von 1980 verzeichnete 171 Personen.[186]

Dieser langandauernde Rückgang der Bevölkerung des Avers hat zweifellos etwas mit den wirtschaftlichen Umständen zu tun. «Das Avers, ein wirtschaftlich verarmtes Hochthal» war die Überschrift eines Artikels aus dem Jahre 1895, der sich mit dem Rückgang der Alpenwirtschaft befasste und wehmütig feststellte, dass «im Laufe der Jahrhunderte aus dem einst wohlhabenden und blühenden Thale ein wirtschaftlich verarmtes und stark entvölkertes geworden» war.[187] Präziser formulierten um diese Zeit die Gemeindevorstände von Avers, Innerferrera und Ausserferrera die Gründe für diese Situation. «Weder die Landwirtschaft noch irgend ein anderer Erwerbszweig ist in jetziger Zeit konkurrenzfähig, wenn die nöthigen Lebensmittel von Menschen auf sieben und mehr Stunden Entfernung auf lebensgefährlichen Pfaden herbeigetragen und die Landesprodukte in gleicher Weise auf den Markt gebracht werden müssen», so hiess es in einer Eingabe aus dem Jahre 1888,[188] und 10 Jahre später in ähnlicher Weise: «Die abgeschlossene Lage des Thales, die gänzliche Verdienstlosigkeit seiner Bewohner, der ausserordentlich schwierige und kostspielige Export und Import über Stalla, Chiavenna und Andeer haben es verursacht, dass die Einwohner der Gemeinde Avers im Laufe der Zeit von 600 bis 700 auf 220 zusammengeschmolzen sind und dass dieser Rest unter einer schweren Verschuldung ein gedrücktes Dasein führt.»[189]

Beide Eingaben standen im Zusammenhang mit dem Bau und dem Unterhalt der Strasse, die 1895 fertiggestellt wurde und das Avers mit der Splügenstrasse verband. Die Krise hatte also aus der Sicht der damaligen Gemeindeväter ihre Ursache darin, dass sich die traditionelle Wirtschaft des Avers innerhalb der traditionellen Verkehrsbedingungen nicht mehr halten konnte. Aber die bis in die siebziger Jahre unseres Jahrhunderts weiterhin rückläufigen Bevölkerungszahlen zeigen, dass

sich trotz der inzwischen veränderten Verkehrsbedingungen die Lage nicht entscheidend gebessert hat.

Hat demgegenüber Henri Rougier recht, wenn er die Ende der siebziger Jahre in der Bevölkerungsentwicklung eintretende Tendenzwende in Zusammenhang bringt mit Veränderungen innerhalb der traditionellen Wirtschaft des Avers? «Vouloir maintenir dans leur totalité les traditions walser eût conduit à l'irrémédiable», so glaubt er eine neue Einstellung der Avner analysieren zu können «par fidélité aux ancêtres refuser de faire autre chose que d'élever des bovins est apparu à plusieurs comme un non sens.»[190]

Diese Hinwendung zu neuen Aktivitäten sieht Rougier vor allem im tertiären Bereich und hier insbesondere im Fremdenverkehr.

Der Schreiner Zacharias Stoffel aus Pürt mit seiner letzten,
ganz von Hand angefertigten Truhe

## Fremdenverkehr

Hier weisen die Statistiken in der Tat auf beachtenswerte Veränderungen hin. Die Untersuchung der berufsmässigen Eingliederung der Bevölkerung des Avers ergibt, dass 1941 noch 87%, 1976 aber nur noch 51% im primären Sektor, also der Landwirtschaft, tätig waren. Demgegenüber stieg im gleichen Zeitraum der Anteil der im tertiären Sektor Beschäftigten von 10% auf 46%! Im Jahre 1977 verzeichnete das Avers 21 681 Übernachtungen. Davon entfielen 37,6% auf Hotels und 62,4% auf sonstige Übernachtungsmöglichkeiten, wobei in erster Linie an Privatquartiere zu denken ist. Von insgesamt 452 Betten standen 1978 69,5%, nämlich 314 solcher Übernachtungsmöglichkeiten ausserhalb der Hotels zur Verfügung.[191]

Nun ist aber der Tourismus im Avers keine Neueinführung der letzten Jahre. Die Hoffnung, dass der Fremdenverkehr eine Belebung der Wirtschaft bringen würde, war bereits vor 100 Jahren im Avers lebendig und hatte auch zu entsprechenden Realisationen geführt.

Die Art und Weise, wie Fremde in früheren Zeiten im Avers empfangen wurden, wird sehr unterschiedlich geschildert. «Die Sitten der Einwohner sollen ziemlich rauch seyn», teilt Pfarrer Sererhard mit, «die Frömdlinge ärgern sich ab ihrer ungesalzenen und manchmal unflätigen Reden.»[192] Ganz anders dagegen der aus der Bretagne stammende und in Österreich lebende Arzt Belsazar Haquet, der 1781 und 1783 die Bündner Alpen bereiste und auch im Avers übernachtete.[193] Er berichtete, ein hübsches Alpenmädchen sei ihm entgegengekommen, habe ihm die Hand gereicht und gesagt: «Seyd willkommen, mich freut, dass ihr gekommen seyd, und wenn es euch gefällt, so bleibet bei uns.» Und da er über diese freundliche Begrüssung sehr verwundert war, erläuterte ihm ein Reisebegleiter: «Herr, hier ist der Gebrauch so, denn es kommt alle 10 Jahr ein Fremder herein, und das Volk, welches hier sehr in Unschuld lebt, sieht einen jeden Kommenden als ihren besten Freund an, ohne jemals das geringste Übel zu argwohnen.» Fremde, zumal aber der Typ des Touristen, der wie Haquet lediglich «den Bergen und Steinen zu Gefallen» kam, waren damals jedenfalls im Avers noch eine Seltenheit. Aber es gab deshalb auch noch kein entsprechendes Beherbergungswesen. Eher zählte das Avers zu jenen «Gegenden in Graubünten, die ihrer ausserordentlich rauhen Lebensart wegen nicht völlig bekannt» waren, «ohne Strassen, fast ohne Herbergen. In den wenigen, die man antrifft, findet man nur kohlschwarzes Brod und schlechten

Käse. Zwey Tücher und eine auf trokne Blätter ausgebreitete Decke dienen dort zum Lager», so beschreibt um die gleiche Zeit der Franzose Robert die Verhältnisse.[194]

Möglicherweise haben wir es um 1800 im Avers aber bereits mit dem Ausfall eines einstmals blühenden Beherbergungswesens zu tun. So vermutet Christoph Simonett in dem 1895 abgerissenen «Mathiasch Hus» in Cresta wegen dessen Geräumigkeit «eine uralte Herberge».[195] Vor allem aber beschreibt er ausführlich «die grosse Herberge in Cresta», die im 16. Jahrhundert erbaut und im 17. Jahrhundert erweitert wurde, und wo er an den Wänden noch Namen und Daten von Gästen aus dem 17. und 18. Jahrhundert entdecken konnte.[196] Man kann das Haus noch heute sehen, es liegt zwischen dem Kur- und Sporthotel und dem ehemaligen Hotel Heinz auf der rechten Strassenseite, die Eingangsseite mit dem vorgelagerten Turm erreicht man durch den Zugang vor dem Hotel Heinz; noch kann man an den Resten der weissen Fensterzonen und Stuckumrandungen «die einstige Pracht und Bedeutung des Hauses» erkennen. Diese Herberge wurde jedoch um 1800 in eine Schmiede umgewandelt, fand also um diese Zeit nicht mehr die ursprüngliche Verwendung.

Gäste mögen ab dann auch schon im Pfarrhaus untergekommen sein, wie dies ja wohl üblich war, wenn keine Herberge vorhanden war,[197] und wie wir es von den Berichterstattern erfahren, die um die sechziger Jahre das Avers dann als Touristen zu entdecken begannen.[198] «Wirtshäuser hat Avers eigentlich nur zwei», so war um diese Zeit die Situation, «eines in Campsut und eines in Cresta, doch sind in ihnen nur Wein, Branntwein, Brod, Käse und höchstens Eier erhältlich. Ein Gasthaus existiert also nicht. Wenn Jemand übernachten oder längere Zeit bleiben will, so muss er sich in's Pfarrhaus wenden, wo er auch, so lange der beschränkte Raum ausreicht (circa 4–6 Personen) freundliche Aufnahme und bei guter Pflege billige Preise (Fr. 3–4 täglich) findet, seltener dürfte in einem Privathaus Unterkunft zu finden sein.» [199]

Im Jahrbuch des SAC berichtete der Berner A. Wäber von Exkursionen, die 1878 und 1879 im Avers durchgeführt worden waren,[200] und durch ihn angeregt, kam 1890 der Zürcher F. Schweizer ins Avers, das, wie er schrieb, «bisher vom grossen Touristenschwarm gemieden und nur selten besucht worden ist».[201] Beide wohnten bei dem jungen Pfarrer Caveng, und dort war auch der botanisierende F. Käser untergekommen, dem wir die erste umfassende Darstellung des Avers verdanken.[202] Schweizer absolvierte zusammen mit Caveng, der selbst ein begeisterter Alpinist war und 1879 zum erstenmal die Mazzaspitze bestiegen hatte,[203] und einem weiteren Begleiter aus Engelberg die Erstbesteigung des Jupperhorns.

Der Tourismus hatte begonnen, und bald entstanden Pläne, die Bedingungen der Gastlichkeit zu verbessern. Der Lehrer B. Heinz erwarb die an das Pfarrhaus angrenzende Wirtschaft, «Ds Tuffisch Hüüschli», baute ein Stockwerk darauf mit fünf Fremdenzimmern und nannte es stolz «Pension Heinz, Gasthaus Forcellina».[204] Sehr viel grösser plante aber unmittelbar nach Abschluss des Strassenbaus Peter Salis, der Sohn des einstigen Postboten Hans Salis. Er war nach Nizza ausgewandert, verbrachte aber seine Ferien immer im heimatlichen Cresta und sah mit der Fertigstellung der Strasse die Chance für einen Ausbau des

Fremdenverkehrs. 1895/96 entstand so das Kurhaus, dessen Beendigung freilich Peter Salis nicht mehr erlebte.[205]

«Das Kurhaus ist solid aus Stein gebaut», so beschrieb es schon bald ein begeisterter Gast.[206] «Da es nach allen Seiten freisteht, haben alle Zimmer schöne Aussicht. Die Schlafzimmer sind geräumig, und das aus feinjährigem Gebirgsholz angefertigte Mobiliar macht sie heimelig und freundlich. Die übrigen Räumlichkeiten und Einrichtungen entsprechen den Ansprüchen, die an ein komfortables Hotel gestellt werden. Die Acetylenbeleuchtung hat sich vorzüglich bewährt. Eine grosse verglaste Veranda nach Süden – 18 m lang und 3½ m breit – wird bei ungünstigem Wetter als Wandelhalle gerne benützt.» Und der Autor dieser Zeilen konnte bescheinigen, dass das Kurhaus sich «trotz seines kurzen Bestandes... bereits einer Kolonie treuer Gäste erfreute».

Avers hatte nun nicht nur ein «Kurhaus», es hatte auch ein «Kurleben». «Das Kurleben», heisst es in der gleichen Schrift, «bewegt sich in ungezwungenen, natürlichen Formen. Smoking und seidene Roben kann man zu Hause lassen. Man nehme mit einen heiteren Sinn und Freude an der Natur.» Man finde leicht geselligen Anschluss, sympathische Menschen, «die Physionomie der Kurgesellschaft ändert nicht häufig, die meisten Gäste verweilen längere Zeit».

Und die Preise? «Von Fr. 6.50 an pro Person und pro Tag.»

Wie dachten die Avner selbst über diese Neuerung in ihrem bislang so stillen und abgeschiedenen Tal? Nicht der Pfarrer Sererhard, sondern Haquet hätte in den Avnern um 1900 seine eigenen Gesprächspartner wiedererkannt. «Mit den Einheimischen ist gut verkehren», heisst es jetzt, «sie sind Fremden gegenüber freundlich und gefällig. Gerne lassen sie sich in ein Gespräch ein, und man wird bald finden, dass sie nicht auf den Kopf gefallen und nicht ohne Mutterwitz sind.»[207]

Offenbar war der Erfolg des Kurhauses so vielversprechend, dass der Lehrer B. Heinz bald darauf – 1904/05 – neben seiner bescheidenen Pension ebenfalls ein imposantes Hotel errichtete.[208] Aber dass «in Cresta zwei solch moderner Anstalten entstanden» waren, die sich, wie man schon bald hörte, «ziemlich leidenschaftlich Konkurrenz machen», stimmte schon um diese Zeit skeptisch. Die Chance für die aufkommende «Fremdenindustrie» im Aversertal erblickte Gottfried Heer in seiner 1907 erschienenen Reiseplauderei in einem Publikum, das weder «der Kurzweil halber Bäder oder Kuranstalten» noch eine Schwiegermutter oder einen Schwiegervater sucht, sondern «denen am wohlsten ist, wenn sie für sich allein im Grase sich lagern können, um möglichst ungestört die Berge und den blauen Himmel über sich anzuschauen oder auch an einem schattigen Plätzchen einen Teil des Nachmittags zu verschlafen», und er glaubte die Kurhausbesitzer deshalb auch davor warnen zu müssen, «doch auch möglichst viel ‹Kultur› in diese einsame Gegend hinauf verpflanzen zu müssen, mit grossen Kosten allerlei Leckerbissen aus den tieferen Regionen da hinauf tragen oder hinauf führen zu lassen, statt vor allem möglichst rein zu bieten, was die Berge und Alpen zur Verfügung stellen».[209]

So also war das im Jahre 1907. Wer heute durch Cresta fährt und die beiden klotzigen Hotelbauten sieht, vielleicht sogar hier übernachtet oder wenigstens einen Veltliner zu sich nimmt, der möge sich bewusst sein, dass er hier ein Stück Geschichte des Tourismus, vor allem aber doch auch ein Stück Geschichte des Avers selbst erblickt. Diese Bauten sind Zeugen einer mutigen Antwort auf neue Zeitverhältnisse. Aber wie lautete diese Antwort? Sie versuchte zwar, gegenüber der Tradition neue Wege zu begehen. Doch warf diese Tradition nichts über den Haufen, sondern sie wollte das, was das Hochtal ist, seine Naturschönheiten, aber auch sein Leben, so wie es von den Jahrhunderten geprägt worden ist, Menschen zugänglich machen, die dafür offen sind.

Diese Gebäude belegen in ihrem jetzigen Zustand aber auch eine bis heute eingetretene Entwicklung. Das jüngere der beiden Hotels ist seit Jahren geschlossen, das ältere hat in seinen Namen das Wort «Sport» eingefügt. Zum Sommertourismus, dem auch noch eine in Campsut und zwei in Juf eingerichtete Pensionen dienten, ist mit dem Wintersport der Wintertourismus gekommen. Das begann bereits in den zwanziger Jahren, wurde dann aber vor allem nach dem Neubau der Strasse und ihrer Weiterführung bis nach Juf, also seit Ende der sechziger Jahre, stark gefördert. Der Bau eines Skilifts am Tscheischhorn, die Einrichtung einer Langlaufloipe im Bregalgatal ziehen nunmehr eine wachsende Anzahl von Gästen auch im Winter ins Avers. Vielleicht gab diese Entwicklung zeitweise Auftrieb für noch höherfliegende Pläne. Aber es scheint, dass die Avner auch heute wissen, welches die Werte sind, die sie den Fremden anzubieten haben: Es ist nicht die Nachahmung eines Skirummels, der an vielen anderen Orten auch zu finden ist, sondern es ist die Einzigartigkeit dieses Hochtals in seiner ganzen Ursprünglichkeit. Dies ist es, was dem Wintersport in Avers seine besondere Note verleiht, und dies sollte man nach wie vor hier finden können.

Der Rang, den der Wintersport im Tourismus einnimmt, ist das eine Kennzeichen für die moderne Entwicklung. Dabei sollte man nicht übersehen, dass die Zahl der Übernachtungen auch bis vor kurzem noch im Sommer höher war als im Winter (56,5% für die Monate Mai bis Oktober gegenüber 43,5% für die Monate November bis April im Jahre 1977).[210]

Was sodann weiterhin kennzeichnend ist – und hier partizipiert das Avers an einer allgemein zu beobachtenden Erscheinung des Tourismus, deren wirtschaftliche Breitenwirkung für das Hochtal aber eine ganz besondere Bedeutung besitzt: von den insgesamt 21 681 Übernachtungen des Jahres 1977 entfielen 8153 (37,6%) auf Hotels und Pensionen und 13 528 (62,4%) auf Privatquartiere.[211] Das entspricht zwar nicht ganz dem jeweiligen prozentualen Anteil an der Bettenzahl (30,5% zu 69,5%),[212] zeigt aber dennoch, wie sehr sich die Verhältnisse innerhalb der letzten 100 Jahre gewandelt haben, seit der Feststellung F. Käsers nämlich, es dürfte im Avers nur selten in einem Privathaus Unterkunft zu finden sein.[213] Das Avers sollte sich die Chance, die in diesem Trend der Zeit liegt, auch weiterhin nicht entgehen lassen und hier eine spezifische Chance sehen, den Fremden in sein eigenes, natürliches, einfaches und normales Milieu aufzunehmen, um ihm also auch auf diese Weise etwas vom Leben des Hochtals mitzuteilen.

So ist in der Tat zu der traditionellen Wirtschaft des Avers mit dem Tourismus eine neue Aktivität hinzugetreten, und es ist Rougier zuzustimmen, wenn er in dieser Anpassungsfähigkeit ein Zeichen für die Vitalität des Hochtals erblickt – zumal diese Entwicklung nicht erst jüngsthin, sondern schon vor fast 100 Jahren eingesetzt hat. Aber gerade deshalb bleibt es fraglich, ob die Tendenzwende, die man nach einer fast zweihundertjährigen Krise in der gegenwärtigen Bevölkerungsentwicklung erkennen zu können hofft, in erster Linie mit dieser neu hinzugetretenen wirtschaftlichen Aktivität zusammenhängt. War es nicht sehr weitsichtig, wenn F. Käser 1884, als man bereits «von Errichtung eines Gasthauses» redete, «um ähnlich wie Engadin und Davos aus herrlicher Luft etc. Gewinn zu ziehen», vor Träumen warnte und feststellte: «Das einzig angemessene und jetzt schon anwendbare Heilmittel für die bedenklichen Erscheinungen ist sicher nur in einem rationelleren Betrieb der Alpwirtschaft zu suchen; aber auch hiefür müsste von aussen eine energische Initiative nebst einiger reeller Unterstützung eintreten...»[214]

Auf dieser Ebene ist inzwischen Entscheidendes geschehen. Gewiss, die von Rougier veröffentlichten Zahlen ergeben einen geringen Rückgang der Anzahl der Viehzüchter im Avers (unbedeutend aber im Vergleich zu den übrigen untersuchten Regionen), andererseits ist der

Viehbestand der einzelnen Besitzer prozentual gewachsen, worin Rougier Tendenzen zu grösserer Rentabilisierung im Bereich der Viehwirtschaft sieht. Man muss hinzunehmen die allenthalben in die Augen fallenden Erscheinungen von Rationalisierung und Mechanisierung, die durch eine grosszügige Subventionspolitik möglich wurden, die aber auch von seiten der davon Profitierenden die Bereitschaft voraussetzte, eine traditionelle Wirtschaft mit modernen Mitteln weiterzuführen. Wer das Treiben im Tal während der Heuernte beobachtet, Menschen und Maschinen, die da mähen und wenden und laden und fahren und die Scheunen füllen, in denen die Ventilatoren brausen, der spürt, dass auch hier eine Vitalität am Werk ist, die im traditionellen Bereich wirkt. Ausdruck eines mutigen Willens, im Tal, mit dem Tal und durch das Tal zu leben. Die Alpwirtschaft wird so, wie auch schon in den Jahrhunderten zuvor, die elementare Basis des Lebens im Avers bleiben.

Wir haben den primären und den tertiären Bereich der Averser Wirtschaft behandelt. Es bleibt die Frage, ob der sekundäre Bereich hier eine Rolle spielte oder spielt. Zwei Rohstoffe kommen hier in Frage, um die sich entsprechende Aktivitäten entwickelten: Erze und Wasser.

### Bergbau?

Der Bergbau spielte im Gebiet des Avers selbst nur eine unwesentliche Rolle, dafür aber in seiner Nachbarschaft, dem Ferreratal, eine um so wichtigere.[215] Die Namen Ferrera oder Canicül (für Innerferrera, von cuniculus = Stollen abgeleitet) wie auch einige Ruinen im Ferreratal weisen darauf hin, und die Ortsnamen belegen eventuell auch bereits recht frühe Bergbautätigkeit in diesem Bereich.[216] Urkundlich greifbar wird Bergbau im Ferreratal erst zu Beginn des 17. Jahrhunderts, wo der Freiherr Thomas von Haldenstein das Münzregal für die Ausbeutung des Silberbergwerks von Ursera erhielt (1612). Er liess bei Ausserferrera eine Schmelze errichten, und zwar in dem Bereich, wo heute zwischen Strasse und Ufer des Rheins die Ruinen der im 19. Jahrhundert erbauten Anlagen stehen. Mauerreste, die hier bis zum Rhein erkennbar sind, stammen von der alten Schmelze. In der Folgezeit haben immer wieder neue Einzelunternehmer oder Gesellschaften sich an den Abbau von Erzen im Ferreratal herangewagt, doch ohne grösseren und dauernden Erfolg zu erzielen. Hervorzuheben sind aus dem 19. Jahrhundert die

Die aus dem 19. Jahrhundert stammende Schmelze bei
Ausserferrera

Bergbaugesellschaft der Gebrüder Venini, die 1807–1827 tätig war, bis zu 200 Arbeiter beschäftigt hatte, die Schmelze Innerferrera baute und als einzige den Bergbau gewinnbringend betrieben hatte. Die Eckpfeiler von vier Knappenhäusern kann man innerhalb der Anlagen der Kraftwerke Hinterrhein auf der linken Talseite zwischen Inner- und Ausserferrera noch deutlich erkennen. Interessant ist sodann die Bergbaugesellschaft Del Negri, die in Andeer einen (noch heute existierenden) Blashochofen für die im Ferreratal abgebauten Erze errichtete und im übrigen als Anhänger der italienischen Freiheitsbewegung Waffen für die Freiheitskämpfer produzieren wollte, was ihr die Bündner Regierung jedoch verbot. Diese Gesellschaft war 1835–1848 tätig und endete mit grossen Verlusten. Mit beträchtlichen Hoffnungen – auf Grund falscher Gutachten – gründete das englische Bergbauunternehmen John Taylor u. Co. 1864 die Tochtergesellschaft Val Sassam Mines Company, legte eine Holzschienenbahn von den Gruben Ursera bis an den Rand zum Ferreratal, führte von dort eine Seilbahn bis zur Schmelze Ausserferrera, wo ausserdem Knappenhäuser und Aufbereitungsanlagen errichtet wurden (davon stammt der heute noch sichtbare, inzwischen unter Denkmalschutz stehende Kamin). Die Erze sollten zur endgültigen Verarbeitung nach Wales transportiert werden. 70 Arbeiter waren eingestellt, aber schon 1870 endete auch dieses Unternehmen mit hohen Verlusten. Die letzte Phase des Bergbaus im Ferreratal fällt in die Zeit des 1. Weltkrieges. Die Bergbau AG begann 1918, die in Starlera entdeckten Manganerzvorkommen abzubauen, der Betrieb wurde unter grossen Schwierigkeiten und hohen Kosten bis 1920 weitergeführt und eingestellt, als der leitende Ingenieur Markwalder im August dieses Jahres beim Abstieg von der Grube tödlich verunglückte.

Wir konnten uns bei diesem Industriezweig kurz fassen, weil er für das Avers höchstens insofern interessant sein konnte, als Arbeitskräfte von dort in diesen Betrieben Beschäftigung fanden. Dies ist aber unwahrscheinlich. In den Pachtverträgen, die von der Landschaft Schams mit den jeweiligen Unternehmern abgeschlossen wurden, war zwar immer festgelegt, dass für den Transport einheimische Arbeiter eingesetzt werden müssten, diese wurden aber wohl kaum auch noch aus dem Avers herangezogen.

Ähnliches gilt sicherlich auch für die einzige im Avers selbst betriebene Anlage. Schlackenfunde im Madrisertal, die ihr Entdecker für die Reste eines mittelalterlich-romanischen Unternehmens gehalten hatte,[217] stammen offensichtlich aus einem in den ersten Jahrzehnten des 18.

Jahrhunderts von zwei Italienern aus Bergamo geleiteten Betrieb. In diese Zeit gehört denn auch das von Stoffel erwähnte Knappenhaus beim «Höjahus».[218]


## Die Kraftwerke Hinterrhein

Anders steht es mit dem Rohstoff Wasser. Hier hat sich für die Gesamtsituation des Avers durch den Bau der Kraftwerke Hinterrhein eine tiefgreifende Veränderung ergeben.

Die Entstehungsgeschichte dieser Anlage geht bis in die ersten Jahrzehnte unseres Jahrhunderts zurück. Damals nahm der 1911 gegründete Schweizerische Wasserwirtschaftsverband eine Studie in Angriff, die das gesamte Einzugsgebiet des Rheins von seinen Quellen bis zum Bodenseegebiet hinsichtlich der Wasserkraftnutzung durch die Anlage künstlicher Staubecken untersuchte.[219] Im Herbst 1912 lag bereits ein erster Teil der Studie vor, der das Hinterrheingebiet mit den beiden grossen Einzugsgebieten des Hinterrheins selbst (216 km²) und des Averser Rheins (261 km²) betraf. Das Avers war damit von Anfang an von diesen Plänen betroffen. Allerdings änderten sich die Projekte bis zu ihrer endgültigen Realisierung sehr zu seinen Gunsten. Die Studie von 1911/12 sah vor, dass im Gebiet des Avers drei Stauseen errichtet wurden: ein Stausee Podestats oberhalb von Juf mit 15 Mio. m³, von dem aus ein offener Kanal bis zu einem Kraftwerk in Cröt führen sollte, und zwei Stauseen im Madrisertal, Preda und Ramsen, ebenfalls mit je 15 Mio. m³, ihrerseits durch Druckstollen und eine Druckleitung mit einem Kraftwerk in Andeer verbunden. Die nächste grosse Etappe in der Planung bildete ein Projekt von 1930/31, bei dem nur noch die beiden Stauseen im Madrisertal aufrechterhalten wurden; an Stelle von Cröt war jetzt in Innerferrera ein erstes Kraftwerk geplant. Die Verwirklichung scheiterte daran, dass die von dem geplanten grossen Rheinwaldstausee betroffenen Gemeinden eine Konzession ablehnten. Das gleiche Schicksal erlitt das Dreistufenprojekt von 1942. Hier aber hatte man bereits überhaupt keine Stauseen mehr im Bereich des Avers vorgesehen, vielmehr sollte ein Druckstollen unterhalb von Innerferrera eine Verbindung zwischen Averser Rhein und dem Stausee Sufers herstellen. Bei den seit 1946 in Angriff genommenen Neuplanungen trat dann die schliesslich auch verwirklichte Grossspeicherung in der italienischen

Valle di Lei in den Mittelpunkt mit einem Staubecken von ca. 200 Mio. m³, nachdem auch in den Projekten von 1911–1914 und 1930 dort bereits ein kleines Staubecken eingesetzt war. Es waren langwierige Verhandlungen mit Italien notwendig, wobei es auch zu einem kuriosen Gebietsaustausch kam. Das Eidgenössische Militärdepartement verlangte nämlich, dass die Staumauer auf schweizerisches Territorium zu stehen komme, was dann auch durch die Abtretung eines gleich grossen Gebiets von Schweizer Boden an Italien ermöglicht werden konnte. Im übrigen kam die Zusammenarbeit mit Italien auch durch die Beteiligung der «Società Edison Mailand» an dem Projekt und an der «Kraftwerke Hinterrhein AG» zum Ausdruck, die am 10. Dezember 1956 als Träger des ganzen Unternehmens gegründet wurde, nachdem die Konzessionen der betroffenen Gebiete erteilt sowie die Wasserrechtsverleihungen durch Kanton, Schweizer Bundesrat und Italien erfolgt waren.

Aus der Verleihung durch den Schweizer Bundesrat vom 16. Dezember 1955 geht hervor, in welch grossem Umfang das Avers durch das Gesamtprojekt betroffen wurde.[220] In Art. 3 sind die Anlagen aufgezählt, deren Ausführung insgesamt gestattet wurden: a) Wasserfassungen sowie Kanäle und Stollen zur Überleitung folgender Bäche nach der Valle di Lei: Mahleckbach, Bach, Juferrhein, Bregalgabach, Madriserrhein oberhalb Alp Bles, die Bäche aus Val Bles, Val Piscia und Paré. – Alle diese Bäche mit einem Gesamteinzugsgebiet von 80,9 km² liegen auf Averser Gebiet. Die Zuleitung zum Stausee Valle di Lei sollte über das unter b) genannte Ausgleichsbecken bei der Alp Preda im Madris mit einem Stauinhalt von rund 130000 m³ erfolgen.[221] Die weiteren Punkte der Verleihung betrafen c) das Staubecken in der Valle di Lei, d) Druckstollen und Druckschacht vom Staubecken nach Innerferrera, e) Fassung und Zuleitung des Emetbaches in das Wasserschloss im Val d'Emet und f) die Zentrale mit Pumpwerk und Ausgleichsbecken bei Innerferrera.

«Kraftwerkbauten sind bedauerlicherweise ohne erhebliche Eingriffe in die Landschaft und den Wasserhaushalt der Natur nicht möglich.» Inwieweit trifft dieser Satz des Regierungspräsidenten Dr. Gion Willi für das Avers zu?[222] Nun, dem Besucher des Avers fällt kaum ins Auge, was hier in den Jahren 1958–63 gebaut worden ist. Ein Zufall müsste ihn z. B. an die 197 Treppenstufen führen, über die er in die enge Schlucht des Maleggenbachs hinabsteigen könnte bis zu der dortigen Grundrechenfassung, die hier die tosenden Wasser auffängt. Und auch die Bachfassung im Averser Rhein bei Juppa, die grösste überhaupt,

Ausgleichsbecken Innerferrera und Eingang zur
Maschinenkaverne Ferrera der Kraftwerke Hinterrhein

liegt relativ versteckt in der jetzt beginnenden schmalen Rinne des
Bachs. Vor allem ahnt der Besucher kaum etwas davon, dass von diesen
Fassungen aus das so abgezapfte Wasser in unterirdischen Stollen über
Madris ins Staubecken der Valle di Lei weitergeführt wird. Das ge-
schieht vom Maleggenbach bis Juppa in einer Hangrohrleitung von
2839 m, und von Juppa aus nach Madris und dann wieder von dort bis
zur Valle di Lei in Freispiegelstollen mit einem Querschnitt von rund
6 m². Die Entfernung zwischen Avers und Madris beträgt dabei 5310 m
und zwischen Madris und Valle di Lei nochmals 4658 m. Gerade der
Stollen Juppa–Madris hat den Konstrukteuren grösste Schwierigkeiten
bereitet, weil der Gebirgsdruck hier den ursprünglichen Stahleinbau
vollständig zerstörte; für ca. 60 m Vortrieb benötigte man hier über 6
Monate![223] Gut in die Landschaft fügen sich das Auffangbecken Preda/
Madris und das Ausgleichsbecken Innerferrera. Dass sich in der Nähe
des letzteren jedoch eine riesige unterirdische Anlage befindet, gehört
wiederum zu den Dingen, die der durchreisende Besucher nicht ahnen
kann. Es handelt sich um die Maschinenkaverne mit 143 m Länge und
27 m Breite, für die rund 77000 m³ Fels ausgebrochen werden musste;
eine hellerleuchtete, tonnenförmige Halle, in der sich eine Reihe von
Maschinengruppen (Turbinen, Pumpen, Generatoren, Transformato-

ren) mit dem dazugehörigen Kommandoraum und sonstigen Anlagen befinden, mit der Aussenwelt durch einen Tunnel verbunden.[224] Es ist in diesem Zusammenhang erwähnenswert, dass insgesamt gewaltige unterirdische Bauten für die Kraftwerke notwendig waren: allein fast 60 km Stollen, sodann Wasserschlösser und Kavernen, die zusammen einen Felsausbruch von über 1 Mio. m³ erforderlich machten![225]

Aber kehren wir zum Avers zurück. Millionen und Abermillionen von Kubikmetern Averser Wasser nehmen jährlich nun nicht mehr ihren natürlichen Lauf talabwärts, sondern werden auf unterirdischen Wegen abgeleitet, um in den grossen Kraftwerkzentralen Energie zu erzeugen (bei durchschnittlicher Wasserführung sind jährlich 1325 Mio. kWh erzeugbar), die über die Schweiz hinaus auch noch an Verbraucher in Frankreich und Deutschland geliefert werden kann. So sind nun einige Bachläufe niedriger, einige Wasserfälle harmloser, einige Schluchten stiller geworden. Das führte sogar zu Schwierigkeiten bei der Wasserversorgung einzelner Weiler (Pürt, Im Bach, Madrisertal, Cröt), die durch den Bau von Hydrantenanlagen und Wasserreservoirs behoben werden mussten.[226] Dafür füllten sich aber die Kassen der Gemeinden, in deren Hoheitsbereich diese Wassereinzugsgebiete liegen. Die Verleihung durch den Schweizer Bundesrat legte die Abgaben, die von den Kraftwerken Hinterrhein zu zahlen waren, wie folgt fest: 150 000 Franken Verleihungsgebühren teilten sich Avers mit 82 000, Innerferrera mit 58 000 und Soglio[227] mit 10 000 Franken auf. Ausserdem sind jährlich Wasserzinsen zu zahlen, die auf Grund der Gesamtbruttopferdekraft des Kraftwerks Innerferrera bestimmt werden. Davon erhalten bei einem Ansatz von 4 Franken pro Bruttopferdekraft die Gemeinde Avers 54,7%, Innerferrera 39% und Soglio 6,3%.[228] Innerferrera kam ausserdem noch zu einem zusätzlichen beträchtlichen Steuergewinn, weil die Staumauer des Valle di Lei-Dammes zu dessen Gemeindegebiet geschlagen worden war.

Zu diesen erfreulichen Einnahmen der Gemeinden treten nun aber noch eine ganze Reihe von weiteren Vorteilen, die sich auf die Bewohner des Tales auch unmittelbar auswirken. Die Nachbarschaften im Obertal des Avers, die bis dahin zum Teil über private oder gemeindeeigene Stromerzeugungsanlagen verfügt hatten, die aber zumeist nur der Beleuchtung dienten, wurden von Anfang an an das Baustromnetz angeschlossen, das für die Baustellen errichtet werden musste. So kam vor allem Juf in den Genuss einer elektrischen Energieversorgung.[229] Die Zuleitungen bis zu den Häusern wurden gratis durchgeführt. Den

Die Valle di Lei-Brücke im Bau (1958). Darunter
Personentransport auf der 95er Strasse

Konzessionsgemeinden war ausserdem ein jährliches Kontingent an Gratisenergie zugesprochen worden, für den Rest kamen sie in den Genuss von Vorzugstarifen.

Von ausserordentlicher Bedeutung war aber schliesslich der Strassen- und Brückenbau, der von den Kraftwerken im Zusammenhang mit den Kraftwerksbauten durchgeführt wurde.[230] Das Avers wurde davon insofern betroffen, als die gesamte Verbindung von der Rofflaschlucht bis nach Juf hier verändert werden musste. Die 1895 fertiggestellte und zunächst nur bis Cresta reichende, dann bis nach Juf weitergeführte Strasse entsprach weder in ihrer Breite noch in der Trassenführung und der Belastbarkeit den Anforderungen, die der Transport von Baumaterialien und Maschinenteilen an sie stellte. Das 15,2 km lange Strassenstück zwischen Rofflaschlucht und Cröt wurde auf 5,2 m erweitert, 1,5 km wurden völlig neu gebaut, das rund 7 km lange Strassenstück von Cröt bis Juppa wurde in einer Breite von 4,2 m fast ganz neu gebaut (6,1 km), und die letzten 2,7 km bis Juf wurden, obwohl sie an sich gar nicht mehr im Baustellenbereich lagen, ebenfalls noch in einer Breite von 3,6 m völlig neu gebaut. Insgesamt 16 neue Brücken waren notwendig mit einer totalen Länge von 717 m, drei mit Spannweiten von 6 m und darüber (Persagna, Cröt, Letziwald), die spektakulärste davon ist sicherlich die 67 m lange Letziwaldbrücke, die ihren Bogen über die 80 m tiefe Schlucht des Averser Rheins schlägt und es damit ermöglicht, dass die Strasse schon hier die rechte Talseite erreicht. Zwischen Innerferrera und Campsut wurden drei Strassentunnels mit insgesamt 800 m durch den Felsen gebrochen, hinzu kommen noch einige Lawinen- und Steinschlaggalerien. Schliesslich ist auch die Verbreiterung und zum grössten Teil Erneuerung des Alpwegs im Madrisertal mit einer Breite von 3,5 m auf 8 km Länge zu nennen.

Fasst man die wirtschaftlichen Auswirkungen des Baus der Kraftwerke Hinterrhein auf das Avers zusammen, so betreffen sie drei Bereiche: die direkten Geldeinnahmen der Gemeinde, die Stromversorgung des Hochtales und den Ausbau der Strasse.[231] Dass dies alles erhebliche Erleichterungen für die Gesamtlage brachte, liegt auf der Hand, und dass die Chancen gestiegen sind, der langfristigen Krise Herr zu werden, muss nicht betont werden. Jetzt wurden Investitionen möglich, um die Infrastruktur zu verbessern, die Modernisierung der Arbeits- und Lebensverhältnisse hat einen erheblichen Sprung nach vorne tun können und die wesentlich günstigeren Verkehrsbedingungen lassen erwarten, dass die schon seit dem 19. Jahrhundert gehegten Hoffnungen auf eine bessere Erschliessung des Tals sich nun erfüllen.

Die neue Strasse zwischen Cröt und Cresta mit der Brücke
oberhalb Cröt und der Letzibrücke, die nach den steilen
Kehren die Strasse über die 80 m tiefe Schlucht auf die rechte
Talseite führt

Wir sind am Ende unseres Überblicks über 700 Jahre Wirtschaftsleben im Avers angelangt. In wenigen Sätzen kann ein Gesamteindruck zusammengefasst werden. Wenn man die jüngste Entwicklung mit ihren tiefgreifenden Veränderungen in den gesamten Zusammenhang zu stellen sucht, der hier skizziert worden ist, so ergibt sich, dass es zwar tiefgreifende, aber keine grundlegenden Veränderungen sind, die das Wirtschaften und Arbeiten des gegenwärtigen Avers von dem seiner Vergangenheit unterscheiden. Zu den Grundbedingungen, die sich aus der Lage ergeben, sind technische Neuerungen hinzugetreten. Hier ist ein Anpassungsprozess im Gange, bei dem es gilt, Chancen zu nutzen und Versuchungen zu widerstehen. Das ist eine Herausforderung für den einzelnen wie für das Gemeinwesen. Dabei geht es letzten Endes um die Erhaltung eines Gutes, in dem bewusst oder unbewusst während all dieser Jahrhunderte die Interessen des Avers immer zusammengefasst waren. Nach innen wie nach aussen ging es darum, ein Leben in Freiheit zu führen.

Dies aber hat auch seine rechtliche und politische Seite. Und es betrifft sowohl das Leben des einzelnen im Verband der Gemeinde wie auch die Stellung und das Wirken der Gemeinde im grösseren staatlichen Verband. Damit sind wir beim Thema des nächsten Abschnittes angelangt.

# IV

## Gemeinde und Staat

## Zwischen Bischof von Chur und Gotteshausbund

«... wir haben von Gottes Gnaden ein schöne freyheit, wir haben eigen Macht und gewalt zu setzen und zu entsetzen, wir haben Eygen Staab und Sigel stock und galgen, wir sind Gottlob keinem frömden fürsten und Herren nichts schuldig noch unterworfen den Allein dem Almächtigen Gott ...»[232]

Dieser oftmals, aber nie zu oft zitierte Passus aus der Eidesformel der Behörden von Avers kennzeichnet den verfassungsrechtlichen Zustand des Avers zu Beginn des 17. Jahrhunderts. In welcher Zeit hatte er sich entwickelt, und wann war er abgeschlossen? Bei beiden Fragen tappen wir in vieler Hinsicht im dunkeln.

Man hat bislang gerne auf zwei Daten verwiesen, wo eine ausgeformte Gemeinde zum erstenmal quellenmässig greifbar wird.[233] Es ist einmal das Jahr 1377, in dem ein Johannes Ossang als «ministralis in valle Avero» erwähnt wird,[234] und es ist das Jahr 1396, wo erstmals Avers mit einem eigenen Siegel erscheint.[235] Im ersten Fall ist mit der Nennung eines Ammanns die organisierte Form einer Gemeinde belegt, im zweiten Fall – es handelt sich um das Bündnis von Avers mit einigen anderen Gemeinden des Gotteshausbundes mit Untertanen des Grafen von Werdenberg-Sargans – erscheint diese Gemeinde als politisch selbständig handelnde Einheit. Aber damit ist auch bereits gesagt, dass Avers sich zu diesem Zeitpunkt schon in dem Stadium einer ausgebildeten Entwicklung befand. Sie ist, wie wir sehen werden, hier zwar noch nicht abgeschlossen, hatte aber dennoch schon eine hohe Stufe erreicht.

Die Ergebnisse der Forschungen von M. Bundi legen es nahe, den Beginn einer organisierten Walsergemeinschaft im Avers schon in das Ende des 13. Jahrhunderts zu verlegen. Bundi sieht in dem 1292 genannten Wilhelm von Bagiana bzw. dem bereits 1289 genannten «Soldat oder Ritter (miles) Wilhelm» den ersten Ammann der Averser, und er hält die Bezeichnung der Averser Siedler in dem Text von 1292 als «societas» und «socii» für eine genaue Entsprechung «der deutschsprachigen Formulierung Wilhelm dem ammen und sinen gesellen bei der Ansiedlung der Davoser Walser».[236] Sollte man also – nun noch einen Schritt weitergehend und die Parallelen zu Rheinwald fortführend – annehmen, dass die rechtliche Stellung der Averser Walsersiedlung in dieser ersten Phase in Analogie zu Rheinwald und Davos zu sehen wäre? Dass auch sie über «Kolonistenrechte» verfügten, wie sie ähnlich im Rheinwalder Freiheitsbrief von 1277 und im Davoser Lehensbrief von 1289 niederge-

legt waren: persönliche Freiheit, freie Erbleihe, Selbstverwaltung?[237]
Bestanden solche Rechte schon vor 1292, und wäre darin das System
Walters IV. von Vaz wiederzuerkennen, oder bedeutet die Aufforderung
von 1292, Wilhelm von Bagiana zum «sindicus» zu machen, den Auftakt
zu einer Fixierung des rechtlichen Status dieser Averser Gemeinschaft
entsprechend den Rheinwalder und Davoser Vorbildern, aber doch auch
schon in Fortentwicklung oder Bestätigung bereits bestehender Organisationsformen?

So gewiss es auch ist, dass als Kern all dieser Möglichkeiten eine
um 1292 bereits wirtschaftlich recht gut florierende Averser Siedlergemeinschaft als irgendwie organisiertes Gebilde gedacht werden muss, so
gewiss ist es doch auch, dass die in der 2. Hälfte des 14. Jahrhunderts
feststellbaren Strukturen nur insoweit eine Kontinuität von früheren
darstellen können, als sie mit dem Konzept des Bischofs von Chur und
nicht der ihm möglicherweise vorausgehenden früheren Schutzherren
der Walser übereinstimmten. Wir haben bereits von der Umorientierung
gehört, die hinsichtlich der politischen Ausrichtung der Averser Walser
wohl noch in den späten neunziger Jahren hier erfolgt sein muss und die
in den Rahmen eines entschiedenen Zugreifens des Bischofs von Chur
auf den Julier/Septimer-Raum einzuordnen ist. Wenn es hier Vazer
Ambitionen gegeben hatte, die in den Erwerbungen im Oberhalbstein

vor 1275, in den Vazer Fehden 1310–1313 und eventuell auch in Ansprüchen auf das Avers als zur Grafschaft Schams gehörig zum Ausdruck kamen, so wurden für das Siedlungsgebiet der Walser hier klare Verhältnisse geschaffen: Nach dem Aussterben der Vazer 1337/38 wurde das Avers bei der Belehnung der Werdenberger mit den ehemaligen Vazer Gebieten nicht aufgeführt.[238]

Und nicht nur das. Um diese Zeit setzte durch die Belehnung der Herren von Marmels mit Vogteirechten eine Konsolidierung der bischöflichen Herrschaftsrechte im Oberhalbstein ein.[239] Die von Marmels, die seit 1160 zum Ministerialverband der Churer Kirche gehörten, und von denen ein, wenn nicht zwei Angehörige 1324 und 1332 im Churer Dienst gegen die Vazer starben, wurden jetzt mit Besitz ausgestattet, wobei Reams der Mittelpunkt der durch sie ausgeübten bischöflichen Herrschaft wurde. Der 1346 in der Churer Erbbegräbnisstätte beigesetzte Conradin von Marmels war Vogt zu Reams. Was spricht aber nun dagegen, dass die Übertragung der Vogteirechte über das Avers an die Herren von Marmels ebenfalls schon in dieser Zeit erfolgt ist? Eine Belehnung ist zwar erst für 1419 quellenmässig belegt, aber hier handelte es sich bereits um eine Erneuerung![240] Es läge nahe, dass im Rahmen der Klärung der Verhältnisse in diesem Gebiet – zumal wenn die dortigen Vogteirechte, wie v. Castelmur annimmt, «früher... wohl mit der Grafschaft Schams verbunden» waren[241] – auch diese Frage schon frühzeitig und eindeutig im Sinne der unanfechtbaren Hoheitsrechte des Churer Bischofs geregelt worden wäre. Jedenfalls ist die politische und rechtliche Einbindung des Avers in das Oberhalbstein und eine entsprechende Tätigkeit derer von Marmels in der zweiten Hälfte des 14. Jahrhunderts unübersehbar und wirkt sich auch in der Folgezeit noch bis in die Einteilung der Hochgerichte aus.[242] Durch diese Einbindung ist das Avers fest mit Chur verklammert.

Für die rechtliche Stellung des Avers bedeutete dies aber auch – wenn man einen Vergleich mit Rheinwald und Davos zieht, und wenn man von einer für das Avers entsprechenden Situation vor der Umorientierung nach Chur ausgeht – eine deutliche Einschränkung der Freiheit. Wenn das Bestehen eines Ammanns Ausdruck einer selbständigen Gemeinschaftsform ist, so besteht gerade hier ein fühlbarer Unterschied zwischen 1292 als dem Jahr des möglicherweise erstmaligen Auftretens und 1377 als dem Jahr der nächsten Erwähnung eines Averser Ammanns. Jetzt nämlich, unter Churer Herrschaft, wird der Ammann aus einer Vorschlagsliste gewählt, die eben der Herr von Marmels in seiner

Eigenschaft als Vogt des Avers aufstellt, indem er aus jeder der sieben Nachbarschaften des Avers einen Kandidaten benennt![243] Damit ist der landesherrliche Einfluss auf die Wahl des Ammanns nicht nur gesichert, er ist sogar noch grösser als im bischöflichen Bergell, wo der Podestà zwar vom Bischof ernannt wird, jedoch aus einem Dreiervorschlag, den die Gemeinde vorlegen konnte.[244] Die Integration in das Oberhalbstein und in den Zuständigkeitsbereich der Herren von Marmels als Vögte dürfte bis weit in die zweite Hälfte des 14. Jahrhunderts sogar so gross gewesen sein, dass Avers nach aussen hin kaum schon als selbständige Gemeinde auftrat, sondern als zum Oberhalbstein gehörend behandelt wurde.

In diesem Sinne muss sicherlich auch noch die Beschreibung des Oberhalbsteins im Buch des Vizdumamtes von Chur aus dem ausgehenden 14. Jahrhundert interpretiert werden.[245] Sie lautet: «Oberthalb Stains. Item daz tal und gericht ze Ryams unnd oberthalb Stains mit tzwing und bånnen mit federspil und ander rechtung ist gentzlich ains byschofs und des Gotzhus ze Chur, und langet daz gericht hin in wert untz uff den Septmen und uff den Gůilgen im gebirg und in tal, es sigint Walchen oder Walliser oder wer in den Kraysen gesessen ist; und hin abwert langet das gericht zů dem tyeffen Castel und gen Alvesen und gen Braden. Die sont sich all verantwurten und für gericht komen für ainen vogt von Ryams.»

In diesem Text ist die Hervorhebung der «Walliser» bemerkenswert. Sie betont nicht nur ihre Präsenz – und hier müssen gerade auch die Averser Walser gemeint sein –, sondern sie scheint doch zumal von einer Sonderstellung dieser Walser auszugehen, die es notwendig macht, ihre Zugehörigkeit zum Oberhalbstein und damit zum Bischof von Chur ausdrücklich zu unterstreichen. Man könnte selbst hier noch das Echo eines gewissen Spannungsverhältnisses heraushören, das den Einbindungsprozess der Walser in die Churer Herrschaft kennzeichnete.

Die bisherigen Feststellungen betreffen den Zustand einer Averser Walsergemeinde, die als solche durch die Erwähnung ihres Ammanns, des Johannes Ossang, in einem Kaufvertrag, den dieser mit den von Salis abschloss, bekannt wird. Nicht auf direktem Wege, sondern auf einem Umweg erfahren wir von ihrem Bestehen. 1396, bei der nächsten Erwähnung, tritt sie mit einem eigenen Siegel auf und ist Vertragspartner zusammen mit anderen Gemeinden.[246] Diese Tatsache ist Ausdruck einer Weiterentwicklung. Welches sind die Umstände, die zu dieser Verselbständigung führten?

Sie lassen sich wohl nur im Rahmen des Gotteshausbundes erklären. In ihm hatte sich ja 1367 der Selbständigkeitswille von Ständen zusammengetan, um auf dem Wege über ein Mitspracherecht in der weltlichen Verwaltung des Bistums Chur die eigene und die gemeinsame Unabhängigkeit zu sichern.[247] Und es waren gerade auch Gemeinden, die diesen Bund trugen, und die im Rahmen dieses Bundes bis zu den Ilanzer Artikeln von 1526 ihre politische Freiheit gegenüber dem bischöflichen Feudalherrn durchsetzten.

Dabei ist es bezeichnend – und dies unterstreicht die bisherigen Ausführungen über den Status der Gemeinde Avers –, dass diese bei der Bundesversammlung von 1367 und auf dem Bundesbrief vom 29. Januar 1367, der als Gründungsurkunde des Gotteshausbundes gilt, nicht ausdrücklich als eigene Gemeinde figuriert.[248] Hier zeichnen «Conradin von Marmles vogt ze Ryams, Nanus von Marmles, Gaudentz von Marmles, Hainrich von Fontana, für uns all gothhuslüt, edle und unedel ob dem Stain». Während z. B. die Gemeinde Bergell durch ihren eigenen Podestaten vertreten war, traten für das Oberhalbstein also die Vögte auf. Darin kam die starke Stellung dieser bischöflichen Ministerialen zum Ausdruck, die bei dieser Gelegenheit als «Repräsentanten der Landsgemeinden im Gotteshausbund» fungierten.[249]

Zweifellos gehörte auch Avers zu diesen durch die Ministerialen vertretenen Gemeinden.[250] Wenn es 1396 also nun mit eigenem Siegel auftritt, und wenn im gleichen Vertrag auch Oberhalbstein als eigene Gemeinde siegelt, und zwar neben Bischof Hartmann von Chur, Graf Hans von Werdenberg-Sargans, Dompropst Graf Rudolf von Werdenberg-Sargans, Dekan Rudolf von Trostberg und dem Domkapitel, während die übrigen Gotteshausleute durch die siegelnden Diettegen von Marmels und Heinrich Getten von Fontana vertreten wurden, so zeigt sich darin der Abschluss eines ganz erheblichen Emanzipationsprozesses. Mit dieser Selbständigkeit verbindet sich hier aber auch schon eine politische Aktivität, die ebenfalls ganz im Sinne und in der Zielrichtung des Gotteshausbundes liegt, und die sich in der weiteren Vertragstätigkeit der kommenden Jahre fortsetzt. Zu nennen sind hier die Beteiligung an der Bürgschaft zur Freilassung des Bischofs von Chur vom 5. August 1405,[251] die Teilnahme am Bündnis des Gotteshausbundes mit dem Oberen Bund vom 6. Januar 1406,[252] das Bündnis – zusammen mit Oberhalbstein – mit Rheinwald 1407[253] und schliesslich der neue Bund mit dem Oberen Bund 1425, jetzt zusammen mit Oberhalbstein, Obervaz, Bergün und Fürstenau.[254] Der Weg führt gemeinsam mit dem

Gotteshausbund schliesslich über den Anschluss des Gotteshausbundes an die Eidgenossenschaft (als zugewandter Ort) 1498[255] und die Gründung des Dreibündestaates durch die Aufstellung des Bundesbriefes von 1524[256] zu den Ilanzer Artikeln der Drei Bünde vom 25. Juni 1526.[257] Hier wurde im 1. Artikel festgelegt, dass der Bischof von Chur «kain weltliche oberkaytt, weder vögt, aman noch empter, in unsern gerichten zu setzen und zu verordnen habe, besonders ein yeder ratt, gericht, und gantze gemeinden, wan es zu wellen kommt oder die notturft es erfordretty, söllichs nach ierer gewüsse unnd genotten beduncken». Auch als Appellationsinstanz hatte nicht mehr der Bischof von Chur oder seine Anwälte, sondern die nächste unbeteiligte Gemeinde zu fungieren.

Mit diesen vor allem durch den Gotteshausbund durchgesetzten Artikeln war die Freiheit der Gerichtsgemeinden von der bischöflichen Herrschaft grundsätzlich besiegelt und der Weg ihrer Verselbständigung abgeschlossen. Dies gilt zumindest für die rechtliche Fixierung. In der Praxis ist es nicht überall und sofort zur Durchsetzung dieses ersten Artikels gekommen, und wir wissen zumal nicht, in welcher Lage sich die Gemeinde Avers hier befand. Von einer ganzen Reihe von Gemeinden ist bekannt, dass sie die freie Ammannwahl bzw. die Ablösung der bischöflichen Herrschaftsrechte erkauften, bei anderen sind sie einfach erloschen, und im allgemeinen scheint dieser Prozess in der Mitte des 16. Jahrhunderts abgeschlossen zu sein.[258] Andererseits ist noch aus dem Jahre 1583 eine Huldigung der Averser an den neugewählten Churer Bischof überliefert, obwohl die Gemeinde kirchlich inzwischen längst protestantisch geworden war.[259] Man wird darin aber wohl kaum ein Indiz dafür sehen müssen, dass Avers bei der Wahl des Ammanns etwa immer noch an das Vorschlagsrecht des bischöflichen Vogts gebunden war. Die Belehnung der Herren von Marmels ist zum letztenmal für das Jahr 1459 belegt.[260] Ebenso wie bei Oberhalbstein, das 1552 die bischöflichen Herrschaftsrechte abgelöst hat,[261] dennoch aber weiter huldigte,[262] kann es sich auch bei Avers verhalten haben.[263]

Im Prinzip können wir jedenfalls sagen, dass jene «schöne freyheit», in der Avers «keinem frömden fürsten und Herren nichts schuldig noch unterworfen», im Laufe dieses 15. Jahrhunderts erreicht worden ist. Die Gemeinde hatte sich aus der Bindung, in die der bischöfliche Landesherr sie seit Beginn des 14. Jahrhunderts zu legen bestrebt gewesen war, dank der Zugehörigkeit zum Gotteshausbund lösen können. Wenn sie in den Verträgen, die wir aufführten, auch nicht immer – wie 1396 – mit eigenem Siegel erscheint, so war sie doch immer als Vertrags-

partner genannt oder als Glied des Gotteshausbundes einbegriffen, nicht
mehr aber durch einen bischöflichen Vogt bevormundet. «Amman und
Gemeind zuo Avels», so war die Bezeichnung im Bündnis von 1498
zwischen der Eidgenossenschaft und dem Gotteshausbund,[264] und «wir
Amman geschwornen und gantz gemaind zu Afers» schlossen das Bündnis von 1407 mit Rheinwald ab.[265]

In beiden Benennungen drückte sich die Selbständigkeit der Gemeinde, aber auch ihr Charakter aus: sie war Gerichtsgemeinde.

## Die Gerichtsgemeinde

Man hat sagen können, dass die Gerichtsgemeinde für die «Entwicklung
vom Feudalismus zur Demokratie in den graubündnerischen Hinterrheintälern» von entscheidender Bedeutung war.[266] Wie ist dies zu
verstehen?

Gerichtsgemeinde besagt, dass die in einer Gemeinschaft vorfal-
lenden rechtlichen Angelegenheiten – zunächst die der niederen Gerichtsbarkeit – durch sie selbst, das heisst durch aus ihrer Mitte hervor-
gegangene und von der Gemeinschaft gewählte Richter geregelt werden. Im Vordergrund der Gemeindebildung steht also nicht ein politischer, sondern ein rechtlicher Gesichtspunkt.[267]

Dabei müssen wir davon ausgehen, dass für Avers wie für andere
Walsergemeinden eine solche Zusammenfassung von vornherein in
Beziehung zu dem ursprünglicheren Korporationssystem stehen musste.
Die Korporationen sind ja jene gesellschaftlichen Zusammenschlüsse,
wo die Interessen der einzelnen zuallererst innerhalb eines gemeinschaftlichen Systems definiert, ausgeglichen, geschützt und durchgesetzt werden. So zwang denn auch die Korporation zweifellos von Anfang an zur
Praxis rechtlicher Regelungen und Entscheidungen und zur Praxis pri-
mitivster Verwaltung. Hier konnte das Widerspiel zwischen Freiheit des
einzelnen, die durch das Korporationssystem garantiert wurde, und
Einordnung in Gemeinschaft, zu der das Korporationssystem nötigte,
zur Geltung kommen. Das Alpbuch von Cresta ist ein ausgezeichnetes
Dokument für eine Praxis, deren Elemente ganz sicherlich bis in die
ersten Zeiten der Besiedlung und Bewirtschaftung zurückreichen. Da
wird diese kleinste Gruppe in den einfachsten Bezügen zwischen wirtschaftlichen, sozialen und rechtlichen Belangen fassbar: der Rahmen der

Wappen des Ammanns Theodosius Füm an seinem 1739
erbauten Haus in Cresta

Alp, deren Inhaber sie sind, die Alprechte, über die der einzelne innerhalb dieses Gesamten verfügt, die «Rächnung», die er jährlich gegenüber
der Gemeinschaft über das Einhalten der ihm zustehenden Rechte ablegt
(war es «just»!), die Verwaltung durch den aus dem Kreis der Inhaber
zu wählenden Alpvogt, die Beschlüsse, die man mehrheitlich fasst («haben die nochbüra gemeret», heisst es 1686, ein Jahr nach der Einführung
dieses Alpbuchs).

Abgesehen von dieser ersten «Einübung» in geordnetes gemein-
schaftliches Verhalten ist die Bedeutung des Korporationssystems für
die Ausbildung der Gerichtsgemeinde aber dann auch darin zu sehen,
dass es die Entwicklung einer materiellen Basis für eine die Korporationen übergreifende Gesamtgemeinde nicht zulässt. Es gibt keinen Ge-
meindebesitz, oder es gibt ihn nur spät und begrenzt. Er ist aber für die

Bildung der Gemeinde nicht konstitutiv. Für Avers gilt das ganz ausdrücklich.

In diesem Zusammenhang müssen wir den Begriff der Streusiedlung ergänzen. Der Ammann wurde, so hörten wir, in den ersten Jahrzehnten aus einer Liste von Kandidaten gewählt, die aus den Nachbarschaften hervorgingen. Das heisst ja doch, dass diese Gerichtsgemeinde nicht als Zusammenschluss von verstreut lebenden Einzelsiedlern aufzufassen ist, sondern sich auf der Basis von kleineren Einheiten aufbaut, also eine Verbindung von in Korporationen lebenden «Nachpurn» darstellt.

Damit verdeutlicht sich nun auch der Charakter der Gerichtsgemeinde, so wie wir sie uns in Avers vorzustellen haben. Sie ist nicht Gemeinde im Sinne etwa eines Dorfes. Sie ist eine Rechtsgemeinschaft, die aus der Notwendigkeit hervorgegangen ist, übergreifende Regelungen zu treffen, übergreifende Entscheidungsinstanzen zu besitzen, übergreifende Interessen wahrzunehmen, und zwar jeweils die Korporationen übergreifend. Damit tritt uns auf der Ebene der Gerichtsgemeinde ein urföderatives Element entgegen, das zu einem auf der Ebene der Korporation bereits sichtbar werdenden urdemokratischen Element hinzu tritt. Der überragende Gesichtspunkt, der zu dieser Formation führt, ist der einer rechtlichen Ordnung, die aber von innen her, nämlich von den Betroffenen selbst, entwickelt und in die Tat umgesetzt wird.

Der aus den Reihen der Gemeinde immer wieder zu wählende Ammann ist das ausführende Organ dieser Funktion. Der Vertragstext von 1407 belegt jedoch, dass wenigstens um diese Zeit bereits ein Gremium bestand, das mit dem Ammann zusammen handelte: die Geschworenen. Die von Fortunat Sprecher von Berneck 1622 beschriebene Form des Averser Gerichtes, dass nämlich der Ammann «cum 12. Assessoribus Civilia, Matrimonialia et Criminalia administrat»,[268] hat also schon eine lange Tradition. Wir wissen nicht, wann in Avers diese Erweiterung erfolgt ist, dass sie aber um die Wende vom 14. zum 15. Jahrhundert besteht, ist ein weiteres Indiz für den inzwischen erreichten Entwicklungsstand der Averser Gemeinde.[269]

Bevor wir uns mit dieser gerichtlichen Tätigkeit noch etwas näher befassen, müssen wir die Beschreibung der Gerichtsgemeinde um eine wesentliche Komponente ergänzen. Ihre Bedeutung beschränkt sich nicht nur auf diese rechtlichen Funktionen. Die Gerichtsgemeinde hat darüberhinaus auch einen eminent politischen Charakter. Dieser hatte sich nicht zuletzt innerhalb von Gotteshausbund und Freistaat Gemeiner Drei Bünde entfalten können. Die Teilnahme an den wiederholt genannten Verträgen bezeugt dies. Aber während bei der rechtlichen Tätigkeit die Amtsträger im Vordergrund stehen, ist es bei dieser politischen Aktivität die ganze Gemeinde als solche, die diese trägt. Nicht umsonst heisst es in den Verträgen «Ammann *und* Gemeind», «Amman gschwornen *und* gantz gemaind». Die Landsgemeinde war der Ort, wo sich diese Tätigkeit entfaltete, wo also die gemeinsamen politischen Interessen beratschlagt und entschieden wurden, und wo der einzelne das Recht und die Pflicht der Mitwirkung besass. Hier vollzog sich der Prozess der Ausbildung urdemokratischer und urföderativer Formen des politischen Verhaltens auf der Grundlage wachsender Freiheit und Eigenverantwortung. Auch darüber werden wir noch Näheres hören.

Zur Abrundung des Bildes sei jetzt noch auf zwei Dokumente aus dem 16. Jahrhundert hingewiesen, die glücklicherweise trotz der Vernichtung der alten Averser Archivbestände noch erhalten geblieben sind.[270]

Zum einen handelt es sich um eine Beschreibung der «Affnerischen Confinen» aus dem Jahre 1520. Sie wurde von dem Ammann Enderlin aus Madris «mit sampt dem gericht und gantzer gemaindt in Aver geornet, gesetzt und gemacht». Es interessiert hier nicht der Grenzverlauf selbst. Er wird von der «Affnerbruckh», wo «das Leyenwasser… stosst in Ryn» an gezogen und entspricht in etwa den heutigen Verhältnissen. Wichtig ist für unsern Zusammenhang die Begründung dieses Vorgangs. Ammann, Gericht und die ganze Gemeinde haben diese Festlegung vorgenommen, «das ein ytlicher wüsse, wi weyt und feer unser landtsgebiet, marckh, zyl, zwing und bann gryfft und gange». Das ist freilich auch die Abgrenzung des Zuständigkeitsbereichs eines Gerichtes. Aber dieser Zuständigkeitsbereich orientiert sich am Umfang eines «Landtsgebiets», eines Territoriums also, und in der Begründung der Grenzbeschreibung steht diese Definition des «Landtsgebiets» an erster Stelle. Damit vollziehen Ammann, Gericht und ganze Gemeinde einen ganz und gar politischen Akt, der souveränen Charakter besitzt. Die Gemeinde und ihre politischen Instanzen nehmen mit diesem Akt eine quasi landesherrliche Funktion vor.

Das zweite Dokument liegt auf der gleichen Linie. Es handelt sich hier um einen Beschluss, den wiederum Ammann, Gericht und ganze Gemeinde am 2. Januar 1570 gefasst haben. Danach wurde «verboten, dass führohin und insskünnftig sollen keine frömbde hier zu Ewigen Zeiten nit mehr sollend zu landtßlüten angenomen werden», es sei denn, die Gemeinde stimme einhellig, d. h. bei weniger als drei Gegenstimmen zu. Auch dies war also ein Akt der souveränen Gemeinde, dessen Gültigkeit durch das an den «Brief» angehängte Siegel bestätigt wurde. Die Gemeinde hatte nicht nur festgelegt, wie weit sich ihr Territorium erstreckte, sondern sie bestimmte auch, wer als Bürger zu ihr gehörte.

So also besass die Gerichtsgemeinde zwei Seiten, die im Grunde aber doch miteinander zusammenhingen. Als eine Rechtsgemeinschaft, die im Interesse des einzelnen wie auch des Zusammenlebens in eigener Instanz ihre Konflikte regelte, übernahm sie in dem Masse, als ihr Selbständigkeit zuwuchs, auch die Wahrung ihrer allgemeinen Interessen. Damit wurde sie zugleich politische Gemeinschaft, und als solche wirkte sie mit in den sich entwickelnden staatlichen Formen, die die bischöfliche Feudalherrschaft ablösten.

Doch kehren wir nun noch einmal zurück zu jenem Aufgabenbereich, von dem die Gemeinde ihren Namen erhalten hatte: der Wahrung des Rechtes. Welches waren die Grundlagen, von denen hier ausgegangen wurde, und wie wurde verfahren?

## Das Landbuch von 1622/1644

Die souveräne Selbständigkeit, die den Status der Gerichtsgemeinden in der Organisation des Freistaates Gemeiner Drei Bünde kennzeichnete, besass für die Gemeinden des Gotteshausbundes insofern noch einen besonderen Akzent, als das Gotteshaus «weder rechtsschöpferisch gewirkt noch versucht (hat), materielles Recht mitzugestalten».[271] Der Gotteshausbund kannte weder eigenes Recht, noch verfügte er über ein eigenes Appellationsgericht.[272] «Das Recht wird in den eigenen Gerichtssprengeln gefunden und weitergebildet.»[273] So kam es, dass bei den Gotteshausgemeinden ein geschriebenes Recht entstehen konnte, das umfangreicher war, als die Landbücher der Gemeinden der beiden anderen Bünde.[274] Avers ist eine der Gotteshausgemeinden, in denen ein solches Statutenbuch entstanden und noch erhalten ist.

Der «Neue Sammler» von 1812 übernimmt die Erwähnung von «handschriftlichen, 1622 erneuerten Statuten und Satzungen einer Landschaft und Gemeind Avers, bei dem die Zivilgesetze 91 Artikel auf 62 Seiten und die criminalischen Dinge nebst einigen anderen Verordnungen 22 Seiten» umfassen.[275] Es muss sich hier um das Exemplar handeln,

das J.R. Stoffel benützt, und aus dem er ausführliche Auszüge in sein Buch übernommen hat.[276] Im Gemeindearchiv von Avers befindet sich ein weiteres Exemplar, das in Format und Aufmachung von dem erstgenannten abweicht,[277] ob auch im Inhalt, kann nicht gesagt werden, da Stoffel nur Auszüge bringt. Bei dem Averser Exemplar handelt es sich um einen 20,5 × 14,5 × 4 cm grossen Lederband, der zunächst einmal die 1644 angefertigte Kopie des 1622 erneuerten Landrechts enthält. Diese Kopie ist – genau wie bei dem Stoffelschen Exemplar – durch den Pfarrer Johann Lorenz, Bürger zu Chur, jetzt Pfarrer zu Tamin und Felsberg, hergestellt worden. Auf f. 42, d.h. am Ende der Kopie, erfahren wir, wer der Auftraggeber dieser Abschrift war: «Diss hievor geschrybne Statuten- oder Landtbuch hat der from, Ehrsam, fürsichtig und weise Hr. Christen Füm, des Herren Amañ Christen Fümen Eheleiblicher Sohn; der Zeit Schreyber, und des Rahts, alhie in Afers: auf seinem eignen Unkosten lassen, ausz dem Alten abschreiben, hiehar in disz Buch stellen: Welches dan er auch gutherziger Weise, zu guter gedechtnus, ietzunder hiemit einem Ehrs. Weisen Hrn. Amañ, Raht und Lobl. Landtschaft und Gemeind, praesentiert, zustelt und verehret. Actum an Afner Gerichts Besatzung, Sontags, am 8. Septembris, Anno 1644.»[278]

Die – nicht erhaltene – Vorlage, das sog. «alte Buch» hatte der 1630 verstorbene Averser Abraham Gries geschrieben. Hier also musste es sich um den Text des 1622 erneuerten Landrechts gehandelt haben, zu dessen Abfassung die Gemeinde «deputiert, erwellet vund verordnet» hatte den Ammann Jakob Wolf, den Statthalter Jörg Platner, die Ratsmitglieder Simon Füm (Altstatthalter), Hans Heintz (Altammann), Rudolf Jos, Thomas Thomma, und die Vierundzwanziger Christen Bärtsch (Altammann), Christen Füm, Hans Straub und Christen Jeger.

Wir können nur Mutmassungen anstellen über die Umstände und Gründe, die zu dieser Neufassung des Landrechts führten. Zunächst einmal können wir davon ausgehen, dass es bereits vor 1622 ein Landrecht gab. Wenn man sich jetzt zu einer Reform entschloss und nicht etwa nur Ergänzungen oder Nachträge vornehmen wollte, so weist dies einerseits auf ein beträchtliches Alter der bisherigen Statuten hin und andererseits auf erhebliche Veränderungen, die im Laufe dieser Zeit eingetreten sind und die von diesen alten Statuten nicht mehr erfasst wurden. Schliesslich aber spricht dies auch für eine grosse Vitalität in der Gemeinde, wenn sie einen solchen Beschluss fasst. Und offenbar ist man sich auch der Wichtigkeit eines solchen Werkes bewusst. Immerhin wird ein Ausschuss von 10 Männern mit der Arbeit beauftragt, und es sind zum grossen Teil Männer mit einer langen Erfahrung in Gemeindedingen (neben dem derzeitigen Ammann und Statthalter zwei ehemalige Ammänner, ein ehemaliger Statthalter), die nun die Erneuerung in Angriff nehmen.

Wir sollten unsere Phantasie ruhig etwas spielen lassen und uns vorstellen, wie diese Männer zusammensitzen, beraten, diskutieren, Altbewährtes auf seine Brauchbarkeit hin überprüfen, neue Umstände einbeziehen, Erinnerungen und Erfahrungen einbringen, gegenwärtige Verhältnisse erfassen; wie sie sich um Formulierungen mühen, vielleicht da und dort auch aneinandergeraten – wie sie aber doch zusammen in Verantwortung für die Gemeinde, in Kenntnis ihrer Situation, ihrer Probleme und ihrer Bedürfnisse eine Rechtsgrundlage schaffen, die von allen anerkannt und für alle verbindlich sein wird, und nach der man verfahren kann, um das Leben der Gemeinde in ordentlichen Bahnen zu halten.

So also entstanden die Statuten von 1622. Und dann die Kopien 2 Jahrzehnte später? Was veranlasst den Schreiber Christen Füm, eine Abschrift auf eigene Kosten herstellen zu lassen und sie der Gemeinde am Tag der Landsgemeinde zu überreichen? War er vielleicht ein bisschen ehrgeizig? Wollte er sich beliebt machen? Wie auch immer: Offenbar brauchte die Gemeinde eine solche Abschrift, und offenbar blieb dieses Exemplar dann auch immer in Gebrauch. Nicht nur, dass die Seiten dieses Landbuchs inzwischen von vieler Generationen Händen, die es benutzt haben, abgegriffen sind, in den Text selbst sind auch Ergänzungen eingetragen, und im Anschluss an den kopierten Text folgen in anderen Handschriften Nachträge, Erweiterungen, Veränderungen, schon 1649 einsetzend und mit einer Eintragung aus dem Februar 1837 endend! So ist dieses Landbuch ein Buch der Rechtspraxis, als solches ist es entstanden und als solches hat es das Leben der Gemeinde jahrhundertelang begleitet. «Gesetzbuch, worin ganz die einfältige Natur eines fast im Urstande lebenden Völkchens zu erkennen sey», wie es der «Neue Sammler» von 1812 formuliert?[279] Wir sollten in ihm sehr viel eher das Kriterium für den hohen Zivilisationsgrad sehen, den diese Gemeinde Avers um die Wende vom 16. zum 17. Jahrhundert erreicht hatte.

Es würde zu weit führen, wollten wir die Statuten ihrem Inhalt nach eingehend analysieren. Sie sind im zivil- wie im strafrechtlichen Teil ganz und gar den konkreten Gegebenheiten angepasst.

Nach Artikeln über allgemeine Verfahrensfragen, auf die wir gleich noch zu sprechen kommen werden, beginnen die eigentlichen Gesetze bezeichnenderweise mit Bestimmungen über den Heuverkauf im Frühjahr; Wucher wurde verboten und die käufliche Abgabe an diejenigen, die Mangel litten, für die Besitzenden zur Pflicht gemacht. Die unmittelbaren Bedürfnisse des Arbeitens und Wirtschaftens schlagen sich weiterhin nieder in Regelungen über Besitzveränderungen, Schulden, Alpen, Weiden und Wiesen. Hieran schliessen eine Reihe von Verboten an, die sich auf die öffentliche Moral beziehen (Tanzen, Spielen, Fluchen), Sanktionen bei Versäumen des Gottesdienstes, Pflichten gegenüber Eltern und Grosseltern, und endlich sehr ausführliche Ehe- und Erbgesetze. In einem zweiten Teil geht es vor allem um Streitigkeiten und Gewalttätigkeiten verschiedenen Grades und verschiedener Auswirkungen (z. B., ob man «zornesweise» einen Stein hebt, aber nicht wirft; ob man wirft, aber nicht trifft; ob man wirft und trifft!), um Beleidigungen und üble Nachrede. Drei Artikel behandeln sodann die Landsgemeinde und die Pflichten des einzelnen bei der Teilnahme, acht Artikel beschäftigen sich mit Geldangelegenheiten (Schuldverschreibungen, Verpfändungen usw.). Und «zum letzten» wird jedermann verpflichtet, Verstösse gegen diese Statuten der Obrigkeit zu melden.

Soweit reicht der von Pfarrer Lorenz übertragene Text der Neufassung des Landrechts von 1622. In umfassender Weise hatte also der Zehnerausschuss der Gemeinde alle Rechtsfälle geregelt, die auf Grund der praktischen Erfahrung des täglichen Lebens auftreten konnten und einer Regelung bedurften, und es ist deutlich zu erkennen, wo sich die Konfliktstoffe konzentrierten: sie lagen im wirtschaftlichen und im familiären Bereich (Ehe und Erbschaft), und sie betrafen die Wahrung des Friedens innerhalb der Gemeinde. Ausserdem ging es um das gute Funktionieren jener Organismen, die für die öffentliche Ordnung sorgten: Gericht und Landsgemeinde.

Offenbar befand man sich aber in einer Phase, in der die Dinge sehr im Fluss waren, denn zwischen 1622 und 1644 sind bereits Ergänzungen und Veränderungen der 1622 beschlossenen Statuten vorgenommen worden, die der Pfarrer Lorenz ebenfalls noch in seine Abschrift übernehmen konnte. Sie betreffen Fragen des Schätzens, der Besiegelung von Schuldbriefen und ähnliche Dinge. Dies mag ein Hinweis darauf sein, dass um diese Zeit eine grössere Aktivität auf dem Gebiet solcher finanzieller Aktionen zu verzeichnen war.[280] Bemerkenswert ist dabei die Regelung, dass die Gemeinde keine Schuldbriefe mehr siegeln wird, die einen höheren Zinssatz als 5% jährlich vorsehen. Ähnlich wie bei den Artikeln gegen den Wucher mit dem Heu ist also auch hier eine Massnahme zu erkennen, die ein unredliches Profitstreben Wohlhabender auf Kosten Bedürftiger einzudämmen sucht.

Mit diesen Ergänzungen ist die von dem Schreiber Christen Füm in Auftrag gegebene Abschrift abgeschlossen, aber in dem der Gemeinde übergebenen Landbuch werden dann auch noch in den folgenden Jahrhunderten Nachträge, Ergänzungen und Abänderungen aufgezeichnet. Christen Füm selbst trug eine 1645 verfasste Strassenordnung ein, die hier im Detail regelt, welche Nachbarschaft für den Unterhalt welcher Wegabschnitte und Brücken auf der gesamten Strecke von Furggeli und Stallaberg bis nach Innerferrera zuständig ist, und zwar im Sommer wie im Winter. Wir werden auf diese Ordnung in anderem Zusammenhang noch einmal zu sprechen kommen. Weitere Eintragungen erfolgten 1649, 1652, 1724, 1738, 1740, 1776, 1778, 1787, 1810 und 1837. Eine andere, mehrere Seiten umfassende, aber kaum noch leserliche Eintragung dürfte ebenfalls noch aus dem 17. Jahrhundert stammen. Dagegen gehört eine mit 24.9. ohne Jahresangabe datierte Vorschrift über Wahl, Amtsdauer, Besoldung und Pflichten der Gemeindeobrigkeit wohl eher in die ersten Jahrzehnte des 19. Jahrhunderts. In diesen Ergänzungen kehrt des öftern eine Bestimmung aus dem Bereich der Ehegesetzgebung wieder, allerdings mit bezeichnenden Abwandlungen. 1622 wurde festgelegt, «wan ihrer zwey einanderen zur Ehe nement, so ist geordnet, dz solche Personen auf das längste in einem halben jar söllent miteinandern zur Kirchen und Strassen gehn»,[281] und «welche vor dem Kirchgang mit ein anderen Beyschlaff hieltend», hatten 10 Kronen Busse zu zahlen. 1776 noch wurde diese Bestimmung erneuert, aber jetzt mussten die beiden Delinquenten an einem Sonntag in der Kirche vor dem Taufstein öffentlich «Bekanntnus thun beyde zusammen Einss wie das andere», und ausserdem noch war eine Busse fällig, über deren Höhe das Gericht entschied. 1810 dagegen galt für den gleichen Fall, aber nur, wenn sich der Mann auch noch «als Vatter ergeben thut», dass dem Kind bis zu seinem 15. Lebensjahr jährlich ein «Schillidublon» gezahlt werden musste!

Das Averser Landbuch ist also eine ausgezeichnete Quelle für die gesetzgeberische Tätigkeit der Gerichtsgemeinde, die sie in souveräner Weise ausübte, und es bietet zugleich einen Einblick in ihr alltägliches Leben. Mehr noch muss dies erwartet werden von der rechtsprecherischen Tätigkeit des Gerichtes.

Die Kirche von Avers mit dem danebenstehenden
Gerichtsgebäude (dazwischen das Glockengestell).
Zeichnung von J. Hackaert (1655)

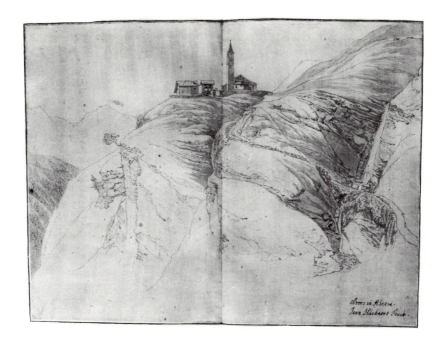

Der erste Teil des Landbuchs (nach der Zählung der Edition von
L. R. von Salis die ersten 30 Artikel) befasst sich mit Verfahrensfragen,
Gerichtsgebühren und Appellation. Jährlich am 2. Sonntag im September oder am 1. Sonntag vor Heilig-Kreuz-Tag (14. September) waren
Ammann und Gericht durch die Landsgemeinde zu wählen. Gericht
wurde das ganze Jahr hindurch gehalten, mit Ausnahme von 10 Tagen
vor und nach den hohen Festen Weihnachten, Ostern und Pfingsten
sowie der Zeit zwischen Beginn der Heuernte und den Neuwahlen. Das
Gericht tagte zur Mittagszeit. War ein Richter nicht zur Stelle, musste
er den anderen Gerichtsherren zwei Mass Wein zahlen, ebenso wurden
auch Prozessbeteiligte bei grundlosem Fehlen bestraft. Mehr als zwei
Verfahren sollten an ein und demselben Tag nicht durchgeführt werden.
Soweit in den einzelnen Artikeln die Höhe der Busse genannt war, ging
die Hälfte des Betrages an die Landschaft, die andere Hälfte wie auch die
Gerichtskosten fielen an die Richter. Soweit Bussen «nach Erkanntnus
des Gerichts» festgesetzt wurden, fielen sie an die Richter, falls sie unter
10 Gulden lagen; bei höheren Beträgen entschieden die Richter, was an
die Gemeinde abgetreten wurde.

Das Gericht trat in dem (1867 abgerissenen) Haus neben der

Halseisen, mit dem der Delinquent am Pranger angeschlossen
wurde (Privatbesitz)

Kirche in Cresta zusammen. Dort befand sich auch der Pranger, «eine
starke Holzsäule, an welcher das Halseisen mit einer Kette und einem
Gundel befestigt war. Hier am Kirchweg musste die zur Prangerstrafe
verurteilte Person jeweilen des Sonntags während des Gottesdienstes
stehen, vom Halseisen festgehalten».[282]

Das Gemeindearchiv Avers besitzt noch Gerichtsprotokolle aus
der Zeit von 1610–1800. Aus ihnen hat man bisher nur die spektakulären
Hexenprozesse herausgezogen, die zwischen 1652 und 1664 zu 14 Hin-
richtungen geführt hatten.[283] Sie sind sicherlich Indiz für schreckliche
Vorgänge und beweisen im übrigen, dass die Gemeinde um diese Zeit
auch schon die Hochgerichtsbarkeit ausübte. Die Hinrichtungsstätte
war der «Galgaboda» bei der Letzihöhe.[284] Stoffel gibt in seinem Buch
die Geschichte von «böisch Tommeli» wieder, der zum Tod verurteilt
worden war.[285] Hier wird erwähnt, dass der Ammann während des
Prozesses einen Gerichtsstab und das Landbuch auf dem Tisch liegen
hatte, und dass nach dem Urteilsspruch «obem Chopf as Stückli vam
Stab» abgebrochen wurde. Der Stab wurde beschrieben als «as dünns,
chnorrigs Stäckli mit ama silberna Griff». Noch heute ist ein solcher
Gerichtsstab im Besitz der Gemeinde, er trägt auf dem Silbergriff die
Inschrift «17 LATF 65. FIAT JUSTITIA».[286]

Indessen sollte man diese Prozessakten nicht nur auf solche spektakulären Ereignisse hin durchsehen. Ihre gründliche Untersuchung dürfte für das Alltagsleben in Avers insgesamt, über die Rechtspraxis, über
die Mentalität usw. sehr interessante Aufschlüsse liefern. Eine nur kur-
sorische Durchsicht hat diese Erwartungen schon bestätigt.

Bevor wir das Landbuch wieder in das Archiv zurücklegen, sollten
wir aber noch jene Artikel betrachten, die sich mit den politischen
Aufgaben der Gemeinde und ihrer Bürger befassen. Dies dient zugleich
als Überleitung zur Behandlung der Gerichtsgemeinde als politischer
Gemeinde. In diesem politischen Bereich, so sagten wir bereits, war die
*ganze* Gemeinde Träger der Verantwortung, und damit jeder einzelne,
der zu ihr gehörte. Die Landsgemeinde war der hervorragende Schauplatz dieser Aktivität. Drei Artikel bestimmten, wie man sich hier zu
verhalten hatte.

Es war Pflicht, an der Landsgemeinde teilzunehmen, wenn man im
Lande war. Jeder sollte «sein meinung sagen, wan er gefragt würd, und
auch ungefragt fründlicher bescheidenlicher wis». Wer «ungefraget
unbescheidenheit brauchte und ein rumor anfienge» oder sogar Streit,
wurde bestraft. Ein jeder soll «minderen oder Mehren wie wo oder was

ine Gott ermahnet» oder, falls er nicht abstimmen sollte, sich doch zählen lassen, und auch dies war Pflicht, deren Nichteinhalten bestraft wurde. Was aber auf diese Weise auf einer ordnungsgemäss einberufenen Landsgemeinde beraten und beschlossen wurde, «daz soll gelten, kraft und macht haben».

Drei Artikel aus dem Landbuch von Avers, die wahrhaftig ein Lehrstück für demokratisches Verhalten bilden!

Diese politische Tätigkeit der Gerichtsgemeinde hatte eine andere Dimension als die gesetzgeberische und rechtsprecherische. Während letztere sich weitaus auf das innere Leben der Gemeinde bezogen, richtete sich die politische Tätigkeit nach aussen. Aber sie war hier nicht isoliert, sondern sie gliederte sich ein in einen grösseren Verband. Das war zunächst der Gotteshausbund, und das wurde dann und vor allem der Freistaat Gemeiner Drei Bünde. Letzteres soll im Vordergrund unserer Darstellung stehen.


## Gerichtsgemeinde und Freistaat Gemeiner Drei Bünde

Wir müssen uns kurz vergegenwärtigen, wie es zur Bildung dieses Freistaates gekommen ist und wie er konstruiert war, um die Zusammenhänge mit der Geschichte des Avers zu verstehen.

Es war schon die Rede von der Entstehung des Gotteshausbundes und von verschiedenen Bündnissen zwischen diesem Bund oder Gemeinden dieses Bundes und anderen Bünden oder Bundesgemeinden. Diese Zusammenschlüsse, die seit der zweiten Hälfte des 14. Jahrhunderts zu beobachten sind, haben verschiedene Ursachen, und sie gehören zum Teil in Entwicklungen, die nicht nur auf Graubünden oder die Schweiz beschränkt sind.[287] Es handelte sich einmal – im Rahmen der Landfriedensbewegung – um Organisationsformen, die in kleinerem oder grösserem Rahmen der Rechtsunsicherheit und der Bedrohung des Friedens, vor allem durch das Fehdewesen, entgegensteuern wollten, zum anderen um die Frontstellung gegen feudale Herrschaften, gegen deren Übergriffe man sich wehren oder deren Machtstellung man überhaupt zurückdrängen wollte.

Der Gotteshausbund ist hier ein Beispiel. Seine Anfänge gehen auf das Jahr 1367 zurück,[288] und in seiner Zielsetzung war sowohl eine Eindämmung der bischöflichen Herrschaft wie auch eine Abwehr der mit dem Bischof von Chur gegebenen Gefahr einer österreichischen Machtausdehnung angestrebt.

Wir haben bereits auch gesehen, welche Bedeutung das Bestehen dieses Bundes für die Emanzipation der Gerichtsgemeinden besass. Aber zog sich bereits dieser Emanzipationsprozess schon über viele Jahrzehnte hin (wie erinnerlich, setzten hier die Ilanzer Artikel von 1526 zwar einen rechtlichen, aber auch jetzt noch nicht faktischen Endpunkt), so war erst recht die Auseinandersetzung mit den Feudalmächten und im weiteren Sinne der Kampf um die Erhaltung der Unabhängigkeit eine Sache von Jahrhunderten, und dies war denn auch nicht mehr nur eine Angelegenheit des Gotteshausbundes allein. Im Vorderrheintal kam es zwischen 1395 und 1424 zur Herausbildung des Oberen oder Grauen Bundes, und als dritter und kleinster entstand 1437 in Davos der Zehngerichtebund. Zwischen diesen Gruppierungen kam es sehr bald auch schon zu Querverbindungen, so sind hier zu nennen – und zum Teil zu wiederholen – das Bündnis zwischen den oberen Gotteshausleuten (d. h. den Gemeinden Oberhalbstein, Avers, Bergün, Domleschg, Schams und Obervaz) mit den churwelschen Untertanen des Grafen von Werdenberg-Sargans von 1396; das Bündnis zwischen Gotteshausbund und Oberem Bund von 1406; das Bündnis zwischen Oberhalbstein und Avers und Rheinwald von 1407; das Bündnis von Gotteshausleuten im Domleschg und am Heinzenberg mit den Herrschaftsleuten von Räzüns von 1423; das Bündnis der Stadt Chur und der Vier Dörfer mit dem Oberen Bund von 1440; schliesslich das Bündnis zwischen Gotteshausbund und dem Zehngerichtebund von 1450. Von diesem Zeitpunkt an besteht damit bereits eine «indirekte Bundesgemeinschaft aller drei Bünde»,[290] die sich ab 1461 in Form von gemeinsamen Tagsatzungen konsolidierte, durch ein Bündnis zwischen Oberem Bund und Zehngerichtebund von 1471 ergänzt wurde und in dem Bundesbrief vom 23. September 1524 ihren Abschluss fand. Dieser Bundesbrief bildete die Verfassung des altbündnerischen Gesamtstaates bis zu dessen Auflösung im Jahre 1803.[291]

Damit war also nun ein zusammenfassendes Staatswesen entstanden mit zentralen Organen:[292] dem «Kongress» der drei Bundeshäupter, dem «Beitag» oder «grossen Kongress», bei dem der Kongress noch durch drei bis fünf Boten aus jedem Bund erweitert wurde, und dem «Bundestag», der sich aus den Boten der Gerichtsgemeinden zusammensetzte. Das besondere des Freistaates Gemeiner Drei Bünde aber war es, dass die tatsächliche Gewalt weitaus bei den Gerichtsgemeinden lag. Der

Kongress wie auch der Beitag konnten nur im Auftrag des Bundestages handeln, der Bundestag selbst aber konnte keine Entscheidungen treffen, die nicht durch den Willen der Gerichtsgemeinden gedeckt waren, sei es, dass diese Entscheidungen mit den entsprechenden Instruktionen der Boten übereinstimmten, sei es, dass die Zustimmung der «ehrsamen Räte und Gemeinden» eingeholt wurde. Diese, das heisst also die Gerichtsgemeinden und ihre Obrigkeit, mussten zwar dann auf der Landsgemeinde oder durch Umfrage die Meinung ihrer Bürger einholen, was aber beim Bundestag zählte, waren die Stimmen der Gemeinden als solche. Diese konnten zu den Anfragen von Bundeshäuptern, Beitagen oder Bundestagen mit Ja oder Nein, aber auch in beliebig anderer Form – allerdings dann auch mit einer kurzen Begründung – Stellung nehmen, d. h. also Vorschläge nur bedingt annehmen oder ablehnen, Verschiebung oder anderweitige Regelungen beantragen. Die Gerichtsgemeinden waren also die eigentlichen souveränen Träger der Staatsgewalt, und das bezog sich sowohl auf die Aussenpolitik Gemeiner Drei Bünde wie auch auf die Innenpolitik und die Verwaltung.

Zu diesen Gerichtsgemeinden zählte also auch Avers. Und damit war Avers unmittelbar an der Gestaltung der Geschicke des bündnerischen Freistaates beteiligt. Dies bedeutete die Einbeziehung in Probleme, durch die das Land in diesen Jahrhunderten sogar unmittelbar in die grossen europäischen Auseinandersetzungen verwickelt wurde. Handelte es sich Ende des 15. Jahrhunderts noch in der Teilnahme am Schwabenkrieg nur um die Abwehr der österreichischen Bedrohung, so bildete sich doch um die gleiche Zeit jener säkulare Gegensatz zwischen Habsburg und Frankreich heraus, der bis ins 18. Jahrhundert hinein die europäische Politik bestimmen sollte, und bei dessen Austragung die Bündner Pässe immer wieder eine vitale Bedeutung für die gegnerischen Parteien erhielten. Mailand und Venedig, der Papst und Spanien, Österreich, der Kaiser und Frankreich waren die Pole eines Spannungsfeldes, innerhalb dessen der bündnerische Freistaat allzu oft ein Zentrum bildete.

Da konnten durchaus Vorteile herausspringen wie der Erwerb des Veltlins 1512, wie die Jahrgelder und Subsidien, die im Rahmen von Verträgen mit den verschiedenen Mächten als Gegenleistung für die Gewährung von Durchmarschrechten oder Söldnerwerbung gewährt wurden – Gelder, die über den Bundesstaat an die Gerichtsgemeinden gehen sollten, und Pensionen, die in den Taschen einzelner verschwanden. Aber viel öfter entstanden doch Krisen, wo kriegerische oder wirtschaftliche Bedrohung die Unabhängigkeit, ja die Existenz in Frage stellten, und wo es galt, mit politischen oder auch mit militärischen Mitteln um den Bestand von Leben und Freiheit zu ringen. Die erste Hälfte des 17. Jahrhunderts bildete hier einen Höhepunkt.[293] Aber auch in den Endkampf des alten Europa mit den Kräften der Revolution im ausgehenden 18. Jahrhundert wurde der Bündner Freistaat hineingerissen. Französische, österreichische, russische Truppen durchzogen das Land und brachten seine Bewohner teilweise an den Rand des Ruins. Mit der Ablösung des Veltlins 1797 erlitt der Freistaat einen empfindlichen territorialen Verlust, der grosse wirtschaftliche Konsequenzen haben sollte. Vor allem aber: der Staat Gemeiner Drei Bünde selbst konnte sich nun nicht mehr in seiner alten, dreihundertjährigen Form halten. Im Rahmen der napoleonischen Neuordnung der Schweiz, der Mediationsverfassung von 1803, wurde aus dem Freistaat ein Kanton.[294] Allerdings behielten auch jetzt noch, ebenso wie in der Verfassung von 1814,[295] die Gerichtsgemeinden eine grosse Selbständigkeit, und auch die drei Bünde blieben weiterhin bestehen. Erst die Verfassung von 1854 führte zur Vereinheitlichung des Kantons und reduzierte die souveräne Rolle der Gerichtsgemeinden auf reine Verwaltungsfunktionen. Jetzt wurde die Gesamtheit des Volkes an Stelle der Gesamtheit der Gerichtsgemeinden Trägerin der staatlichen Souveränität.[296]

Wir haben nach diesem allgemeinen Überblick nun zu fragen, wie sich vor diesem Hintergrund und in diesem Rahmen die Geschicke des Avers gestalteten. Dabei ist jedoch zunächst zu klären, welche Mitwirkungsmöglichkeiten die Gemeinde tatsächlich bei den grossen Entscheidungen des Bundestages Gemeiner Drei Bünde besass. Es wurde schon gesagt, dass hier alle Gerichtsgemeinden durch Boten vertreten waren, die die Stimme der Gerichtsgemeinde führten. Aber hier bestanden offenbar Unsicherheiten in bezug auf die Averser Stimme. Unter den 17 Gerichten, die den Gotteshausbund bildeten, wird Avers nämlich mitunter nur in Verbindung mit Stalla als «Stalla-Avers» aufgeführt,[297] während es andererseits auch als «6. Glied des 21 Gerichtsgemeinden umschliessenden Bundes» bezeichnet wird.[298] Dies hängt sicherlich damit zusammen, dass Avers sich aus der Vogtei der Herren von Marmels und damit aus einer gewissen Verklammerung mit dem Oberhalbstein herauslösen musste. Wir erinnern uns, dass Avers 1367 zum Oberhalbstein gerechnet wurde und noch nicht als eigene Gemeinde auftrat. Für Stalla hingegen ist schon für 1314 ein Ammann belegt;[299] bei der Beschreibung des Oberhalbsteins im Buch des Vizdumamtes von Chur wird betont, dass unbeschadet der Vogtei von Reams «indrethalb Tintzer Wald och ain amman und richter ist», nämlich in Stalla.[300] Im Vertragstext von 1407 heisst es dann allerdings unzweideutig «hie disent dem Wald und enhalb des walds, ze stallen und in Afers gemainlichen edel und unedel», und im Vertrag von 1498 treten «Amman und Gemeind zuo Stalla» ausdrücklich neben «Amman und Gemeind zu Avels» auf. Vom Ende des 18. Jahrhunderts berichtet der «Neue Sammler»: «In Civilstreitigkeiten geht die Appellation von Avers nach Bivio und umgekehrt.»[301] Landbuch und Prozessakten in Avers belegen massiv die Tätigkeit des Averser Gerichtes. Dies alles spricht dafür, dass auch innerhalb der Organisation des Gotteshausbundes Stalla und Avers als eigene Gerichtsgemeinden geführt wurden. Es ergibt sich dann auch aus der Zusammensetzung des 5. der 11 Hochgerichte, zu dem Stalla, Avers und das um die Mitte des 15. Jahrhunderts von Chur erworbene Remüs zählen.[302] Bei der Verteilung der Einkünfte und Steuern entfielen dabei auf Remüs $4/7$, auf Stalla $2/7$ und auf Avers $1/7$.[303] Und «unter den Gemeinden seines Bundes», so weiss der «Neue Sammler» von 1812 zu berichten, habe Avers an vorletzter Stelle, nämlich nach Stalla und vor Münstertal, seine Stimme abgegeben.[304]

Diese Unklarheiten bestanden aber auch hinsichtlich der Stimmführung beim Bundestag. 1557 beschloss der Bundestag in Ilanz, dass jedes Hochgericht nicht mehr als 2 Boten schicken sollte.[305] Offenbar gehörte das Hochgericht Remüs/Stalla/Avers zu jenen, die diese Norm überschritten, und dies auch weiterhin noch taten, denn 1572 beschwerte sich Remüs beim Gotteshausbund, dass «die von Affers und Stalla allweg 2 botten und sy allain einen insetzen»; obwohl das Hochgericht «in 7 thaill abtheile, davon sy von Ramüss die 4 theill haben».[306] Zwei Jahre später ist im Abschied des Gotteshausbund-Beitags vom 22. November 1574 zu lesen, dass «alle drey gemeinden ir besonderen stab und recht über civilische und cryminalische hendell, auch ye und allwegen von altersher drey potten gehabt in bey und buntsdägen. Darumb sey auch inen auff einem offnen puntsdag brief und sigel geben. Bittende, das man sy darbey lasse bleiben».[307] Die Begründung für diese von anderen Hochgerichten abweichende Regel war, dass Avers und Remüs «eylff deütschmeilen von ein andern gelegen, dessgleichen Affers und Stalla mit einem wilden berg, der vil und lange Zeit beschlossen, ein andern ungelegen seye». Am 3. Juni 1587 kam die Frage erneut zur Verhandlung, Remüs hatte hier offenbar wieder 2 Boten für sich beansprucht. Der Beschluss lautete aber, «sie (d. h. alle drei Gemeinden zusammen) sollen nur mit 2 wie ein anderes Hochgericht auch sitzen, da sie aber

Brief und Siegel aufgleit dass sie mit 3 sitzen mögen, ist ihnen laut diesen favoriert, doch den Gemeinden vorbehalten worden, ob sie diese Brief in Kräften lassen wollen».[308] Bis zu diesem Zeitpunkt scheinen Stalla und Avers also je einen Boten entsandt zu haben. Es ist bisher unbekannt, wie die 1587 von den Gemeinden erwartete Entscheidung ausfiel. Eine Aufstellung aus dem Jahre 1663 kennt für Stalla, Avers, Remüs und Schlins nur noch 2 Stimmen,[309] aber bei den Abstimmungen der Standesversammlung von 1794 z. B. stimmten Avers und Stalla wieder getrennt (und unterschiedlich).[310] Dies alles zeigt nur, dass Avers wenigstens zeitweise durch einen eigenen Boten bei Bundes- oder Beitagen vertreten war und damit dann auch aktiv an den dortigen Beratungen und Entscheidungen teilnahm. Auf jeden Fall aber können wir daran festhalten, dass die Gerichtsgemeinde selbst mit allen Ausschreiben und Abschieden befasst wurde, die vom Gotteshausbund oder von Gemeinen Drei Bünden ausgingen.[311]

Wenn nun im folgenden Kapitel versucht werden soll, einen Überblick über die Geschicke des Avers im Rahmen der grossen Ereignisse zu gewinnen, in die der Freistaat Gemeiner Drei Bünde während seines Bestehens verwickelt war, so muss zunächst noch einmal betont werden, dass die Quellenlage hier nicht sehr günstig ist. Die Averser Archivalien aus dieser Zeit sind, wie wir schon hörten, zum allergrössten Teil zerstört. Was die Beteiligung am Freistaat betrifft, so sind bisher nur die Ausschreiben und Abschiede, nicht aber die Protokolle der Bundes- und Beitage veröffentlicht worden.[312] So können wir aus dem gedruckten Material sehr wohl entnehmen, mit welchen Problemen die Averser Gerichtsgemeinde befasst worden ist, wir tappen aber hinsichtlich ihrer Entscheidungen weitgehend im dunkeln. Über die Einzelheiten hinaus, die bekannt sind, können wir vieles nur indirekt erschliessen; in manchen Fällen sind wir lediglich in der Lage, Fragen zu stellen, müssen die Antwort aber offen lassen. Im grossen und ganzen erlaubt uns dies dennoch, einen Einblick in die wichtigsten Angelegenheiten, mit denen sich Avers auseinanderzusetzen hatte, zu erhalten.

## Krieg und Frieden

Avers war nicht nur wegen seiner Zugehörigkeit zum Freistaat Gemeiner Drei Bünde veranlasst, sich mit den Fragen zu befassen, die auf der

Wegeskizze für die spanischen Truppendurchmärsche
zwischen Oberitalien und den Spanischen Niederlanden. (Aus: Parker,
The Army of Flanders etc., Cambridge 1972)

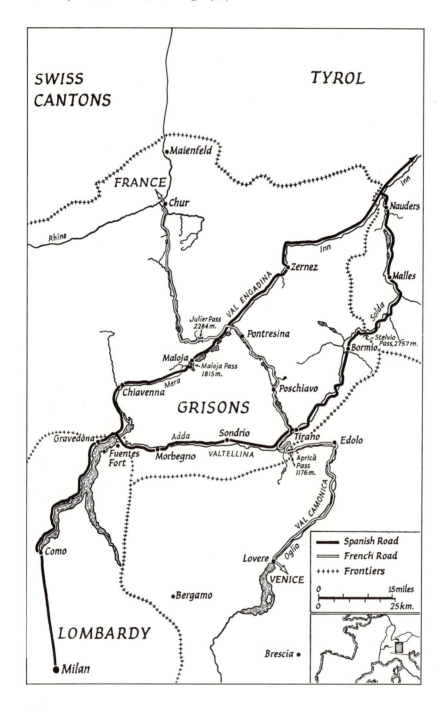

obersten staatlichen Ebene behandelt wurden. In vieler Hinsicht war die Gerichtsgemeinde von diesen Fragen auch unmittelbar betroffen. Das hing zum grössten Teil mit der geographischen Lage des Avers zusammen. Auf Grund dieser Lage konnten sich für Avers vor allem auf zwei Gebieten Konsequenzen aus der allgemeinen Entwicklung ergeben: auf dem Gebiet militärischer und kriegerischer Ereignisse und auf dem Gebiet der Wirtschaft.

Die strategische Situation Graubündens war durch die Pässe bestimmt und durch das Interesse, das angrenzende Mächte an der Benutzbarkeit dieser Pässe besassen. Avers lag hier zwar nur in der Nachbarschaft eines dieser Pässe, des Septimer, und damit schon in einer Randzone und nicht mehr im unmittelbaren Brennpunkt. Dennoch konnte auch dem Avers in dieser Situation eine gewisse strategische Bedeutung zukommen. Bei der Rekognoszierung Graubündens, die der österreichische Feldmarschall Bellegarde im November 1798 vornahm, fand auch das Avers Berücksichtigung, und das Ergebnis traf sicherlich nicht nur für 1798, sondern auch für die früheren Jahrhunderte zu.[313]

Nach der Beurteilung Bellegardes war das Avers sowohl für die Septimer- wie auch für die Splügenroute von Bedeutung, insofern sich von hier aus Flankenbedrohungen ergeben konnten oder auch Umgehungen möglich wurden. Da man von Chiavenna aus auf Fusswegen ins Avers, und von hier aus über die Forcellina zum Septimer oder durch das Ferreratal in das Schams, schliesslich aber auch nach Norden ins Oberhalbstein gelangen konnte, war das Avers in alle Überlegungen miteinzubeziehen, die eine Sicherung dieser grossen Durchgangsachsen im Auge hatten. Freilich musste Bellegarde einschränkend auch feststellen, dass es sich bei diesen Seitenwegen durchwegs nur um Fusspfade handelte, die im Winter nicht gangbar, ja sogar eigentlich nur im hohen Sommer zu gebrauchen waren. Aber in dieser begrenzten Weise konnten eben auch für das Avers – trotz seiner Rand- und Zwischenlage – bedrohliche Situationen entstehen – abgesehen davon, dass auch dann, wenn das Avers selbst kein Kriegs- oder Durchmarschgebiet war, Plünderungen, Kontributionen usw. von seiten der in der Nachbarschaft durchziehenden Truppen vor dem Hochtal nicht Halt machen mussten. So also konnten auch vom Avers aus militärische Entwicklungen im eigenen Interesse nicht ohne Aufmerksamkeit verfolgt werden.

Noch stärker trifft dies aber für die wirtschaftlichen Faktoren zu. Das Avers war, wie wir ja gesehen haben, in seiner Wirtschaft von gut funktionierenden Beziehungen nach dem Süden abhängig. Das Bergell,

Chiavenna und im weiteren Sinne Oberitalien waren die Bereiche, in die der Averser Viehhandel ging, und woher lebenswichtige Nahrungsmittel, vor allem Getreide, bezogen wurden. Die Ausdehnung des bündnerischen Einflussbereiches nach Süden durch die Erwerbung des Veltlins war hier also auch ganz im Interesse des Avers, wobei nicht übersehen werden darf, dass die Möglichkeit, in der Verwaltung des Untertanenlandes Ämter zu erlangen, und damit beachtliche materielle Vorteile zu gewinnen, auch Angehörigen der Gerichtsgemeinde Avers offenstand. Andererseits war es aber für die an Durchmarschrechten interessierten Mächte ein immer wieder eingesetztes Druckmittel, den Handel und insbesondere die Getreideeinfuhr zu sperren, und das konnte für eine Gemeinde wie Avers in höchstem Masse existenzbedrohend werden. So bestanden also auch in dieser Hinsicht gewichtige Gründe für die Averser, das Geschehen ringsum im eigenen, lebenswichtigen Interesse nicht ausser acht zu lassen.

Aber wir sollten nun noch einmal betonen, dass damit keineswegs nur lokale oder regionale Bedingungen im Blickpunkt standen, sondern dass mit diesen Umständen Elemente der grossen europäischen Politik in den Gesichtskreis des Averser Hochtales kamen. Es lag in den Möglichkeiten der Gerichtsgemeinde, hier die eigenen Interessen im Rahmen der Entscheidungen des Freistaates Gemeiner Drei Bünde auch zur Geltung zu bringen.

Wie hat sich Avers unter diesen Voraussetzungen innerhalb der Gesamtentwicklung verhalten?

Es ist bekannt, dass für die Entstehung des Freistaates und seine Erhaltung Kriege eine ganz besondere Rolle gespielt haben: die Wormser Züge von 1486/87, der Schwabenkrieg 1499, die Eroberung des Veltlins 1512–1519, der Clefener Krieg 1574, die Bündner Wirren, die seit 1607 immer wieder militärische Aktionen und vor allem auch ausländische Interventionen hervorriefen und eigentlich erst 1652 ein Ende fanden, schliesslich dann die schlimme Zeit 1798/99, in der Graubünden noch einmal Kriegsschauplatz wurde. Zu diesen im wesentlichen von aussen bestimmten Ereignissen traten aber auch innere hinzu, bei denen Waffengewalt aufgeboten wurde: angefangen von Alp- und Grenzstreitigkeiten bis zu dem Strafgericht gegen Johann von Planta 1572, den verschiedenen Expeditionen ins Veltlin und den Ereignissen, die mit dem Namen Jürg Jenatsch verbunden sind. Krieg, so konnte ein Historiker sagen, sei für die Bündner «niemals ein Sonderfall und Grenzfall» gewesen, «er gehörte unteilbar zur bündnerischen Lebensweise im Alltag und war eine Lebensform».[314] Traf dies auch für die Avner zu?

Wie für alle Bündner galt auch für alle männlichen Avner zwischen 14 und 70 Jahren die Wehrpflicht. Ihre Bewaffnung, für die sie selbst sorgen mussten, bestand in Seitengewehr und Spiess oder Hellebarde; wer über ein Vermögen von mindestens 1000 Gulden verfügte, war zur Anschaffung eines Harnisch verpflichtet.[315] Das Aufgebot erging von den Häuptern des Bundes an die Ammänner der Gerichtsgemeinden; sie hatten die Aushebung in der befohlenen Höhe zu organisieren.[316] Die Kriegsämter wurden innerhalb der Hochgerichte oder Gerichte mit der «mehren Hand» besetzt und möglichst gleichmässig verteilt.[317] «Ausdruck der eigenen Wehrhoheit und des eigenen Kriegsverbands» auf der Stufe des Hochgerichts oder des Gerichts war das «vennlin»,[318] das dort in der Truhe aufbewahrt und jeweils hervorgeholt wurde, wenn das Aufgebot auszog.[319] Neben bewaffneten Soldaten und Munition mussten die Gerichte oder Hochgerichte unter Umständen auch noch andere Gerätschaften stellen, so z. B. wurden 1635 von jedem Hochgericht verlangt: 12 Eisenschaufeln, 6 Hauen oder Pickel, 6 Schrotäxte, 6 Bertel (Gertel) oder Beile und 3 oder 4 Paar Jägerfusseisen, damit man im Gebirge leichter an schwer zugängliche Stellen kommen konnte.[320] Schliesslich mussten die Gerichtsgemeinden auch die von ihnen gestellten Soldaten entlöhnen.[321]

Vor diesem Hintergrund müssen wir uns also auch den militärischen Beitrag des Avers vorstellen. Wie gross war die Zahl der Soldaten, die Avers stellen musste? Diese Zahl richtete sich selbstverständlich nach der jeweiligen Notdurft. Aber wir besitzen aus dem Jahre 1499 eine interessante Angabe, die uns Aufschluss über bestimmte Grössenverhältnisse gibt. Hier sollten zur Besetzung und Verteidigung der Steig bei Maienfeld vom Gotteshaus «mit harnasch, waffen und spys wolgernst ylennd von stund an» stellen: «Oberfatz 22; Griffenstain und Bergönn 25, Oberhalbstein, Stallen und Tüffencasten 40, Bergell 30, Afers 5 man, Fustnow 20, Ortenstein 12, Dörfer 35».[322] Avers stand mit diesem Aufgebot also weit hinter der Zahl der übrigen Gemeinden, und dies ist natürlich ein Hinweis auf die bestehenden Bevölkerungsverhältnisse.

Sicherlich war auch zu dieser Zeit die wehrfähige Mannschaft von Avers grösser. Dennoch ist nicht gesagt, dass Avers selbst diese 5 aufgebotenen Männer auch wirklich stellte. Gerade aus dem Schwabenkrieg ist bekannt, dass der Gotteshausbund in der Mannschaftsstellung recht nachlässig war. Dem zitierten Aufgebot vom 1. Juni 1499 folgten in den nächsten Wochen noch weitere dringende Aufforderungen, zur Verteidigung der Steig bei Maienfeld doch schleunigst Leute zu schikken.[323] An der Schlacht an der Calven am 22. Mai 1499 hatte unter den 8000 Bündnern auch eine Averser Mannschaft mitgekämpft.[324] Aber man muss bedenken, dass die Aufgebote für Maienfeld bereits zu einer Zeit erfolgten, in der gerade die Heuernte im Gange war, und die Arbeitskräfte zu Hause dringend gebraucht wurden. Ausserdem aber mag für die Avner speziell hier eine Rolle gespielt haben, dass ihre Interessen weniger im Norden als im Süden lagen. Wenn nämlich aus diesem Jahr bekannt ist, dass die Gerichtsgemeinden Stalla und Oberhalbstein geneigt waren, «Klaefen und Veltlin inzenemen»,[325] so trifft dies gewiss auch auf Avers zu.

Darum ist es sicherlich auch nicht von ungefähr, dass gerade für den Clefener Krieg 1585 wiederum eine Averser Beteiligung bezeugt ist,[326] ausserdem aber dann auch für das Strafgericht gegen Johann Planta im Jahre 1572.[327] Hier handelte es sich ja doch ebenfalls um eine Angelegenheit, die Veltliner Interessen betraf, insofern Plantas Zugriff auf Teglio als Aktion eines katholischen Anhängers Habsburgs betrachtet wurde, gegen die sich folgerichtig der flammende Protest von Bergell aus erhob und ausbreitete. Zusammen mit den Bergellern, Oberhalbsteinern, Obervazern, Domleschgern und Räzünsern, Prätigauern, Davosern und denen aus den IV Dörfern lag im März dieses Jahres auch das Fähnlein der Avner vor den geschlossenen Toren der Stadt Chur, um das Strafgericht gegen Planta zu erzwingen. Der Einsatz einer Mannschaft von Avers ist schliesslich noch einmal für 1607 im Veltlin und für 1620 im Misox belegt.[328] So hat sich also Avers mit eigenen Soldaten bei militärischen Unternehmungen Gemeiner Drei Bünde engagiert – mit welcher Intensität, das hing hier wie anderswo von den Zeitumständen, Interessen, lokalen Möglichkeiten – und nicht zuletzt auch von der Aussicht auf Beute ab.

Aussicht auf Beute, Aussicht auf Gewinn, verbunden vielleicht mit der Lust am Kämpfen und am Abenteuer, das müsste schliesslich auch eine Rolle gespielt haben, wenn Avner sich als Söldner in fremden Heeren verdingten. Seit dem Ende des 15. Jahrhunderts beginnt dieses Reislaufen,[329] wird zu einem einträglichen Vertragsobjekt für den Freistaat selbst und erreicht im 17. und 18. Jahrhundert als Ventil für Bevölkerungsüberschuss und als Ausweg aus heimatlicher wirtschaftlicher Not Höhepunkte. Hier stehen in einzelnen Jahren mehr als 10 000 Bündner in fremden Diensten, 13–14% der Gesamtbevölkerung![330] Es ist kaum auszuschliessen, dass hier auch Avner dabei waren, die auf diese Weise ihr Glück versuchten. Aber Näheres wissen wir auch hier nicht.[331]

Haben wir abgesehen von diesen militärischen Fragen Anhaltspunkte für weitere Aktivitäten von Avers im Rahmen Gemeiner Drei Bünde?

Es wurde bereits darauf hingewiesen, dass bei den allgemeinen politischen Interessen der Gerichtsgemeinde neben dem ständigen Problem der Pässe und den damit verbundenen Verhandlungen mit den verschiedensten auswärtigen Mächten die Beziehungen zu den südlichen Nachbarn und in engerem Sinne die Veltliner Frage einen ganz besonderen Schwerpunkt bildeten. Schon 1465–1467 war Avers an einer Fehde einer Reihe von Bündner Gerichten mit Mailand beteiligt, bei der die Frage der Getreide- und Weinausfuhr eine Rolle spielte, und die dann mit einer Regelung endete, bei der den Bergellern, Engadinern, Schamsern, Oberhalbsteinern und Avnern bei entsprechenden Gegenleistungen – nämlich Sperre der Pässe für Gegner Mailands – die zollfreie Einfuhr von Getreide und Wein in unterschiedlicher Höhe zugesichert wurde.[332] Aber konnten solche Abmachungen genügen, um diese lebenswichtigen Zufuhren zu sichern? Die Wormser Züge von 1486/87 zeigen, dass man diese Sicherung durch eine Erweiterung der südlichen Einflusszone erreichen wollte. Das Ziel war das Veltlin, und wenn Mailand jetzt noch einmal die Rückgabe mit völliger Zollfreiheit und hohen Kriegsentschädigungen erkaufte, so endete der nächste Feldzug 1512 mit dem Erwerb des Veltlins mit Bormio, Chiavenna und den sog. drei Pleven (Pfarreien) am Comersee als Untertanenland Gemeiner Drei Bünde.[333]

Dies aber brachte den Bünden und vor allem den auf den Verkehr mit dem Süden angewiesenen Nachbartälern nicht nur wirtschaftliche Vorteile. Die Verwaltung der Untertanenlande wurde so geregelt, dass die hohen Beamten von den Bünden gestellt wurden, und zwar bis 1603 vom Bundestag, ab dann von den Gerichtsgemeinden in einer Kehrordnung gewählt.[334] Damit entstanden aber nun für die Gemeinden selbst und für ihre Bürger Anlässe zu reizvollen Spekulationen. Die zweijährige Tätigkeit in den Untertanenlanden zahlte sich nämlich für die Amtsinhaber recht gut aus. Sie bezogen dort Gerichtsbussen, Sporteln und eine aus den Steuern finanzierte Besoldung. Darüberhinaus aber konnte man sich auf mancherlei zwielichtige Weise zusätzlich bereichern. Bestechungen und Geschenke machten «die Justizpflege zum Geschäft», und wegen der Einträglichkeit dieser Ämter wurde auch ihre Vergabe zum Gegenstand entsprechender Missbräuche.[335] Die verschiedenen Reformgesetze, die wir gleich noch erwähnen werden, sprechen hier eine beredte Sprache.

Auch hier können wir die Rolle von Avers nur vor einem solchen allgemeinen Hintergrund her erahnen. Die Gerichtsgemeinde stellte verschiedentlich Podestaten für das Untertanenland. Der bekannteste unter ihnen ist jener Augustin Strub, der 1664 im oberen Aversertal das stolze Podestatshaus errichtete. Er war 1659/60 Podestat in Teglio. Aber schon 1567/68 ist der Avner Joder Rüedi Podestat in Bormio, 1603/04 Giacomo Wolf Podestat in Teglio und 1695/96 nimmt Johann Strub das gleiche Amt für 2 Jahre ein.[336] Ausserdem übernahmen auch einige Angehörige der Familie von Salis-Soglio über die Gerichtsgemeinde Avers Podestatsämter im Veltlin.[337] Sollte «die zwiefache Pest... die Ämtererschleichung und die Habsucht», die der Zeitgenosse Fortunat Juvalta im 17. Jahrhundert beklagte, auch Avers berührt haben? «Nicht anders als durch Stimmerschleichung und Bestechung konnten jetzt diejenigen ihr Ziel erreichen, die nach Ehrenstellen und besonders nach einträglichen Veltliner Ämtern trachteten», so fuhr er fort, «ganze Gerichtsgemeinden handelten mit den Ämtern wie mit einer Ware.»[338] Traf dies auch für Avers zu?[339] Und ist etwa das Podestatshaus heute noch ein Zeuge dafür, dass, wie ein moderner Historiker urteilte, mancher Bündner «als Beamter im Untertanenland... ein ansehnliches Vermögen» zusammentrug?[340]

Wir kommen damit auf einen letzten Komplex von Tätigkeiten, wo wir auch nach dem Verhalten der Averser fragen möchten. Es ist die bereits angesprochene Reformtätigkeit Gemeiner Drei Bünde. Die Klagen des Fortunat Juvalta betrafen ja nicht nur die Zustände im Veltliner Untertanenland, sondern bezogen sich auf Missstände in der gesamten Verwaltung Bündens. Wir können sie auch aus einer ganzen Reihe von Ausschreiben und Abschieden der Bundestage ablesen. Da wird schon 1561 auf einem Tag, wo ausdrücklich auch Avers als anwesend aufgeführt wird, beschlossen «uff gefallen der gemeindten, wellicher ein ampt mit gålt, mit gaben kouffty, oder sin stim umb gelt, miet oder gaben verkouffty, du söllent jer ämpter und eeren ersetzt werden».[341] Zehn Jahre später erliessen die Gemeinen Drei Bünde mit dem Kesselbrief den ersten grossen Reformabschied, um alle «unerberliche lasterhaffte brattung und kessleryen abtzustellen»; jeder Bote musste jetzt schwören, «dasz er one miet und gaben durch sich selb oder andery personen oder sunst pittlich ansuechen an sin Rhett und gemeindt oder durch ander personen hülff, die mit pratig oder keslerye umbgangen werend, bott worden sye»; alle, die Mitglieder des Rates waren, sollten schwören, «dasz sy kein miet, gaben, schenkhung weder geben noch nemen wellen»; und wer Ämter «in unseren Landten der dryen pünthen, ouch im Landt Veltlin, Grafschafft Kleffen, Tell und Wurms» innehatte und beschuldigt werden konnte, «dasz er oder die sinen oder Jemant von sinet wegen us sinem bevelich prattung brucht, mit miet und gaben, schenkhungen verheisen, pittlich obligen oder wie sich dasz doch erfindten möcht», der sollte abgesetzt und bestraft werden. Allen Gemeinden und Gerichten wurde eine Kopie dieses Abschieds zugesandt mit der Auflage, dass er «allenthalben verlessen» werde.[342]

Der Kesselbrief ist nicht der einzige bundesweite Versuch, mit solchen Missbräuchen und Missständen fertig zu werden. Im Januar 1603 versammelten sich die Boten aller Gerichtsgemeinden in Chur, um unter der Leitung des erfahrenen Hartmann de Hartmannis eine umfassende Landesreform in Gang zu bringen.[343] 37 Punkte enthielt der Abschied vom 31. Januar 1603.[344] Wieder ging es darum, dass «mit dem unehrbaren Practicieren, mit Mieth, gaaben, schenckungen, verheissungen, mit essen, trinkhen, in erkhouffung der Empteren» durch Einzelpersonen wie auch durch Gemeinden «unsers gemeinen Vatterlandts staat ubel verbösseret» wurde. Scharfe Kontrollen über die Amtsführung wurden jetzt vorgesehen, Besoldungen für die verschiedenen Ämter festgelegt, die Voraussetzungen für eine Ämterübernahme definiert, die Besetzung der Ämter jetzt ganz in die Verantwortung der Hochgerichte und Gerichte gelegt und im übrigen die früheren Bestimmungen des Kesselbriefs noch einmal eindringlich in Erinnerung gerufen. Mehr als zuvor waren also jetzt die Gerichtsgemeinden in ihrer Zuständigkeit für die öffentlichen Angelegenheiten Gemeiner Drei Bünde aufgewertet. Aber die unruhigen Zeiten, die jetzt eintraten, und die zu einem Höhepunkt der Bedrohungen und Lockungen, der Intrigen und Gewalttätigkeiten, der Verräterei und Frontwechsel in diesen ersten Jahrzehnten des 17. Jahrhunderts führten, waren keineswegs dazu angetan, solche tiefgreifenden Reformen zu begünstigen. War es nicht ein schlimmes Zeichen, wenn sich der Beitag Gemeiner Drei Bünde 1644 beschweren musste über «die botten, welche sich mit hin und wider trinkhen und vergebenem Geschwätz uff den gassen oder uff den strichen auffhaltendt»,[345] waren doch sie es, denen bei einer solch starken Rolle der Gerichtsgemeinden eine entscheidende Funktion in der Erledigung der Geschäfte des Gemeinwesens zukam. Noch einmal, Ende des 17. Jahrhunderts und in kurzem Abstand, nämlich 1684 und 1694, wurden Reformbeschlüsse gefasst,[346] deren Notwendigkeit bewies, dass die Dinge inzwischen nicht besser geworden waren. Wir müssen auf sie nicht näher eingehen. Und wir müssen die Frage offen lassen, inwieweit Avers von diesen Entwicklungen betroffen war. Befanden sich unter den Avnern solche, die sich derartiger Missbräuche schuldig machten? Gehörte die Gerichtsgemeinde zu den Verteidigern der rechten Ordnung und der Reformen? Hier können wir lediglich für das Ende des 18. Jahrhunderts eine präzisere Antwort geben.

Im März 1794 kam es zu einer Volkserhebung, die vom Lugnez ausging und bald alle Landesteile erfasste.[347] Hunderte strömten nach Chur und bildeten dort eine Standesversammlung, die aus je vier Vertretern aus jedem Hochgericht zusammengesetzt war. Wieder ging es um die Abstellung von Missbräuchen. Die Zielrichtung war dabei aber präziser. Sicherlich unter dem Einfluss des Gedankenguts der Französischen Revolution und nicht ohne Rückhalt an der französischen Republik richteten sich die Proteste jetzt gegen die vorherrschende Stellung grosser Familien, die sich im Laufe der Zeit einen übermächtigen Einfluss auf den verschiedenen Ebenen des Staatswesens hatten verschaffen können. In erster Linie ging es um die weitverzweigte Familie derer von Salis, die seit der Mitte des 18. Jahrhunderts hier eine führende Rolle spielten. Reicher Grundbesitz, grosse Einkünfte aus dem Untertanenland, hohe Bezüge aus französischem Kriegsdienst bildeten die Grundlage für ihre wirtschaftliche und politische Übermacht. Jetzt sollte ein Strafgericht gegen die der unrechtmässigen Bereicherung und des Verstosses gegen die früheren Reformgesetze beschuldigten Angehörigen der Familie und mit ihnen verbundener Geschäftsfreunde vorgehen, das von der Standesversammlung eingesetzt wurde.

Nun war gerade Avers eine der Gemeinden, in denen die von Salis reichen Grundbesitz besassen. Die Archive des Geschlechts von Salis enthalten eine grosse Anzahl von Kauf- und Pachtverträgen, die dies belegen.[348] Schon der erste Ammann des Avers, Johannes Ossang, ist uns ja durch einen Erblehensvertrag aus dem Jahre 1377 mit einem Salis aus Soglio bekannt. Avner waren durch Geldschulden von den Salis abhängig.[349] Ein Zweig der Salis-Soglio war seit dem 15. Jahrhundert in Avers ansässig. Andere Vertreter der Familie hatten sich um das Averser Bürgerrecht bemüht, um auf diese Weise die der Gerichtsgemeinde zufallenden Ämter im Veltlin übernehmen zu können.[350] Einige Salis waren Ammänner des Avers.[351] Letzteres traf auch für Rudolf von Salis zu, einen der Beschuldigten aus dem Jahre 1794. Von 1766–1777 hatte er dieses Averser Amt innegehabt, inzwischen war er aber auch Vikar im Veltlin geworden.

Dieser Vikar Rudolf von Salis versuchte nun 1794 seinen Einfluss geltend zu machen, um innerhalb des Gotteshausbundes eine Gegenbewegung gegen die Bestrebungen der Standesversammlung zustande zu bringen. Unter dem Einfluss der Partei der Salis waren Vertreter des Gotteshausbundes überhaupt nur zögernd den Aufrufen der in Chur Versammelten gefolgt. Nachdem die Boten des Zehngerichtebundes und des Oberen Bundes schon anwesend waren, stellten sich zwischen dem 24. und 26. April nur diejenigen von Chur, den IV Dörfern, Domleschg, Oberhalbstein, Stalla, Obervaz, Bergün und Engadin ein, aber darunter befanden sich auch schon Gegner der Standesversammlung.[352] Im Oberengadin jedoch konnten die Salis eine regelrechte Oppositionspartei aufbauen; am 15. April 1794 wurde von dort eine Protestdeputation nach Chur abgesandt, die gegen die dortigen konstitutionswidrigen Vorgänge Einspruch erheben sollte. Und am gleichen Tag erging die Aufforderung an die Nachbargemeinden Bergell, Unterengadin, Remüs, Münstertal, Puschlav, Bergün, Stalla und Avers, für den 14. Mai Deputierte nach Zuoz zu entsenden, um dort eine Gegenversammlung zu bilden, die Massnahmen gegen das Churer Unternehmen beschliessen sollte.[353]

Hier aber kennen wir die Reaktion von Avers, und sie erlaubt uns einen Einblick in die dortige Einstellung zu diesen Vorgängen. Der Vikar Rudolf von Salis nämlich unterstützte diese Einladung der Oberengadiner durch ein eigenes Schreiben an die Gerichtsgemeinde.[354] Avers leistete dieser Einladung jedoch nicht Folge, sondern leitete das Schreiben weiter nach Chur! Auf diese Weise erfuhr man dort von den Oberengadiner Machenschaften; man entsandte sofort eine Kommission von 6 Mann ins Engadin, die dann auch mit Erfolg die Zuozer Pläne verhindern konnte. Dass Rudolf von Salis einer der Förderer dieser Versammlung gewesen war, wurde dann aber einer der Anklagepunkte gegen ihn.

Avers hatte also nicht nur zur Aufdeckung der gegen die Churer Standesversammlung gerichteten Pläne beigetragen, sondern auch dafür gesorgt, dass ein Angehöriger der auch in Avers tonangebenden Familie von Salis zur Rechenschaft gezogen wurde. Dies präzisierte sich in dem Votum des Averser Vertreters beim Mehren über die Einsetzung des Strafgerichtes: Die Averser Gemeindestimme sprach sich für die auf den 12. Mai 1794 vorgesehene Konstituierung des Gerichtes aus.[355] Der

Vikar Rudolf von Salis, der sich inzwischen wie eine Reihe anderer Beschuldigter ausser Landes begeben hatte, wurde im Rahmen der vom 24. Mai bis 25. Juli dauernden Gerichtsverhandlungen in der 40. Sitzung am 14./3. Juli 1794 zu einer Strafe von 800 Gulden zuzüglich 600 Gulden Untersuchungs- und Gerichtskosten verurteilt, nachdem das Verfahren in der 26. Sitzung am 26./16. Juni 1794 wegen seiner Abwesenheit verschoben worden war. Die Begründung des Urteils lautete, «dass er durch ein an den Landammann zu Avers abgelassenes Schreiben, die Konferenz in Zuz begünstigt, und sich selbst als Deputirter dazu angetragen habe, welche Konferenz die Geschäfte der dermaligen Standesversammlung unterbrochen und das Vaterland in Unglück gestürzt hätte, auch dass er sich, ungeachtet der an ihn erlassenen Citazion aus Gem. Landen Zwing und Gebiet entfernet habe».[356]

Bedeutete diese positive Einstellung des Avers zu dem Churer Strafgericht und der dazu geleistete aktive Beitrag jedoch auch eine Billigung des Gesamtkonzeptes dieser Standesversammlung? Diese hatte ein umfangreiches Reformwerk ausgearbeitet und den Gemeinden zur Annahme vorgelegt.[357] Es ging u. a. um eine Rationalisierung der Arbeit der obersten Behörden, um Verfahrensfragen, um eine deutliche Hervorhebung der Rolle der Gerichtsgemeinden, verbunden mit klaren Bestimmungen über das Mehren und getragen von dem Willen, die Demokratie zu fördern. Gerade in diesen Bestimmungen zeigte sich deutlich die dem Zeitgeist verpflichtete Tendenz, oligarchische Fehlentwicklungen abzubauen, so auch in dem Artikel 48, wo es hiess, es solle «um brüderliche Eintracht und einstimmige Gleichheit immer mehr zu befördern, und allen besonderen Einfluss zu hindern [in den amtlichen Schriften] Jedermann glatterdings nur bey seinem Nammen, und allfälligen Amts-Titel benamset werden, mit Auslassung aller von fremden Höfen herkommenden Unterscheidungs-Zeichen; als Graf, Frey-Herr, und der Adels-Beyworter: Junker – de – à – von etc.».[358]

Der Gotteshausbund hatte sich bei der Verabschiedung dieser Artikel eher zurückhaltend gezeigt. Bei der Abstimmung vom 19./30. April gaben nur 9 Boten eine glatte Ja-Stimme ab, 12 dagegen votierten lediglich bedingt zustimmend oder beantragten gar Verschiebung. Zu diesen letzteren aber gehörte auch der Averser Vertreter.[359] Näheres über Begründungen oder gegebenenfalls sogar eigene Vorschläge wissen wir bislang noch nicht. Das ganz andere Verhalten bei der Strafgerichtseinsetzung war wohl dadurch bestimmt, dass es in diesem Fall eben um Probleme ging, die den Avnern auf Grund ihrer intensiven Berührung mit den von Salis sehr viel näher standen und dass sie also auf Grund ihrer eigenen Erfahrung und ihres eigenen Unmutes die Gelegenheit zu einer Abrechnung einhellig begrüssten. Wie intensiv war dagegen ihr Interesse an den allgemeinen Angelegenheiten Gemeiner Drei Bünde, wie engagiert war man hinsichtlich einer Verbesserung des Gemeinwesens und in welchem Masse hatten Gedanken der «Patrioten» auch schon im Averser Hochtal Fuss fassen können?

Vielleicht muss man aber auch noch allgemeiner fragen: War Avers um die Wende vom 18. zum 19. Jahrhundert überhaupt noch die aktive, blühende und energische Gerichtsgemeinde des 16. oder 17. Jahrhunderts? Oder hatte nicht die Krise, die sich dann im 19. Jahrhundert so überaus deutlich bemerkbar machen sollte – vor allem auch durch den rapiden Bevölkerungsrückgang – bereits im Laufe des späten 18. Jahrhunderts eingesetzt?

Werfen wir zum Schluss noch einen Blick auf die Schicksale der Menschen selbst. Wir haben von Kriegen gehört und von Erpressung durch die Abschnürung lebenswichtiger Nahrungsmittelzufuhren. Wie war es, wenn Viehseuchen den Kontakt mit den Viehmärkten verboten oder gar den eigenen Bestand bedrohten? 1655, 1682, 1683 traten z.B. solche Gefahren auf.[360] Und wie, wenn die Pest wütete? 1550, 1556, 1560, 1592, 1594 waren Pestjahre in Chur,[361] 1628–1635 wütete die Seuche in Graubünden.[362] Das Oberhalbstein war 1629/30 betroffen; nur noch 1200 Einwohner und nur noch 300 waffenfähige Männer habe man 1632 zählen können, bis zum 19. Jahrhundert habe sich die Landschaft von diesen Verlusten noch nicht erholt, wird gesagt.[363] Auch das Bergell war 1628–1630 Schauplatz der Seuche, Casaccia und Soglio zählten zu den am meisten in Mitleidenschaft gezogenen Gemeinden.[364] Auf Grund einer Volkszählung durch den Bischof von Como sei festgestellt worden, dass in Chiavenna von 20000 Einwohnern nur noch 8287 übriggeblieben waren.[365] 1667, 1668, 1681, 1713 warnten die Behörden vor der Pest.[366] Sollte das Avers von alledem unberührt geblieben sein? Welche Ängste steckten hinter dem Hexenunwesen des 17. Jahrhunderts, von dem wir ja präzise wissen, dass hier auch das Avers massiv beteiligt war; 14 Hexen waren dort allein zwischen 1652 und 1664 gefoltert und zum Tode verurteilt worden.[367] Wie gross war die Not der einzelnen oder auch der Gemeinden, wenn sich die obersten Behörden solche Sorgen zu eigen machten und, «dieweil wir den Arm Gottes über uns ussgestreckt sehendt unss zu straffen, eine allgemeine buoss und besserung unseres lebens» anordneten;[368] wenn sie also einschritten gegen Laster und

Gotteslästerer, Spiel und Tanz verboten, Feiertagsheiligung und allgemeine Gebete vorschrieben, damit «Gott uns wolle sighafft machen an unsern Fyenden, uns widerumb zuo recht und in alten friedlichen stand verhelffen, wie auch by geistlicher und weltlicher Fryheit gnädiglich erhalten wölle».[369]

Auch im letzten Jahr des 18. Jahrhunderts verbanden sich noch einmal materielle Not und Angst um den Verlust der Freiheit, als österreichische, französische und russische Truppen kurz hintereinander Täler und Pässe Bündens durchzogen und überquerten. Bis zu 30 000 Mann seien gleichzeitig durch die Täler vorgedrungen, so berichtete Ende 1799 der Präsident der Interimalregierung, Anton von Salis-Soglio, über das Vorgehen der Franzosen; überall hätten sie geraubt und requiriert; gegen 2000 Stück Schlachtvieh, Tausende von Zentnern Heu, unzählige Vorspanne, unentgeltliche härteste Arbeit, Pferde, Vorspannochsen und Mobilien aller Art habe das Land aufbringen müssen; Frauen seien viehisch, Männer unmenschlich behandelt worden und Plünderungen und Raub hätten zum täglichen Handwerk gehört.[370] Nicht viel besser erging es beim Durchzug der Österreicher und der Russen. Der Heumangel vor allem wurde katastrophal. «So endete das 18. Jahrhundert mit Verwüstung und Elend, und das 19. begann mit hundertfältigen Sorgen und Nöten», mit diesen Worten schliesst F. Pieth seine Darstellung dieser schweren Zeit.[371]

Vieles aus der Geschichte des Avers während dieser drei Jahrhunderte, in denen die Geschicke der Gemeinde mit denen des Freistaates Gemeiner Drei Bünde verquickt waren, blieb uns verborgen. Wir haben aber einen Rahmen aufzeigen können, innerhalb dessen sich diese Geschichte vollzogen hat. Ihre Eigenart liegt darin, dass das alltägliche Leben in der Abgeschlossenheit des Hochtales mit seinen um die einfachen Dinge der Existenz kreisenden Sorgen, mit der sich stets wiederholenden Wiederkehr elementarer Tätigkeiten, mit seiner Begrenztheit auf Stuben, Ställe und Weiden, zugleich eingespannt war in grosse Abläufe der europäischen Geschichte. Zwischen diesen beiden Polen stand die Gerichtsgemeinde mit ihrer politischen Funktion, eingegliedert in das grössere Ganze des Freistaates, der zwar federführend in den allgemeineren geschichtlichen Bezügen war, dessen Kompetenz jedoch ganz und gar abhängig blieb von der Souveränität seiner Gerichtsgemeinden. In diesem weiten Horizont von Zuständigkeit und Verantwortung stand auch das Avers mit seiner Landsgemeinde, seinen Ammännern und seinen Boten. Selbst wenn uns viele Einzelheiten im Wissen über das, was in den verschiedensten Situationen getan wurde, entgehen, so sollten wir doch dieses Aktionsfeld als solches im Auge behalten. Es ist das Feld einer praktischen Demokratie, in der das ortsgebundene, unmittelbar überschaubare und den einzelnen und die Gemeinde betreffende Interesse Ausgangspunkt für ein politisches Engagement war innerhalb eines Staates, dessen Bestehen für die Wahrung der Belange notwendig war, dessen eigene Macht aber nie Übermacht gegenüber der Ohnmacht seiner Bürger werden konnte. Wir wollen das nicht über Gebühr idealisieren. Gerade die Fülle von Massnahmen gegen Missbräuche aller Art zeigt, wo die Verwundbarkeit dieses Systems lag, und welcher Anstrengungen es immer wieder bedurfte, um dieser Anfälligkeit Herr zu werden. Und wir sollten in den Männern und Frauen des Avers auch nicht mehr sehen als das, was sie in ihrer Alltäglichkeit waren. Avers hat keine Berühmtheiten hervorgebracht. Aber gerade darum sollte es uns bei unserer Bemühung um Einsichten in seine Geschichte gehen: Die Avner haben in ihrer Alltäglichkeit ihre «schöne fryheit» – die des einzelnen, die der Gemeinde und die des Staates – als etwas betrachtet, was in dunklen und in hellen Stunden in gemeinsamer Bemühung aufrechterhalten werden sollte.

Sollte das etwas gewesen sein, was nur für die Vergangenheit, für ein mit dem 18. Jahrhundert zu Ende gehendes Ancien Régime Geltung hatte?

## Von der Gerichtsgemeinde zum Kreis

Das Ende des Freistaates Gemeiner Drei Bünde durch die Umwandlung in einen Kanton im Jahre 1803 bedeutete zwar noch keinen radikalen Bruch, leitete aber doch grosse Veränderungen ein. Auch jetzt noch blieben die Bünde selbst – wenn auch in beschränktem Masse – und vor allem die Funktion der Hochgerichte und Gerichtsgemeinden erhalten. Und in diesen nächsten Jahrzehnten standen weiterhin grosse, teilweise europäische Fragen zur Debatte, die durch das Mehren der Gerichtsgemeinden entschieden werden mussten: von Münz- und Zollfragen und militärischen Fragen über Bündnisse mit Frankreich, Sardinien oder den Niederlanden bis hin zur Anerkennung des Prinzen Otto von Bayern als König von Griechenland oder des Prinzen Leopold von Sachsen als König von Belgien.[372] Aber die Zeit arbeitete nun gegen derartige archaische Staats- und Verwaltungsformen. In der am 1. Februar 1854 in Kraft tretenden Verfassung gab es innerhalb des Einheitskantons und Gliedes der seit 1848 als Bundesstaat konstituierten schweizerischen Eidgenossenschaft keine Bünde, Hochgerichte und Gerichtsgemeinden mehr, sondern 14 Bezirke, 39 Kreise und 227 Gemeinden.[373]

Für das Avers ergab sich aus dieser Neuordnung dennoch eine Besonderheit, in der in einer eigenartigen Weise die jahrhundertealte Tradition der Gerichtsgemeinde eine Fortsetzung fand: Avers nämlich wurde gleichzeitig Gemeinde *und* Kreis. Damit blieb Avers auch weiterhin nicht nur die den Kreisgerichten vorbehaltene Gerichtsbarkeit erhalten; sie lag ab jetzt und liegt bis auf den heutigen Tag in der Hand des Kreispräsidenten, der damit also auch die Funktionen des Ammanns weiterführt. Als Kreis konnte Avers auch – und dies trotz seiner bald unter 200 sinkenden Einwohnerzahl – seit 1902 einen eigenen Vertreter in den Grossen Rat des Kantons entsenden. Die Zuständigkeiten der Gemeinde, wie sie in der bis 1982 immer noch gültigen, revidierten Gemeindeordnung vom 30. Oktober 1877 festgelegt waren, können sicherlich nicht mehr mit jenen der Gerichtsgemeinde verglichen werden. Die «oberste Gewalt» war ja nun «von den Gerichtsgemeinden auf das Volk übergegangen».[374] Die Aufgaben sind jetzt auf die örtlichen Angelegenheiten begrenzt. Die Gemeindeversammlung als «oberste Gesetzgebungs- und Verwaltungsbehörde»[375] ist daher auch nicht mehr mit der alten Landsgemeinde zu vergleichen. Dennoch – vom alten Geist blieb auch jetzt noch manches in diesen Artikeln erhalten. Immer noch ist es die ganze Gemeinde, die das politische Subjekt bildet, und immer noch beinhaltet dies, dass jeder einzelne in diesem Ganzen die Verantwortung mitträgt. Ganz nahe an der alten Wirklichkeit und ihren nüchternen Erfahrungen, so wie sie schon das Landbuch von 1622 berücksichtigen musste, ist hier aber auch der Art. 19 im III. Abschnitt, der die Möglichkeit der Anordnung eines obligatorischen Besuchs der Gemeindeversammlungen – bei Busse für die Nichterscheinenden – in für zweckmässig gehaltenen Fällen vorsieht. Damals wie heute war die Übernahme dieser Verantwortung durch den einzelnen nicht immer eine Selbstverständlichkeit. Doch gehörte es damals wie heute auch zu den Aufgaben der Gemeinde, den einzelnen hier in die Pflicht zu nehmen.

So lebt auch heute noch in den rechtlichen und politischen Strukturen des Avers mit der Verkoppelung der beiden Ebenen von Gemeinde und Kreis etwas von dieser Verbindung zwischen souveräner Handhabung der eigenen, auf die uralten Grenzen des Territoriums beschränkten Belange und der über die abschliessenden Bergkämme hinausreichenden Verantwortung für das grössere Ganze weiter. Welch grossartiger, in die Tiefe der Vergangenheit reichender Besitz, der die Avner zu Recht mit Stolz erfüllen, der aber auch den Besucher des Hochtals nachdenklich machen sollte! Und welch ein Gewinn, wenn man die Gelegenheit hat, im alten Gassa-Hus in Cresta mit einem Mann zu reden, der über drei Jahrzehnte lang im Auftrag der Avner in dieser Verantwortung gestanden hat, und in dem dieser Geist einer grossen demokratischen Tradition in jener einfachen Würde verkörpert ist, wie sie nur dem wirklich Echten aneignet.

Wir haben damit die Gerichtsgemeinde Avers in ihren rechtlichen, verfassungsrechtlichen und politischen Aspekten betrachtet und einige Einblicke in ihr Leben während 6 Jahrhunderten ihrer Geschichte tun können. Es bleiben noch zwei weitere Aspekte zu berücksichtigen, die in mancher Beziehung eng mit den bisher behandelten zusammenhängen.

«Wir haben von Gottes Gnaden ein schöne fryheit», heisst es im Avner Amtseid, «wir sind Gottlob keinem frömden fürsten und Herren nichts schuldig noch unterworfen den Allein dem Almächtigen Gott.» Das Landbuch, dessen Rechtsetzung der Wahrung und Ordnung dieser souveränen Freiheit dient, bezieht sich indessen zur Begründung dieser Gesetzgebung nicht auf diesen obersten Gebieter, sondern zieht dazu Aussprüche von Seneca, Aristoteles und Pomponius Laetus heran, also von antiken Autoren; die beiden ersteren werden in lateinischer Sprache und mit deutscher Übersetzung, der letztere gleich in deutscher Sprache zitiert.[376] Wir wollen hier keineswegs der Frage nachspekulieren, wer wohl diese antiken Texte gekannt hat und auf welchem Wege sie in das Averser Landbuch gekommen sind, und wir wollen auch keine Hypothesen konstruieren über einen möglichen Gegensatz zwischen einer theologischen und einer profanen Denkweise bezüglich der Fundamente von Macht und Herrschaft. Vielmehr soll an diesem Beispiel deutlich werden, dass in diesem politischen Bereich sowohl Elemente des Glaubens wie Elemente der Bildung greifbar werden, und dies soll der Anlass sein, die Frage nach Religion und Kultur im Avers zu stellen. Wir müssen uns auch hier mit Andeutungen begnügen.

### Religion und Kirche

Niemand, der von Cresta weiter talaufwärts fährt, kann das weisse Kirchlein übersehen, das da kurz hinter der Ortschaft und zur rechten

Die Kirche des Avers in Cresta um 1900

Hand unterhalb der Strasse so malerisch ganz allein im Wiesengelände
steht, umgeben nur noch von dem kleinen Friedhof. Man sollte, wenn
nur irgend möglich, die Fahrt hier für einen Augenblick unterbrechen,
um von der Strasse aus dieses Bild in sich aufnehmen zu können, besser
noch, um die paar Schritte pfadabwärts bis zur Kirche zu tun und hier
etwas zu verweilen. Wie alt sie ist, weiss keiner so recht.

 Die Anfänge werden in die Frühzeit des 14. Jahrhunderts datiert
und mit der ersten Walsergemeinde, nicht schon mit der romanischen
Besiedlung in Verbindung gebracht.[377] Es war ein romanischer Bau, der
eine halbrunde Apsis mit drei Fenstern besass. Während das nach dem
Chor hin sich verjüngende Schiff mit dem heutigen identisch gewesen
ist, sind Chorraum, Turm und Anbauten verändert worden. Eine Zeichnung von Hackaert von 1655 zeigt, dass damals an der Südseite des
Schiffs ein hoher Campanile stand, wie man sie in Italien findet, ausserdem noch ein Gerüst mit zwei Glocken. Im 18. Jahrhundert erfolgte ein
allgemeiner Umbau. An Stelle der Apsis wurden der heutige polygonale
Chor errichtet, das Schiff neu eingewölbt, die Mauern der Längsseiten
etwas erhöht und ein neues Dach über das Ganze gelegt. Ein neuer
Turm – der jetzige – wurde an der Nordseite errichtet (nicht vor 1742,
denn Sererhard kannte in seiner Beschreibung nur noch das Holzgerüst,

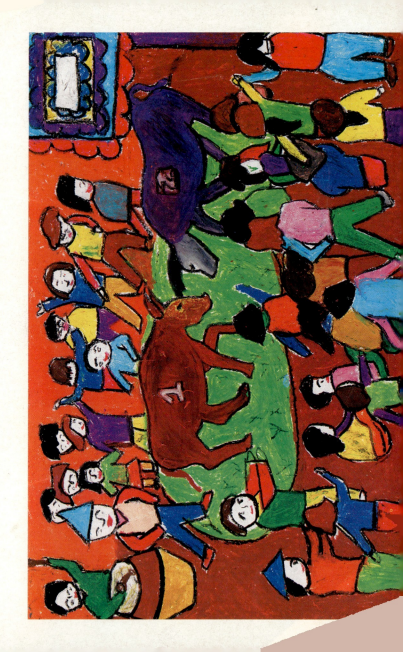

das die Glocken trug). Der Turm nahm jetzt alle 4 Glocken auf, die drei grösseren stammen aus dem Jahre 1513 und haben fast gleichlautende Inschriften, die kleinere – ohne Inschriften und Bilder – ist älter und wird in das 15. Jahrhundert datiert. Das Patrozinium der Kirche soll einmal «St. Theodul» gelautet haben – nach dem Walliser Heiligen, der auch vielen Avnern den Vornamen lieferte –, aus einer Handschrift des 18. Jahrhunderts geht hervor, dass die Kirche nach dem Hl. Nikolaus benannt war, der auch auf zwei der drei grossen Glocken abgebildet ist.

So also steht diese Kirche seit Jahrhunderten an einem zentralen Ort des ganzen Avers. Sie war sehr wahrscheinlich nicht das einzige Gotteshaus im Avers. In Cröt soll es noch eine Kapelle gegeben haben und ebenso im Madrisertal. Reste des Friedhofs und der Mauern hat J.R. Stoffel dort noch sehen können, und der Flurname «Bim Chilchastuck» mag auch noch ein Hinweis sein.[378] Aber sicherlich hatte die Kirche von Cresta immer eine zentrale Funktion. Und man sollte nicht übersehen, dass unmittelbar neben ihr das «Rathaus» gestanden hatte, das erst 1867 abgerissen wurde. Die für die Menschen des Tales wichtigsten Einrichtungen des öffentlichen Lebens, des zeitlichen und des ewigen Wohles, standen dicht nebeneinander an dieser zentralen Stelle. Und tatsächlich waren ja auch beide Bereiche nicht immer so sehr voneinander getrennt, wie das heute zumeist der Fall ist. So wie es im Privatleben zum Eheschluss gehörte, dass man «zur Kirchen und zur Strasse» ging, so liess es sich auch der Staat angelegen sein, allgemeine Gebete anzuordnen, wenn es darum ging, Frieden und Freiheit zu sichern,[379] und auch das Averser Landbuch ist ein Zeuge für die enge Verquickung dieser beiden Gebiete.

Neben den Anordnungen bezüglich des Gottesdienstes, die als erste der Ergänzungen unmittelbar hinter dem Text von 1644 folgen, ist hier auch ein Artikel von 1622 recht aufschlussreich. Er lautet: «Welcher am Sontag Cresten kompt und nit in die kirchen geht oder auff dem kirchhoff steht und plapperet, der und die sollen kreuzer 30 Buss geben on alle gnad.» Abgesehen davon, dass hier also die weltliche Obrigkeit Strafen für Vergehen auf kirchlichem Gebiet verhängte, ist dieser Artikel in zweierlei Hinsicht für die religiöse Praxis und die Funktion der Kirche in dieser Zeit aufschlussreich.

Zum einen scheint es eben doch 1622 mit dem Eifer für den sonntäglichen Gottesdienstbesuch nicht zum besten gestanden zu haben, wenn die weltliche Behörde eine entsprechende Vorschrift in das Landbuch aufnehmen musste. Der sonntägliche Gottesdienstbesuch wurde aber noch als eine Pflicht betrachtet und auch von den weltlichen

Friedhof von Cresta

Behörden so angesehen, und dies galt selbstverständlich auch noch für das wohl schon in den zwanziger Jahren des 16. Jahrhunderts, also recht früh reformierte Avers.[380] Zum andern ist darauf zu schliessen, dass Cresta und insbesondere auch der Platz an der Kirche ein sonntäglicher Treffpunkt war, wo man aus den verschiedenen Nachbarschaften zusammenkam und miteinander reden konnte. So hatte die zentrale Stelle im Hochtal auch die Funktion der Kommunikation, und offenbar wurde dies für manche dann wichtiger als der Gottesdienst selbst. Aber auch für die Gottesdienstbesucher mag diese Gelegenheit im Zusammentreffen mit den Nachbarn ein weiteres Motiv gewesen sein, nach Cresta und zur Kirche zu kommen. Wenn daher heute als Grund für einen nur noch spärlichen Gottesdienstbesuch u. a. auch auf die veränderten Kommunikationsmöglichkeiten durch moderne technische Mittel hingewiesen wird, die eine solche soziale und kommunikative Funktion der Kirche und des Kirchenbesuches überflüssig machen, so ist dies auf dem Hintergrund des alten Landbuchartikels sicher nicht von der Hand zu weisen.

Aber wenn es unter den veränderten heutigen Umständen ein Pfarrer in Cresta gegenwärtig auch schwerer haben mag als das gute halbe Hundert seiner Vorgänger, deren Namen uns seit dem Jahre 1518 bekannt sind,[381] so dürfen wir uns doch auch deren Tätigkeit nicht allzu leicht vorstellen. Manche von ihnen stammten zwar sogar aus Avers, die meisten aber kamen aus anderen Orten, und nur ein knappes Dutzend wirkte zehn Jahre und länger in Avers, viele verliessen die Pfarrei nach einem Jahr schon wieder und nur neun sind in Avers beerdigt worden. Gewiss, der reformierte Glaube wurde in Avers nie – wie im benachbarten Bivio – mit der Gegenreformation konfrontiert, im Gegenteil. 1649 wurde Avers neben Bergell und Oberengadin von den Gemeinen Drei Bünden sogar gemahnt, die Evangelischen in Stalla zu beschirmen.[382] Doch wenn sogar die Bundesbehörden gegen Gotteslästerei und Fluchen, Unmässigkeit in Essen und Trinken und lockeren Lebenswandel und für grössere Bussfertigkeit und Frömmigkeit eintraten,[383] so wird dies ja um so stärker eine ständige Sorge der Pfarrer gewesen sein, und die Klagen des Evangelischen Kapitels aus dem Jahre 1655 wegen Zunahme von Hexerei und Aberglaube[384] betrafen Zustände, die um diese Zeit auch in Avers vorherrschend waren. Für diese Verirrungen aber machte das Evangelische Kapitel ausdrücklich mangelnde Kirchendisziplin und Sonntagsheiligung verantwortlich.

Neben diesen in der religiösen Praxis liegenden Ursachen wurde jedoch auch noch ein anderer Bereich angesprochen. Die Jugend, so hiess es in dem Ausschreiben von 1655, sei schlecht im Katechismus unterrichtet und werde nicht zur Schule angehalten. Damit ist eine Verbindung zwischen Religion und Bildung hergestellt, und wir können fragen, wie es um diese Bildung in Avers bestellt war.


## Bildung und Kultur

Es gab im Avers in früheren Jahrhunderten bereits amtlichen Schriftverkehr: Korrespondenzen mit zentralen Behörden, Gerichtsprotokolle, Alpbücher. Dies setzt voraus, dass es des Lesens und Schreibens kundige Leute gab. Soweit uns solche Quellen aus dem 16., 17. und 18. Jahrhundert erhalten sind, können wir erkennen, dass es nicht nur «Schreiber» waren, die diese Kunst beherrschten, sondern auch Ammänner und Alpvögte. Allerdings gibt es neben recht flüssigen und gewandten Schriftbildern gar manche ungelenken und steifen Schriftzüge, wo die Buchstaben nur mit grosser Mühe aneinandergereiht werden von Händen, die im allgemeinen eben doch nur mit gröberem Werkzeug umzugehen gewohnt sind. Wenn es indessen galt, dass etwas ganz besonders schön geschrieben werden sollte, dann wurde das wohl überhaupt nur dem Pfarrer anvertraut. Die Niederschrift des Landbuchs von 1622 jedenfalls war das Werk des Averser Pfarrers Gries, und die Abschrift von 1644 besorgte Pfarrer Lorenz von Tamins und Felsberg.

Immerhin, es gab also auch in diesen frühen Zeiten neben den Pfarrern schon andere Leute, die mehr oder weniger des Lesens und Schreibens fähig waren. Es ist zwar anzunehmen, dass sie zur wohlhabenderen Schicht gehörten, aber bis auf die Pfarrer waren sie – und das gilt auch für die «Schreiber» – allesamt und in erster Linie in der Alpwirtschaft tätig. Wo hatten sie Lesen und Schreiben gelernt?

Hier stossen wir wieder auf eine enge Verbindung zwischen kirchlichem und weltlichem Bereich. Spuren eines volksschulähnlichen Unterrichts findet man in Graubünden wohl schon in einzelnen Orten im 16. Jahrhundert – Chur, Maienfeld, Thusis und Bergün sind hier zu nennen.[385] In grösserem Umfang und als von den Gemeinden getragene Einrichtung setzte das Volksschulwesen aber erst im 17. Jahrhundert ein. Bis dahin – und auch dann noch – wurde ein rudimentärer Unterricht meistens von den Pfarrern erteilt. Dabei traf sich ein von der Reformation gespeistes kirchliches Interesse – die oben zitierte Initiative des Evangelischen Kapitels aus dem Jahre 1655 ist ein Beleg dafür – mit den praktischen Bedürfnissen, wie sie sich innerhalb einer Gemeinde oder etwa durch ihre Beziehungen nach aussen hin ergaben. So müssen wir von den uns bekannten Pfarrern von Avers des 16.–18. Jahrhunderts annehmen, dass sie dort auch Schulunterricht hielten. Ganz gewiss dürfte das schon für den Prädikanten Johannes Baschli gelten, der 1573 nach Avers kam und in den Jahren zuvor nachweislich in Fläsch Unterricht erteilt hatte.[386]

Ob Avers zu den Gemeinden zu zählen ist, die sich, wie allgemein zu beachten, seit der Mitte des 17. Jahrhunderts in stärkerem Masse um das Schulwesen kümmerten, wissen wir nicht, ist aber kaum anzunehmen. Entsprechende Pläne scheinen vielmehr erst gute 100 Jahre später ernsthaft diskutiert worden zu sein. Darüber orientiert uns ein interessantes Dokument aus dem Jahre 1760.[387] Es erinnert an die Unsitte der Ämterkäuflichkeit, denn es betrifft die Verwendung von 600 Gulden, die der Gemeinde wegen der Abtretung von Veltliner Ämtern an drei Angehörige der Familie Salis zustanden. Aus dem unter dem 3. Heumonat 1760 datierten Schriftstück geht hervor, dass unter den Mehrenden der Gemeinde ein Teil dafür war, dass diese Summe «zur Aufrichtung einer Schule zum Vorteil der Landes-Kinder» verwendet werden solle, «damit von deren Einkünften die Schulmeister könnten bezahlet werden, andere aber waren dagegen der Meinung, ob gemeldete Sum auf die Stimmenden zu zerteilen»! Im Falle einer Schulgründung aber waren die Salis bereit, «zu einem so löblichen Ende» ausser diesen 600 Gulden noch weitere 100 freiwillig zu zahlen. Die Gemeinde ging auf diesen Vorschlag ein, und so gab es wohl seit dieser Zeit geregelten Schulunterricht mit Schulmeistern, die aus einem Schulfonds bezahlt werden konnten.[388]

Bis Ende der sechziger Jahre des 19. Jahrhunderts gab es sogar drei Schulen, und zwar zwei Wanderschulen, je eine im Untertal, die entsprechend der Jahreszeit von Madris nach Cröt oder Campsut zog, und eine im Innertal, die von Juf nach Juppa oder Im Bach wechselte, und ausserdem eine feste Schule, die seit 1792 aus einem Schul- und einem Lehrerzimmer im Pfarrhaus zu Cresta bestand. Noch in den ersten Jahrzehnten des 19. Jahrhunderts wurde Unterricht durch Leute aus Avers selbst erteilt, durch den Weibel Simon Klucker zum Beispiel, den Ammann Lukas Joos und den Statthalter Valentin Soldat, dann auch durch einen aus Safien stammenden Schulmeister, der aber wie die anderen ebenfalls keine Lehrerausbildung genossen hatte.[389] Das änderte sich erst im Gefolge der kantonalen Schulordnung für die Volksschulen von 1859.[390] Zwei Averser, Simon Fümm und Bartolome Heinz, besuchten jetzt das 1852 in Chur gegründete Lehrerseminar und unterrichteten dann wieder in der Heimat, Heinz sogar 42 Jahre lang! Über die Schulverhältnisse während der 2. Hälfte des 19. Jahrhunderts besitzen wir von Stoffel recht anschauliche Schilderungen aus der Sicht des Schülers.[391] Solange die Wanderschulen bestanden, fand der Unterricht in Bauernstuben statt, und hier teilten mitunter die Familie, die Schulkinder und die Hühner den Raum. Jeder Schüler brachte täglich ein Scheit Holz zum Heizen mit. Es wurde Rechnen, Lesen, Schreiben (Schönschreiben und Rechtschreiben!) geübt, und etwas Landeskunde, Geschichte und Naturkunde betrieben. Die Schulwege waren für die Kinder oft recht beschwerlich, zumal der Unterricht ja vorwiegend während des Winters stattfand. In den siebziger Jahren wurden die Schulen dann eine Zeitlang zu einer einzigen in Cresta zusammengelegt, aber wegen der noch grösseren Unannehmlichkeiten für die entfernt wohnenden Kinder ging man nach einigen Jahren noch einmal zum Wanderschulsystem über, bis dann 1905 mit dem Bau eines Schulhauses in Cröt und 1908 eines weiteren Im Bach begonnen wurde. Auch jetzt gab es noch Kinder, die einen Schulweg von einer Stunde und mehr zurücklegen mussten. Welche Probleme und Lösungsmöglichkeiten es hier vor allem für die Winterzeit gab, wenn die Füsse kalt und nass wurden, das können wir dem schon genannten Artikel von Lehrer Heinz im «Freien Rätier» aus dem Jahre 1912 entnehmen.[392] Die Eltern sollten es zwar verstehen, «ihre Kinder auch daheim möglichst gesund zu erhalten, und sie nicht noch mit Arbeiten ausser der Schule überanstrengen oder etwa verwöhnen und verzärteln». Aber wichtig war warme Fussbekleidung, und hier hatte man eine gute Einrichtung gefunden: «Wir haben seit einigen Jahren einen sogenannten Finkli-Fonds, mit Hilfe desselben in beiden Schulen genügend Finken für Schüler, die etwa kalte Füsse haben»! Und schliesslich ein Appell an die Behörden: Seit neuer Zeit (1912!) nämlich gab es Ski, die «den Schülern grosse Dienste» leisten, aber recht teuer sind; «es ist daher eine sehr wichtige und schöne Aufgabe der Erziehungsbehörden, ohne Verzögerung besorgt zu sein, dass alle Schüler der bündnerischen Hochtäler oder besser des ganzen Kantons zu möglichst billigem Preise mit Ski versehen und ausgerüstet werden können».

Ob es da und dort noch Skier aus dieser Zeit gibt? Jedenfalls haben es die Schulkinder des Avers heute nicht nur deshalb besser, weil ihre Skier schneller und eleganter sind, als die ihrer Grossväter, sondern weil sie jetzt mit dem Bus zur Schule gefahren werden können, und zwar nach Cresta zu einer hellen, modernen und gut ausgestatteten Schule, die 1965 im Zuge der neuen finanziellen Möglichkeiten der Gemeinde gebaut werden konnte. Die Probleme liegen heute auf einem anderen Gebiet: Reicht die Schülerzahl noch aus, um den Schulbetrieb in Cresta aufrechtzuerhalten? 1862 seien es noch 50–60,[393] 1882/83 noch 31 Kinder gewesen, die zum Unterricht kamen, davon allein aus Madris 14 Kinder. In unsern Tagen ist die Zahl bis in die Nähe der kritischen Grenze von 7 gesunken!

Religion, Bildung – Möglichkeiten der Sinngebung, der Orientierung, der Überhöhung des täglichen Lebens, beides hat auch in all diesen Jahrhunderten auf das Leben der Menschen des Avers eingewirkt, hat dazu beigetragen, Horizonte zu erweitern, Gewohntes zu verbessern, Härten zu mildern. Was ist hier noch an Sitten und Gebräuchen, an Mythen und Traditionen hinzugetreten?

Walsersiedlungen, so hat ein Kenner festgestellt, machten «nicht selten in Hinsicht auf Sitten und Bräuche einen kahlen, nüchternen, rationalistischen Eindruck», und dies wird mitunter auf die einem Gemeinschaftsleben und einer Gemeinschaftskultur wenig förderliche Form der Streusiedlung zurückgeführt.[395] Aber es trifft wohl eher zu, dass dies mit einem Wesenszug der Bündner Walser überhaupt zusammenhängt, von denen Zinsli sagt, dass es «durchwegs eher in sich gekehrte, in der täglichen Arbeit und allenfalls noch in der Gemeinde- und Landespolitik verhaftete, wenig auf gemeinschaftliche Äusserung in Kleidung und Brauch eingestellte, eher bäuerlich-nüchterne Menschen sind».[396] Wenn also ein Besucher des Avers Ende des 19. Jahrhunderts feststellt, dass «von alten Sitten und Gebräuchen ... wenig mehr vorhanden» ist,[397] so bedeutet dies vielleicht gar nicht den Verlust eines einstmals sehr reichen Schatzes. Wovon man noch weiss, das sind Hochzeitsbräuche (die «Mitinode» am ersten Sonntag nach der Verkündigung und das «Spuusahäischa» am Hochzeitstag); das «z'Häingort»-Gehen an Winterabenden; Totenwache und ein besonderer Begräbnisschmuck (das «Totameia»); das «go Rappa häische» am Neujahrsmorgen, das «Z'Maschgarooda goo» zur Fasnacht; Stoffel hat das alles in seinem Buch beschrieben,[398] und auch er kannte einiges nur noch vom Hörensagen. Übrig geblieben ist das «Neujahrlen» und «Rappenheischen», ältere Männer erinnern sich, dass sie in der Jugend am Hengert teilgenommen haben.

Gab es jemals eine Tracht? Ältere Frauen trugen um 1900 noch eine «kurze Jacke mit aufgebauschten Ärmeln, eine schwarze Kopfbedeckung nicht unähnlich einer phrygischen Mütze», und um diese Zeit bereits war der Rock der Männer, der «ähnlich den Berner Bauern, frackartig geschnitten» und mit einem Stehkragen versehen war, schon nicht mehr in Mode.[399]

Stoffel gibt im Anhang seines Buches die Geschichte vom wilden «Wybelti» am Weissberg oberhalb von Cresta wieder;[400] sie gehört in den Kreis der Sagen vom «Wildmannli», die in verschiedensten Abweichungen bei Walsern weit verbreitet sind, und in der Formulierung des Averser Wybelti «Je mei du zatterscht je minder du nattescht» findet sich der vielerorts anzutreffende klassische Kern.[401] Zinsli bringt diese Wildmannlisagen mit der Walserart in Verbindung, insofern «die Wesenszüge des Wildmannli... Wesenhaftes im Walsermenschen» spiegeln.[402] Aber für dieses spärliche Erzählgut wie überhaupt für die wenigen Spuren alter Sitten und Gebräuche in Avers gilt doch auch, was Zinsli ganz allgemein für die Walsersiedlungen festgestellt hat: «Nirgends zeichnet sich das Walserische in Brauchtum und Sachgut noch heute als eine geschlossene und kulturelle Einheit ab.»[403]

Mit einem «Eigengut – wenigstens einer kleineren Walsergruppe», das vor allem im Avers und in Davos festgestellt wurde, haben wir uns am Schluss noch zu beschäftigen. Es handelt sich um den «Seelabalgga», der durch Stoffel in der Öffentlichkeit bekannt und Gegenstand einer Kontroverse geworden ist.[404] Er hatte das Vorhandensein dieser kleinen Fenster an verschiedenen alten Häusern im Avers beschrieben und die Deutung mitgeteilt, in alten Zeiten habe man diese Luken geöffnet, damit die Seele der Sterbenden leichter entweichen könne. Zinsli hat Simonetts Auffassung, als besondere Einrichtung habe es Seelenfensterchen nie gegeben, mit dem nachweisbaren Bestehen einer «uralten Vorstellung vom Entweichen der Seele durch eine Luke oder ein Fenster» in bestimmten Gegenden durch die Interpretation zu vereinbaren gesucht, es handle sich um ein «sekundäres, lokal und zeitlich begrenztes Walserbrauchtum», das nicht als ein allgemeines Walserkulturgut zu betrachten ist. – Damit könnten wir also, wenn wir etwa den «Seelabalgga» am Gassa-Hus in Cresta entdecken, einer der ganz wenigen spezifischen Averser Traditionen begegnen.

Indessen – mit diesem insgesamt mehr negativen Ergebnis ist die Frage nach den kulturellen Traditionen der Avner noch nicht erschöpfend beantwortet. Es bleibt ein Wort zu sagen zur Sprache. Da steht Avers noch mitten in der uralten Walsertradition – angefangen beim «gemeinwalserischen sch-Laut» (z. B. in ünsch, Hüüscher, schi, tagsch).

Mit der Zeitung kommen Nachrichten aus aller Welt ins Tal

Die Karten und die Fülle von Beispielen in Paul Zinslis grossem Buch zeigen es. Freilich, es gibt Anzeichen dafür, dass dieses kostbare Gut heute in Gefahr ist, verloren zu gehen. Die rege Berührung mit der Aussenwelt, die Anpassung an die Sprache von Radio, Fernsehen und Zeitung – nicht zuletzt aber auch die Furcht, als rückständig und minderwertig betrachtet zu werden,[405] bilden hier eine bedrohliche Situation. Sollten sich die Avner wirklich solchen fremden Zwängen unterwerfen? Oder wäre nicht das souveräne Festhalten an der eigenen Sprache, dieser «altertümlichen, eigengeprägten, ausdrucksvollen Walserrede»,[406] auch ein Festhalten an der stolzen, alten Freiheit? Das «kennzeichnendste geistige Besitztum des Menschen», hat Paul Zinsli die Sprache genannt, und die Walsersprache «ein einzigartiges uraltes Erbgut, vielleicht das einzige, von dem wir zum vornherein wissen, dass es in einer Fülle kennzeichnender Erscheinungen kontinuierlich bis in die Zeiten der frühen Gemeinschaft in der Rhoneheimat vor der Auswanderung zurückreicht – und schliesslich noch darüberhinaus in frühere Daseinsstufen».[407] Wer diese Sprache im Avers spricht und wer sie hört, möge sich dessen bewusst sein!

# V

## Norden oder Süden?

Siedlergemeinschaft – Alpgenossenschaften – Gerichtsgemeinde: drei Aspekte, unter denen wir Leben und Geschichte der Menschen des Avers betrachtet haben, drei Formen, in denen sie sich zusammengeschlossen hatten, drei Strukturen, die bis in die Gegenwart hinein prägend gewesen sind. Das aber vollzog sich nicht in einem luftleeren Raum. Immer waren die Menschen in diesen verschiedenen Weisen ihrer Lebensgestaltung gebunden an das Land, von dessen Beschreibung wir ausgegangen sind, immer war dieses Land eine Bedingung ihrer Existenz, immer war es darum auch ein Teil von Leben und Geschichte des Avers. Und so wollen wir in einer abschliessenden Zusammenfassung noch einmal zurückkehren zu dem Land und zu der grundlegenden Bedeutung, die es für seine Menschen besass.

Man kann diese Bedeutung in zweifacher Hinsicht charakterisieren. Zum einen ist das Land in seiner Abgeschlossenheit zu sehen. Die «Confinen», die es umgrenzen, sind ja keine willkürlich gesetzten Linien, sondern folgen einem Kranz von Bergkämmen, innerhalb derer sich das Hochtal mit seinen Seitentälern befindet, die Wasserläufe ebenso wie die Wiesen, Wälder und Alpen. Durch diese von der Natur her gegebene Umgrenzung erhält dieser Raum seine Einheit, und was sich in diesem abgeschlossenen Raum vorfindet, ist die beständige Grundlage für das menschliche Leben in diesem Raum. Lebensraum also, und dies in dreifacher Weise: Raum, wo man wohnt, Raum, der sich bewirtschaften lässt, und Raum, der Zusammengehörigkeit schafft. Die Abgeschlossenheit selbst ist auf Grund der geographischen Gegebenheiten extrem gross, sie hat darum nicht nur eine eingrenzende, sondern auch eine isolierende Wirkung.

Zu diesem ersten Charakterzug des Landes tritt aber nun ein zweiter hinzu, der in eine entgegengesetzte Richtung weist. So wie dieses Land ist, übt es eine gewisse Anziehungskraft nach aussen hin aus. Menschen wollen sich hier festsetzen und wollen hier Besitz haben, wollen also in seine Abgeschlossenheit eindringen. Und weil dieses Land doch auch wieder Wesentliches von dem, was Menschen zum Leben brauchen, nicht bietet, zwingt es dazu, das Fehlende ausserhalb zu suchen, drängt es die Menschen also auch ständig dazu, die Abgeschlossenheit zu überwinden und sich nach aussen zu wenden.

So besitzt das Land eine innere und eine äussere Dimension. Beide lassen sich nicht voneinander lösen, und diese Verquickung ist die Grundbedingung, ja die Grundherausforderung, die das Land an seine Menschen stellt. Die Art und Weise, wie die Menschen mit dieser

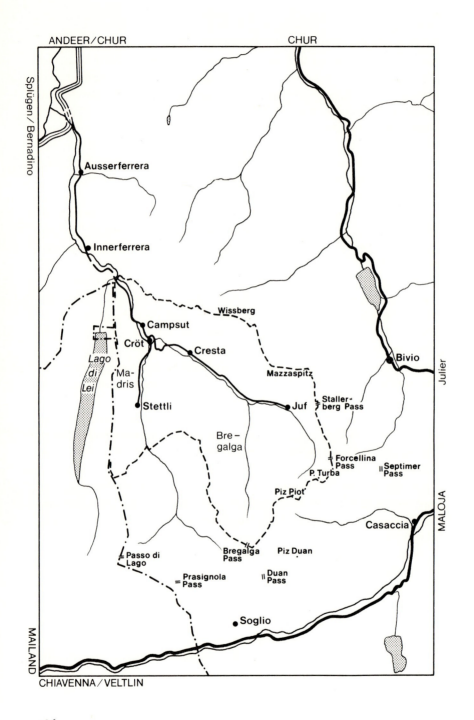

Splügen/Bernadino

• Ausserferrera

• Innerferrera

Wissberg

• Campsut

Cröt

*Lago
di
Lei*

Ma-
dris

• Cresta

Mazzaspitz

Bivio

Julier

• Stettli

• Juf

Staller-
berg Pass

Bre-
galga

Forcellina
Pass

Septimer
Pass

P. Turba

Piz Piot

Casaccia

MALOJA

Bregalga
Pass

Piz Duan

Passo di
Lago

Prasignola
Pass

Duan
Pass

MAILAND

• Soglio

Herausforderung fertig werden, gibt ihrer Geschichte und ihrem Leben eine entscheidende Orientierung. In zwei Richtungen nämlich kann diese Verbindung von Innen und Aussen gesucht werden, und wiederum ist es das Land, das diese Richtungen anbietet. Wo liegen seine Öffnungen nach dem Aussen? Da sind einmal die Pässe, die am Ende der Täler die Bergkämme überwinden: am Ende des Madrisertales der Passo di Lago oder Madriserberg, am Ende des Bregalgatales der Bregalga- und der Duanpass, am Ende des Jufer Rheintales der Stallaberg und der Forcellinapass und in der Verlängerung des letzteren der Septimer. Fächerartig gehen diese Übergänge von der das Hochtal beherrschenden Mittel- oder Nordwest-Südostachse aus und erreichen eine Aussenlinie, die von Bivio im Nordosten und Chiavenna im Südwesten begrenzt wird. Dabei ist Bivio nur ein hochgezogener Eckpunkt, die Breite des Fächers dehnt sich zwischen Chiavenna und Casaccia aus, seine Randlinie bildet also das Bergell, und damit entfaltet sich dieser Fächer vor allem nach dem Süden.

Ganz anders sieht es am entgegengesetzten Ende dieser Mittelachse aus. Hier verengt sich das Tal unterhalb von Campsut zu einer hohen Schlucht, an deren engster Stelle – zwischen der Einmündung des Reno di Lei im Westen und des Starlerabaches von Osten her nur noch ein Ausschlupf in der Breite des Averser Rheins besteht. Hier springt zugleich die Grenze des Avers von den Bergkämmen westlich des Tales zu den östlichen über. Jenseits dieses Riegels findet das Aversertal im Ferreratal seine Fortsetzung, und auch jetzt bleibt es während einer langen Strecke noch bei gedrängter, schlauchartiger Enge; erst nach dem Austritt des Ferrera-Rheins bei der Rofflaschlucht wird es offen und weit: das Schams ist erreicht. Im Gegensatz zu der Südrichtung gibt es hier am andern Ende der Achse also nur diesen einen, schmalen und langgestreckten Ausgang, und er führt strikt nach Norden. Norden oder Süden, das ist für die Spannung zwischen Innen und Aussen die Alternative des Avers.

Überblickt man unter diesem Gesichtspunkt seine Geschichte noch einmal, so ergibt sich eine klare Zäsur: Bis zum 19. Jahrhundert dominiert die Tendenz nach dem Süden, im Verlaufe des 19. Jahrhunderts bereitet sich eine Wende vor, und seit seinem Ende beherrscht der Norden die Aussenbeziehungen des Hochtales.

Erinnern wir uns. Vom Süden her kamen die ersten Walser Siedler ins Avers, durch eine Quelle aus Como erfahren wir zum erstenmal von ihnen, und Como zeigt sich hier noch als ihre Schutzmacht. Freilich, sehr

Annähernd 200 Treppenstufen erleichterten an der Nordseite
des Prasignola-Passes (2724 m) die Verbindung zwischen
Soglio und den Alpen im hinteren Madrisertal

bald tritt dann mit dem Bischof von Chur eine Konkurrenz auf, die eine
Umorientierung nach Norden fordert. Und in der Tat, seit dem 14.
Jahrhundert ist hier eine ganze Reihe von Beziehungen zu beobachten.
Die Anbindung an das Oberhalbstein durch die Vogteirechte der Herren
von Marmels und die Verknüpfung mit Stalla, aber auch die Averser
Meierhöfe des St.-Peter-Hospizes stellen rechtliche und wirtschaftliche
Verklammerungen her, und aus ihnen resultiert wiederum die Mitglied-
schaft im Gotteshausbund und des weiteren dann im Freistaat Gemeiner
Drei Bünde und damit auch die Einbeziehung in deren Politik.

Alle diese nach Norden hinweisenden Beziehungen können jedoch
die nach Süden hin gerichteten vitalen Interessen nicht überlagern oder
gar verdrängen, im Gegenteil: Sie bieten einen willkommenen Rückhalt
zu deren Verwirklichung. Süden, das heisst hier Bergell und Chiavenna,
das heisst aber auch Veltlin und Lecco und Mailand. Süden, das sind hier
die Salisschen Grundherren aus Soglio, das ist Korn und Mais aus der

Lombardei, das sind italienische Viehmärkte und das ist Geld aus den Untertanenländern. Süden, das ist die unverzichtbare Ergänzung für die Alpwirtschaft, und das ist die Möglichkeit zu erhöhtem Wohlstand und Reichtum. Dieser Zustand bleibt so bis zum Ende des 18. Jahrhunderts. Und für dieses ganze System mit seinen politischen, wirtschaftlichen, rechtlichen und gesellschaftlichen Verflechtungen bildet die Linie Bivio–Chiavenna eine äussere Ausgangsstellung, zu der das Fächergerippe der Saumpfade aus dem Innern des Avers über die Passübergänge hinausführt, und von der aus dann die weitere Umsetzung all dieser auf das Aussenfeld gerichteten Interessen erfolgt.

Die Wende setzt Ende des 18. Jahrhunderts mit den napoleonischen Umwälzungen im Süden ein. Die Loslösung der Untertanenländer bedeutet nicht nur einen wirtschaftlichen Verlust, sondern sie leitet das Entstehen und die Verfestigung einer neuen Grenze ein. Das Buch von J. R. Stoffel bietet ein äusserst anschauliches Material für die allmähliche Veränderung, die sich sowohl in den Beziehungen als vor allem auch im Bewusstsein der Avner während des 19. Jahrhunderts in dieser Hinsicht abzeichnet.[408] Mit dem Übergang des kantonalen Zollwesens in die Zuständigkeit des Bundes 1848, mit dem Erscheinen von Landjägern und Zollbeamten, mit der Einrichtung von Zollstätten im Madris (1867) und in Campsut (1896), mit dem Auftreten von Gebühren, Kontrollen und Schmuggel ergab sich eine zunehmende Abschottung zum Süden mit dem Ergebnis, dass jetzt Bivio mehr und mehr an Bedeutung gewann. Aber auch dies war nur eine Übergangserscheinung. Zu den Veränderungen im Süden traten im Laufe des 19. Jahrhunderts Entwicklungen im Norden hinzu, die einen ausschlaggebenden Einfluss auf das Avers haben sollten.

Seit Beginn der vierziger Jahre setzten die Bestrebungen ein, das Strassennetz in Graubünden zu verbessern und auszubauen.[409] Um die gleiche Zeit hatte man auch schon mit der Entwicklung von Eisenbahnprojekten begonnen.[410] Bis Mitte der siebziger Jahre war eine grosse Anzahl von Berg- und Talstrassen fertiggestellt worden, und seit 1858 war Chur auch bereits an das schweizerische Eisenbahnnetz angeschlossen. Nicht verwirklicht wurde eine Weiterführung über den Lukmanier oder über den Septimer. Statt dessen erfolgte seit Ende der sechziger Jahre der Ausbau eines bündnerischen Lokalbahnnetzes, das dann unter dem Namen «Rhätische Bahn» den ganzen Kanton dem Eisenbahnverkehr erschloss. Auf diese Weise bot sich für das Avers gleichzeitig mit der Absperrung nach Süden eine völlig neue Anziehungskraft des Nor-

Plattnersteg über den Averser Rhein ausserhalb der alten
Crester Brücke (1884)

dens. Sicherlich, es hatte neben dem südlichen Passverkehr auch immer die nördliche Talverbindung gegeben. Ob sie die Bedeutung besass, die Ch. Simonett ihr beimessen wollte, mag dahingestellt bleiben.[411] Die Beschreibungen, die wir von diesem Weg besitzen, stimmen alle in der Betonung der grossen Schwierigkeiten und Gefahren überein, die der Fussgänger hier an den kritischen Stellen der Schluchten zu überwinden hatte.[412]

Andererseits bleibt es eine Tatsache, dass Avers zur Instandhaltung und zur Offenhaltung der gesamten Strecke von Stallaberg und Furggelti bis zur Grenze nach Ferrera verpflichtet war, eine Verpflichtung, die durch die Strassenordnung von 1645 auf die einzelnen Schnitte unterteilt war. Das beinhaltete auch das «Brächen» während des Winters, d. h. das Bahnen eines Weges über den zugefrorenen und zugeschneiten Rhein.[413] Im Winter 1902, so berichtet Stoffel, sei der Weg durch die Schlucht zum letzten Mal erstellt worden.[414] Nur so konnte Brenn- und vor allem Bauholz aus den tiefergelegenen Talstufen bis einschliesslich Schamser Gebiet nach dem Avers transportiert werden. Aber auch das Schams war an der Offenhaltung dieser Verbindung interessiert und hatte dies zur Bedingung für die Abtretung von Wald gemacht.[415] Zu Lebzeiten von J. R. Stoffel verkehrte schon an jedem Wochentag ein Postbote zwischen Cresta und Innerferrera,[416] auch die Zeitung gelangte auf diesem Wege zu den Averser Lesern,[417] und dass man während des Baus der Fahrstrasse dann gezwungen war, einen halsbrecherischen Ersatzweg zu bauen, zeugt ebenfalls dafür, dass um diese Zeit jedenfalls auf die Nordverbindung durch das Tal nicht mehr verzichtet werden konnte.[418]

So hat es also immer schon neben den Verbindungen über die Pässe und nach Süden auch diese Verbindung durch die Talenge nach Norden gegeben, aber hinsichtlich der Bedeutung für das Avers konnte sich die Nordverbindung bis in die zweite Hälfte des 19. Jahrhunderts hinein keinesfalls mit der Südrichtung messen.

Jetzt aber, unter dem Eindruck der neuen Verhältnisse im Süden und Norden, veränderte sich die Orientierung der Averser Interessenrichtung diametral. Die Lösung der Existenzfragen wurde jetzt in der Verbindung nach Norden und im Anschluss an das Verkehrsnetz, das hier im Entstehen war, gesehen. Bis in die vierziger Jahre des 19. Jahrhunderts reichen die Bemühungen der Gemeinde zurück, in das Strassenbauprogramm miteinbezogen zu werden,[419] indem eine Verbindungsstrasse von Avers bis zur Splügenstrasse hergestellt werden sollte.

Seit Sommer 1927 trat an die Stelle der vierplätzigen
Postkutsche ein zehnplätziger eidgenössischer
Autopostwagen!

Aber man musste noch bis 1890 warten, bevor der Bau schliesslich
begonnen wurde, und fünf Jahre später ist dann die «95er Strasse» fertig.
Sie reichte jetzt bis Cresta, und sie wurde 1899/1900 noch bis Juf
weitergeführt.[420] 1907 folgt eine Telegrafenlinie von Andeer bis Cresta,
1917 wird das Telefon eingerichtet. Der Fremdenverkehr hat eingesetzt,
bis 1927 verkehren Postkutschen, ab dann ist es ein zehnplätziger eidgenössischer Autopostwagen,[421] und der Bau der neuen Strasse ab 1965
vollendet diese Entwicklung.

Über ein Jahrhundert dauerte die Entwicklung, aber unaufhaltsam
hatte sich während dieser Zeit der Norden gegenüber dem Süden durchgesetzt, und innerhalb dieses Ablösungsprozesses vollzog sich zugleich
die Hinwendung des Avers zur Moderne.

Dennoch ist auch jetzt das Widerspiel zwischen Innen und Aussen
geblieben. Die Pläne und Wünsche, die Strasse über den Stallaberg
weiterzuführen bis nach Bivio, um damit eine Querverbindung zwischen
Splügen- und Julierstrasse herzustellen, so wie dies nach der Jahrhundertwende im Avers selbst propagiert wurde,[422] fanden keine Verwirklichung. Sie hätten eine totale Veränderung mit sich gebracht. Die Abgeschlossenheit wäre nach beiden Seiten hin aufgebrochen, das Avers wäre
ein Durchgangsgebiet geworden.

In steilen Kehren kletterte die 95er Strasse an der rechten
Talseite hoch, nachdem sie den Averser Rhein auf einer
Steinbrücke überquert hatte. Die neue Strasse ist im oberen
Bildteil zu erkennen

Damit ist dem Avers und den Avnern eine Herausforderung und eine Chance geblieben, die Werte und die Erfahrungen ihrer reichen und stolzen Geschichte in die neuen Verhältnisse der Gegenwart einzubringen. Immer ist es darum gegangen, dass sie in ihrem Land und durch ihr Land von Gottes Gnaden «eine schöne fryheit» besassen. Immer ist es darum gegangen, dass sie, um in dieser Freiheit zu leben, auch auf ein Aussen angewiesen waren. Dann aber ist es auch immer darum gegangen, in der Öffnung nach aussen die Freiheit im Innern nie aufs Spiel zu setzen. «Wir haben eigen Macht und Gewalt zu setzen und zu entsetzen», so heisst es im Eid. Das heisst allerdings nicht, dass jeder einzelne machen kann, was er will, denn gerade das würde die «schöne fryheit» aufs Spiel setzen. Die Väter des Landrechts wussten dies sehr wohl. Darum hatten sie als ein Motto vor ihre Artikel geschrieben:

> *«Wo kein Zucht, Ordnung, Gerechtigkeit*
> *Wo der Gesatzten kein Achtsamkeit*
> *Da ists ein unbständiges Reych*
> *Und vil klag und Jamer dessgleich»*

Mögen die Avner von heute im Geiste ihrer Vorfahren in diesem Sinne auch fürderhin mit «eigen Macht und Gewalt» dafür einstehen, dass ihnen mit Gottes Gnaden ihre «schöne fryheit» erhalten bleibt.

# Anhang

## Zum Urbar des St. Peter-Hospizes

Das Urbar des St. Peter-Hospizes wurde erstmals von Fritz Jecklin ediert.[1] Es handelt sich dabei um eine Kompilation von Stücken aus mehreren älteren Vorlagen,[2] die von verschiedenen Händen zu verschiedenen Zeiten hergestellt wurde. An zwei Stellen wird die Richtigkeit der vorangehenden Abschriften «de veteribus dicti hospitalis codicibus» bzw. der Kopie und Zusammenstellung «ex veteribus codicibus» bestätigt; im einen Fall u. a. durch Johannes de Marmorera, «dicti hospitalis vicedominus» und durch Nicolaus Gysel und seinen Sohn Thomas, im andern Fall nur durch einen gleichnamigen Nicolaus Gisel. Nicolaus und sein Sohn Thomas werden an anderer Stelle als Eigenleute des Hospizes aufgeführt, und ein Nicolaus Gysel wurde 1387 mit der Verwaltung des Hospizes beauftragt.[3] Daraus mag sich die Datierung 1390 zu Beginn des Urbars ergeben als Jahr der Anfertigung des ersten Teils des Urbars. Hier werden unter ausdrücklichem Hinweis auf die Vorlagen («CCCXXXII pletter», «CCCXXXIIII pletter such», «respice in primo folio libri», «such in dem ersten plat», «such in dem XI plat», «CCCXXXII», «in eodem folio» ... so lauten diese Hinweise) in lateinischer Sprache die Güter, die Zinspflichtigen, die Abgaben und in deutscher Sprache die Rechte und Pflichten des «mûnchs», der im Hospiz residiert, aufgezählt und Urkunden von 1284, 1337 und 1280 inseriert; abschliessend erfolgt eine erste feierliche Bestätigung dieser Abschriften.[4] Die Passagen, die das Avers betreffen, befinden sich dagegen erst gegen Schluss des Urbars,[5] nachdem u. a. Urkunden von 1477, 1460 und 1466 wiedergegeben wurden. Das Urbar schliesst mit einer Eintragung in italienischer Sprache aus dem Jahre 1755; hier bekennt der Schreiber, dass er die Schriften in diesem Büchlein nicht entziffern konnte und deshalb den schriftkundigen Pfarrer von Ferrera zu Hilfe heranziehen musste.

Wir geben im folgenden nur die Passagen des Urbars wieder, die das Avers betreffen. Die Abbildung zeigt, dass der Text in der Tat recht schwer zu lesen ist. Die Handschrift stammt aus der zweiten Hälfte des 15. Jahrhunderts, auch hier sind die Vorlagen aber zweifellos sehr viel älter. Ich habe an dieser Stelle ganz ausdrücklich Frau Dr. I. Ringel vom Historischen Seminar der Universität Mainz zu danken, die sich um das Original des Urbars bemüht und mit grosser Sorgfalt und Geduld (und mit Hilfe der Quarzlampe) die Übertragung des Textes vorgenommen hat.[6] Es ergab sich, dass Jecklin – allzu verständlich – manche Lesefehler unterlaufen sind. Die Richtigkeit der hier vorgeschlagenen, von ihm abweichenden Lesung von Orts- und Eigennamen wird zusätzlich durch spätere Salis-Urkunden[7] und durch die Beschreibung des Fortunat Sprecher von Berneck[8] gestützt. Trotzdem besteht auch jetzt noch die eine oder andere Unsicherheit. Auffallend ist im übrigen der Unterschied zwischen den Formulierungen für die beiden Höfe von Cresta und die folgenden acht Höfe von Pürt bis Juf. Es ist darum wohl mit zwei (auch zeitlich verschiedenen?) Vorlagen zu rechnen, aus denen der Schreiber des Urbars seine Übertragung vorgenommen hat.

[1] Fritz JECKLIN, Urbar des Hospizes St. Peter auf dem Septimer. In: JHHG (XLIV) 1914, S. 231–279; der Text des Urbars S. 254–268.

[2] JECKLIN nimmt wenigstens ein Urkundenbuch und ein Zinsbuch als Vorlage an (S. 249).

[3] JECKLIN, Urbar, S. 248.

[4] JECKLIN, Urbar, S. 253–265 = S. 1–12 des Originals.

[5] JECKLIN, Urbar, S. 267–268 = S. 20–21 des Originals (so ist wohl die offensichtlich fehlerhafte Paginierung bei Jecklin zu korrigieren).

[6] Jecklin hat das Urbar noch im Pfarrarchiv von Bivio eingesehen. Inzwischen befindet es sich im Bistumsarchiv Chur (Perg. Urk. 1390). Ausdrücklich möchte ich hier den Herren Dr. Hübscher vom Bistumsarchiv und Dr. Brunner vom Staatsarchiv Graubünden für alle Hilfe danken, mit der sie Frau Dr. Ringel unterstützten. Herr Dr. Brunner hat das Original des Urbars ausfindig gemacht. Herrn Dr. Hübscher danke ich ausserdem für die Genehmigung einer fotografischen Wiedergabe des Urbars. – Zu danken habe ich weiterhin den Herren Professoren Dr. Otto P. Clavadetscher (Trogen), Dr. W. Th. Elwert und W. Kleiber (Mainz), den Herren Dr. D. Hehl und Dr. K. H. Spiess (Mainz) sowie Herrn Kuno Widmer vom Dicziunari Rumantsch Grischun (Chur) für freundliche Auskünfte und Hinweise, die sie Frau Dr. Ringel und mir gegeben haben.

[7] In erster Linie handelt es sich um Salis-Urkunde Nr. 200 (1550. Staatsarchiv Graubünden), von der Frau Dr. Ringel eine Abschrift herstellte. Im übrigen wurde herangezogen SALIS-REGESTEN.

[8] FORTUNAT SPRECHER VON BERNECK, Chronicum Rhaetiae, 1622 und Rhetische Cronica, 1672.

## Transkription

Isti infrascripti census et redditus ecclesie sancti Petri // in monte Sett sita:[1] in valle Avers

Item[2] primo de bonis jacentibus in Avers super bona jacentes in der usseren // cresten die da stost wswerd an cazaal LX pl.[3] // evich[4] syns of sint martins tach //

Item Aber[5] so ath sant Peters kerch of der inderen kesten // LX pl. evichlichen //

Item solvitur predicte ecclesie sancti Petri de Set omni anno ad festum sancti // martini floreni 3 denariorum monete curiensis super maryam // pansot[6] iacentem in Avers in loco dicto Gyoff cui choeret a // mane aqua molini[7] a meridie aqua coriva a sero premontani[8] a // nullora fyl colmenis scilicet ad computum pingues[9] XVI pro quolibet florino //

Item solvitur dicte ecclesie sancit Petri de Set omni anno ad festum sancti // martini floreni 4 denariorum monete curiensis super maryam dextra // ckrucz[10] jacentem similiter in valle afers cui choeret a mane // marye cleyn hans[11] a meridie[12] aqua curriva a sero marya // bertz[13] a nullora fyl culmenis ad computum eciam pingues // XVI pro quolibet floreno eciam super mariam rivyus[14] cui // choeret a mane claus Heins a meridie aqua curriva // a sero bona cleyn hans a nullora fil culmenis //

Item solvitur omni anno ad festum sancti martini prefate ecclesie super // maryam subtus sasol jacentem eciam in Afers floreni VI denariorum monete curiensis cui choeret // a mane aqua premontani[15] a meridie aqua curriva a sero heredes quondam Zwannoti[16] a nullora // fyl culmenis ad computum eciam pingues XVI pro // quolibet floreno

---

1   *in monte Sett sita* evtl. nachgetragen?
2   *Item* immer vor der Zeile nachgetragen.
3   pl. = plappart
4   JECKLIN las *och.*
5   *Aber* (das als «zweitens» an «primo» anschliesst) von JECKLIN übersehen.

6  JECKLIN las hier *Pajos (?)*. – *Pansot* tritt wieder auf in Urkunde Salis Nr. 200 (Staatsarchiv Graubünden. 1550): «ein meyer hoff genampt Pensott im joff». Salis-Reg. Nr. 200 liest irrtümlich «im hoff». – Zu *pansot* oder *pensott*: im Bergell wird noch heute eine magere Bergwiese mit *pensa* bezeichnet. Vgl.: DIEFENBACH, Laurentius: Glossarium latinogermanicum etc. Frankfurt a. M. 1857, S. 423: penso und penosa beziehen sich auf Berg, Gebirge.

7  JECKLIN las *montis*. Da bei dem Kürzel das Schluss-s fehlt, dürfte *molini* die wahrscheinlichere Auflösung sein. Heute Mülibach.

8  Heute Promatänbach.

9  JECKLIN las hier *pignoris*, was keinen Sinn ergibt. Auf *Ad computum* dürfte nach mdl. Auskunft von Herrn Prof. Dr. Otto P. Clavadetscher die Angabe eines Naturalzinses anschliessen. Für die auch von ihm für möglich gehaltene Lesart *pingues* als Bezeichnung für die Werteinheit eines Fettproduktes spricht, dass im Bereich des Avers als Naturalzins nur ein Produkt aus der Viehwirtschaft in Frage kommen konnte. Vgl. SALIS-REGESTEN Nr. 253 (Avers 1560 XII 13): «Jöry Shzuan Salisch und seine eheliche Hausfrau Katarina, sesshaft in Avers … zinsen jährlich 9 Rupp gutt Summerschmalz»; Nr. 272 (Soglio 1565 V 8): «Josua, gen. Joss, Sohn des Peter Bertsch von Cresta im Averserthale … zinsen auf Martini 2 Rupp Alpenbutter»; Nr. IV (Soglio 1331 II 17): «Pachtschilling 13½ Denare Berg. Münze und 16 Alpenkäse». – Vgl. auch JUVALT, Wolfgang von: Forschungen über die Feudalzeit im Curischen Raetien. Zürich 1871, S. 25: «Die Zinsen waren eben in Geld gewerthet, wurden jedoch in Natura geleistet», und BUNDI, S. 601: «Erst im Laufe des 14./15. Jahrhunderts wurde es grundsätzlich möglich, die Natural-Grundzinse in Geldform abzugelten.» – Im Bergell ist heute noch das Wort *peng* für Butter gebräuchlich, im Oberengadin heisst es *painch*. Laut freundlicher Auskunft von Herrn Prof. Dr. W. Th. Elwert, Mainz, dürfte das Wort aus dem Lombardischen ins Bergell gekommen sein; im Lombardischen bedeutet *pen(s)* Buttermilch. Diese Bedeutung hat *pen* auch im Veltlin. Vgl. Pietro MONTI: Vocabulario dei Dialetti della Città e Diocesi di Como. Milano 1848. S. 180. – Zu *pinguis* vgl. W. v. WARTBURG (Hrsg.): Französisches Etymologisches Wörterbuch, 8. Bd. (1958), S. 525 f.; zur Verbreitung in Romanischbünden vgl. K. JABERG u. J. JUD (Hrsg.): Sprach- und Sachatlas Italiens und der Südschweiz, V. Bd. (1933), Karte 997.

10  JECKLIN las hier *Arvuoz*. *Ckrucz* wird ebenfalls bestätigt durch Salis-Urkunde Nr. 200 (Staatsarchiv Graubünden. 1550): «ein ander meyer hoff genampt dextra crutz». – Die Erläuterung von BUNDI S. 210 wird dadurch hinfällig.

11  JECKLIN las *Claynhaus*.

12  JECKLIN las *mezz*.

13  JECKLIN las *vortz*. Die Schreibung *bertz* für den im Avers häufigen Walser-Namen Bertsch tritt noch in Salis-Reg. 447 (1598) auf. Auch hier wird die Erläuterung von BUNDI, S. 210, hinfällig.

14  Sehr unsichere Lesung. JECKLIN las VIIII, was sicher nicht zutrifft. Die Lage des Hofes stimmt in der Reihenfolge mit dem bei FORTUNAT SPRECHER VON BERNECK S. 292 *in riven* bezeichneten Hof überein. – JECKLIN erläutert S. 242, Anm. 32 in anderem Zusammenhang «Aquam roveni de Reno» durch «Röven, Riven = Ufer, z. B. River degl Ragn = Ufer des Rheins»; im Urbar selbst lautet eine Stelle (S. 257, Zeile 13) «untz an dz waszer, genant Rüfen». – Ableitung von lat. ripa = Ufer

15  JECKLIN las *prenominati*.

16  JECKLIN las *Zwan nominis*. Es dürfte sich aber hier um keinen Kürzel für nominis handeln, sondern um den in SALIS-REGESTEN Nr. 48 (1455) auftretenden Namen *Gianotus* («Gianotus gen. Notus») handeln; Nr. 50 (1456) entsprechend ein «Johannes gen. Nottus». Ähnlich auch Nr. 49 (1455) ein «Martin Gianossi» (oder liegt hier ein Lesefehler vor und müsste es ebenfalls «Gianotti» heissen?), Sohn eines bereits verstorbenen, zu Lebzeiten in Avers wohnhaften «Gianossi de Palcanis von Soglio». Nr. 110 (1498) genannt ein «Johannes Gianotti». – Einen Tschwanlisch Gada gibt es noch heute in Campsut.

## Übersetzung

Untenstehend Zins und Abgaben, die die Kirche des Hl. Petrus, auf dem Septimer gelegen, aus dem Averstal erhält.

Erstens von Gütern im Avers gelegen: von Gütern in der *usseren cresten* gelegen, talauswärts an Casal angrenzend, 60 Plappart ewigen Zins, an St. Martins-Tag zahlbar.

Zweitens hat die St. Peters-Kirche von der *inderen kesten* (= Cresta) 60 Plappart ewiglich.

Jährlich am Feste des Hl. Martin wird der vorgenannten Kirche des Hl. Petrus auf dem Septimer gezahlt 3 Gulden Denare Churer Währung von dem Meierhof *Pansot,* der im Avers in einer *Gyoff* genannten Örtlichkeit liegt und gen Morgen an den Mülibach, gen Mittag an den Talfluss, gen Abend an den Promatänbach und gen Mitternacht an die Bergkette angrenzt, pro Gulden werden 16 (Einheiten) *pingues* (wörtlich: Fett; evtl. Butter? Talg?) gerechnet.

Jährlich am Feste des Hl. Martin wird der genannten Kirche des Hl. Petrus auf dem Septimer gezahlt 4 Gulden Denare Churer Währung von dem Meierhof *dextra ckrucz,* ebenfalls im Averstal gelegen, der gen Morgen an den Meierhof *cleyn hans,* gen Mittag an den Talfluss, gen Abend an den Meierhof *bertz,* gen Mitternacht an die Bergkette angrenzt. Pro Gulden werden gleichfalls 16 (Einheiten) *pingues* gerechnet. Desgleichen von dem Meierhof *rivyus,* der gen Morgen an *claus heins,* gen Mittag an den Talfluss, gen Abend an die Güter *cleyn hans,* gen Mitternacht an die Bergkette angrenzt.

Jährlich am Feste des Hl. Martin wird der vorgenannten Kirche von dem Meierhof *subtus sasol,* ebenfalls in Avers gelegen, gezahlt 6 Gulden Denare Churer Währung, der gen Morgen an den Promatänbach, gen Mittag an den Talfluss, gen Abend an die Erben weiland *zwannoti,* gen Mitternacht an die Bergkette angrenzt, pro Gulden werden gleichfalls 16 (Einheiten) *pingues* gerechnet.

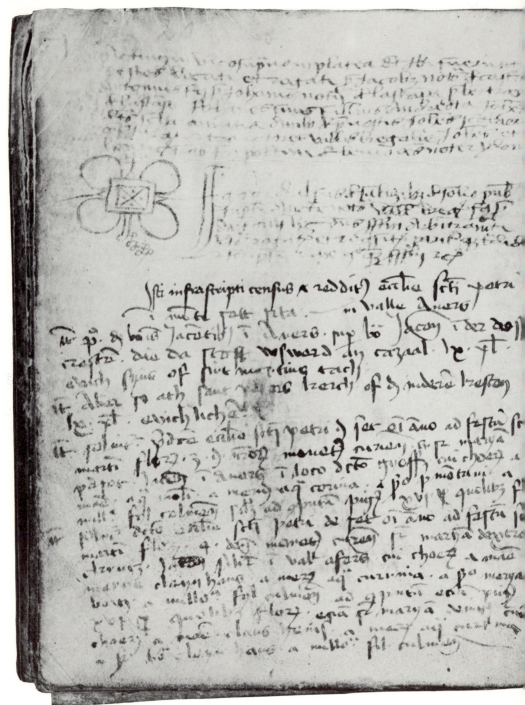

Nc pol. oi ũno ad fasto soti mater p fare catu i
marua pubta p pol. lacai a i afara floy. vi.
denar monete ruena, ai chuel amia ag incultai
a moss ag currua e ho hera gda man nani amallo
sto sol relacai ad ag turu sora pigl xxiq
quostta floq.

---

Año 1755 à 28 Agosto. Tevera.

NB che io infrasto avendo inteso che questo libretto fusse
nella Catta del Comune, ho fatto tanto d'averlo, ne
trovando di lo sapesse leggere, mi son portato oggi à Te
vera presso questo Mo R. S. D. e trovato come più
pratico de Caratteri antichi f; e contiene li obblighi, et
entrate de pevenena il Morale di Seth o sia l'Ospi
tale e Chiesa di S. Pietro nel monte di Seth comua di
Biuio f come ho scritto in altra Scrittura f.

# Anmerkungen

1  Zur Reiseliteratur vgl. Silvio MARGADANT: Graubünden im Spiegel der Reiseberichte und der landeskundlichen Literatur des 16.–18. Jahrhunderts. Ein Beitrag zur Kulturgeschichte Graubündens. Zürich 1978. – Das erste Zitat dort S. 45. – Das zweite Zitat aus Ebel bei (T. CASPARIS): Das Hochthal Avers, Graubünden/Schweiz als Sommer-Aufenthalt und Zugangsroute zum Oberengadin. Zürich o. J., S. 8.

2  MARGADANT, S. 54.

3  Gottfried HEER: Durch bündnerische Talschaften (Reise-Erinnerungen). 6 Hefte. Glarus 1904–1909. – Hier H. 4, S. 50.

4  Nicolin SERERHARD: Einfalte Delineation aller Gemeinden dreyen Bünden. Neubearb. v. O. Vasella. Hrsg. v. Walter Kern. Chur 1944. Daraus die folgenden Zitate.

5  Als Beispiel nur W. A. RIETMANN: Avers, das aussterbende Hochtal Graubündens. In: Schweizer Journal. Oktober 1954, S. 7–13.

6  Zitat bei RIETMANN, S. 7.

7  So z.B. Fr. KÄSER: Das Avers. In: Jb. d. Schweizer Alpenclub. 19. Jg. 1883–1884, S. 458–488, hier S. 458.

8  Placidus von SPESCHA: Geographische Beschreibung Aller Rheinquellen und der dahin angestellten Bergreisen in einem Auszug meiner Schriften vom J. 1782 bis 1823 und einer Gebirgskarte zur Erläuchterung versehen. Manuskript Chur, Staatsarchiv. B. 42.

9  Fortunat SPRECHER VON BERNECK: Rhetische Cronica oder kurtze und warhaffte Beschreibung Rhetischer Kriegs- und Regimentssachen etc. Chur 1672. Zit. nach Joh. Rud. STOFFEL: Das Hochtal Avers. Zofingen (³1948), S. 8.

10  A. HIRZEL: Wieder ein Stück Graubünden. III. Val Ferrera und Avers. In: Neue Alpenpost. 1880, Bd. XII, Nr. 21–22.

11  Zu den Kirchen s. Erwin POESCHEL: Die Kunstdenkmäler des Kantons Graubünden. Bd. V: Die Täler am Vorderrhein, II. Teil Schams, Rheinwald, Avers, Münstertal, Bergell. Basel 1943, S. 203 ff.

12  STOFFEL, S. 229 f.

13  Henri ROUGIER: Les hautes vallées du Rhin. Etude de Géographie régionale. Gap 1980, S. 343.

14  S. dazu jetzt Günther KAHL: Plurs. Zur Geschichte der Darstellungen des Fleckens vor und nach dem Bergsturz von 1618. In: Zs. für Schweizerische Archäologie und Kunstgeschichte. Bd. 41, H. 4/1984. S. 249–282.

15  Benedict MANI: Schams, Avers und Rheinwald. Landschaft und Geschichte. In: Terra Grischuna 22 (1963), S. 291–298. – *Derselbe:* Aus der Geschichte dreier Grenztäler. In: Festschrift 600 Jahre Gotteshausbund. Zum Gedenken an die Gründung des Gotteshausbundes am 29. Januar 1367. Chur (1967), S. 514–522.

16  S. darüber ausführlicher unten S. 117 ff.

17  (Thomas CASPARIS): Avers. Höchstes in Dörfern bewohntes Tal Europas. Zürich o. J.

[18] KÄSER, Avers, S. 459.

[19] MANI, S. 522–528.

[20] Zu «Letzi» vgl. CLAVADETSCHER, Otto P. und MEYER, Werner: Das Burgenbuch von Graubünden. Zürich 1984, S. 35 (allgemein), S. 161 zur Letzi und Burg Avers. S. 358 erwähnt eine mutmassliche Burgstelle «Wels» im gleichen Bereich.

[21] Tschudi und Campell zit. nach Peter LIVER: Die Walser in Graubünden. In: BM. 1953. S. 257–276. Neudruck in: Abhandlungen zur schweizerischen und bündnerischen Rechtsgeschichte. Chur 1970, S. 681–699, hier S. 682.

[22] Einen Überblick über den Forschungsstand bis 1943 lieferte Elisabeth MEYER-MARTHALER: Die Walserfrage. Der heutige Stand der Forschung. In: ZSG 24 (1944), S. 1–27; eine bis 1970 reichende Bibliographie gab Louis CARLEN: Walserforschung 1800–1970. Eine Bibliographie. Visp 1973; als neuere Gesamtdarstellungen sind zu nennen Hans KREIS: Die Walser. Ein Stück Siedlungsgeschichte der Zentralalpen. Bern und München [2]1966, sowie Paul ZINSLI: Walser Volkstum in der Schweiz, in Vorarlberg, Liechtenstein und Piemont. Erbe, Dasein, Wesen. Frauenfeld und Stuttgart ([4]1976).

[23] So auch noch Hartmann CAVIEZEL: Die Landschaft Avers. In: Rhaetia. Bündner Familienblatt 1904.

[24] So die erste Kapitelüberschrift bei ZINSLI, Volkstum.

[25] ZINSLI, Volkstum, S. 41 f.

[26] ZINSLI, Volkstum, S. 46–48, und wesentlich hierfür die Untersuchungen von Peter LIVER.

[27] S. hierzu LIVER, Walser, S. 687.

[28] Erhard CLAVADETSCHER: Zur Geschichte der Walsergemeinde Avers. In: BM. 1942, S. 193–211. – Zuletzt findet man diese Auffassung in: Walser, gli uomini della montagna – die Besiedler des Gebirges. Testo di Enrico RIZZI, prefazione di Piero CHIARA, fotografie di Paolo MONTI (s. l. 1981). Es heisst dort S. 47: «Dal Rheinwald i Walser raggiungono a est l'alta valle d'Avers, dove fonderanno gli insediamenti umani piu elevati d'Europa».

[29] Jürg RAGETH: Die endgültige Besitznahme Graubündens durch die bronzezeitlichen Bauern. In: Terra Grischuna 36 (1977), S. 72–74.

[30] Es wurde bisher noch nicht publiziert. Die Angaben entstammen Auskünften von J. Stoffel, der auch die Erlaubnis zur Fotografie und deren Veröffentlichung erteilte, einem Schreiben von Dr. René Wyss vom 20. Dezember 1961 sowie Mitteilungen meines Mainzer Kollegen Rafael von Uslar vom 29. Juli 1983, dem ich auch an dieser Stelle herzlich für seine Bemühungen danke.

[31] STOFFEL, S. 34 f.

[32] Anzeige in Jahrbuch der Schweizerischen Gesellschaft für Urgeschichtsforschung. 1932, S. 119 – STOFFEL, S. 38.

[33] Anzeige in Jahrbuch der Schweizerischen Gesellschaft für Urgeschichtsforschung. 1928, S. 96. – W. BURKART: Grabfund in Avers-Cresta. In: BM 1929, S. 246–249.

[34] Grundlegend jetzt für die Siedlungsgeschichte Graubündens Martin BUNDI: Zur Besiedlungs- und Wirtschaftsgeschichte Graubündens im Mittelalter. (Chur 1982).

[35] BUNDI, S. 307.

[36] Eine Auszählung der gegenwärtig gebräuchlichen Flurnamen auf der Grundlage einer Aufstellung der Gemeinde Avers ergab folgendes Bild

| Lage | Gesamtzahl | davon romanisch laut RNB (einschl. Zusammensetzungen rom./dt. Mischformen) | vorrömisch |
|---|---|---|---|
| Juf | 33 | 18 (1 Zusammensetzung mit Juf) | 2 |
| Podestatshaus | 31 | 3 | 1 |
| Bergalga | 3 | 1 | |
| Am Bach | 38 | — | |

| Lage | Gesamtzahl | davon romanisch laut RNB (einschl. Zusammensetzungen rom./dt. Mischformen) | vorrömisch |
|---|---|---|---|
| Juppa | 32 | 12 (davon 2 fraglich u. 10 Zusammensetzungen mit Juppa!) | |
| Pürt | 35 | 1 | |
| Cresta | 48 | 3 (1 fraglich, 2 Zusammensetzungen mit Cresta) | 1 |
| Casol | 34 | 7 (alles Zusammensetzungen mit Casol) | 1 |
| Platta | 70 | 6 (alles Zusammensetzungen mit Platta) | 2 |
| Cröt | 20 | 5 (3 Zusammensetzungen mit Cröt. 2mal Balma, das lt. RNB von Walsern aus Wallis übertragen wurde!) | |
| Madris | 75 | 4 | 2 |
| Campsut | 80 | 4 (1 Zusammensetzung mit Platta, 1 Zusammensetzung mit Campsur. Macsur u. Macsut wurden nicht berücksichtigt) | |

[37] BUNDI: S. 77. Allerdings begrenzt nur auf Inner- und Ausserferrera und das mittlere Avers, aber die Häufung romanischer Flurnamen im Jufer Raum legt doch nahe, auch das obere Avers in dieses Ausbaugebiet miteinzubeziehen.

[38] Näheres darüber s. Anhang S. 195 ff.

[39] BUNDI, S. 114, 210, 598, 601.

[40] Fritz JECKLIN, Urbar des Hospizes St. Peter auf dem Septimer. In: JHHG (XLIV) 1914, S. 231–279; der Text des Urbars S. 254–268.

[41] Bistumsarchiv Chur, Perg. Urk. 1390.

[42] Staatsarchiv Graubünden, Salis-Urkunde Nr. 200 (1550). Vgl. REGESTEN der im Archiv des Geschlechts-Verbandes derer von Salis befindlichen Pergamenturkunden (I. Serie), bearb. von P. Nicolaus v. SALIS-SOGLIO. Sigmaringen 1898. Nr. 200, S. 60.

[43] In SALIS-REGESTEN Nr. 200 (1550) fälschlich gelesen «im hoff».

[44] Fortunat SPRECHER VON BERNECK: Chronicum Rhaetiae seu Historia inalpinae confoederatae Rhaetiae etc., Basel 1622; Ders.: Rhetische Cronica oder kurtze und warhaffte Beschreibung Rhetischer Kriegs- und Regimentssachen etc. Chur 1672.

[45] SPRECHER VON BERNECK, Chronicum, S. 231.

[46] Ders., Rhetische Cronica, S. 292.

[47] Dieser Bregalga-Hof wird in den Salis-Urkunden wiederholt in der zweiten Hälfte des 16. Jahrhunderts im Zusammenhang mit Verkäufen von Kuhalpen im Bregalgagebiet erwähnt. 1551 heisst er «Mayra quae dicitur der klein mayrhoff» (SALIS-REGESTEN Nr. 225), ausdrücklich «Mayra Bregalgae» wird er 1563 bezeichnet (SALIS-REGESTEN Nr. 257; vgl. auch Nr. 338 und 339 – 1578 – wo als Besitzer ein Rüedi angegeben wird). Es ist anzunehmen, dass dieser Hof im Bregalgatal jünger ist als die im Urbar genannten.

[48] Der Hof «Zur Newen Stuben» ist schon für 1580 belegt (SALIS-REGESTEN Nr. 353, 24.5.1580 und Nr. 357, 15.12.1580). – Eine andere Neugründung ist für Pürt für 1551 belegt: SALIS-REGESTEN Nr. 206 (1551) erwähnt einen Symon Enderly, «sesshaft in der pürth, im grossen neuen hoff».

[49] SERERHARD, S. 87: «7. die Höfe. Diesern Nammen sind 1. Purt, 2. Michelshof, 3. Imbach, 4. In Riwen, 5. In Juppen, 6. Lorenzen Hof, 7. Pregalga, 8. Zur neuen Stuben, 9. under

den Schrofen oder Felsen, 10. von Jof». Sererhard hat dies zweifellos von Sprecher von Berneck übernommen.

50 Wiedergegeben in: AVERS. Siedlungen und Bauten. Hrsg. INGENIEURSCHULE BEIDER BASEL. IBB Abteilung Architektur. Muttenz 1983. S. 6.

51 Vgl. RNB I, 194, wo eine Ableitung von «majoria (spätlat.) Meierhof» für möglich gehalten wird.

52 RHÄTIA, bündnerisches Familienblatt, 1904, S. 138. STOFFEL, S. 27.

53 BUNDI, S. 114.

54 Andrea SCHORTA: Ortsnamen als Zeugen der Geschichte und Vorgeschichte. In: BM 1938, S. 65–78, hier S. 75. – Lorez JOOS: Die Walserwanderungen vom 13. bis 16. Jahrhundert und ihre Siedlungsgebiete, Einzelhöfe und Niederlassung in schon bestehenden romanischen Siedlungen gegen Ende des 15. Jahrhunderts auf dem Gebiet von Graubünden, St. Gallen und Liechtenstein. In: ZSG, Jg. 26 (1946), S. 289–344, hier S. 323.

55 So bei (T. CASPARIS), Hochtal Avers, S. 11.

56 BUNDI, vor allem S. 193–235. Eine kurze Zusammenfassung unter dem Titel Zur Besiedlung des Averstales. In: Terra Grischuna 40 (1981), S. 29–33.

57 BU III, Chur 1961 ff, Nr. 1228, S. 172–175. Vgl. dazu die Inhaltsangabe bei BUNDI, S. 202. – Ein – ungenaues – Regest des die Zölle betreffenden Teiles bei Werner SCHNYDER: Handel und Verkehr über die Bündner Pässe im Mittelalter zwischen Deutschland, der Schweiz und Oberitalien. 2 Bde. Zürich 1973, 1975. I, Nr. 96, S. 140.

58 Also nicht Bergell, wie BUNDI überträgt!

59 BU III, S. 174.

60 BUNDIS Gleichsetzung von «sindicus» und Ammann ist m. E. nicht zwingend. Es könnte sich auch nur um die formale Einsetzung als Rechtsvertreter für diesen konkreten Einzelfall handeln, der durch ein «instrumentum publicum», d. h. ein Notariatsinstrument dazu bevollmächtigt wird.

61 BUNDI, S. 208 f.

62 BUNDI, S. 203–207.

63 BUNDI, S. 201 f., 208; BU III, Nr. 1203, S. 150.

64 BU III, Nr. 1202, S. 149.

65 BUNDI, S. 208 f., Anm. 46.

66 KLAGERODEL der Kirche Cur gegen die Freien von Vaz. In: Anzeiger für Schweizerische Geschichte. 41. Jg. (Neue Folge), 11. Bd. (1910), S. 45–52.

67 ZINSLI, Volkstum, S. 206, dazu Anm. 45, S. 482 mit weiteren Belegen für den Walsernamen Lampert.

68 BUNDI, S. 293 ff.

69 BU III, S. 13 f. S. dazu Karl MEYER: Die Walserkolonie Rheinwald und die Freiherrn von Sax-Misox. In: JHGG LXVII (Jg. 1927) 1928, S. 19–42.

70 BUNDI, S. 259 ff.

71 BUNDI, S. 258.

72 MOHR, CODEX DIPL. I, Nr. 286, S. 286 u. II, S. I. – BU III, S. 37 ff. Dazu MEYER, Walserkolonie, S. 233–248.

73 MEYER, Walserkolonie, S. 248–257.

74 BUNDI, S. 245–250.

75 BUNDI, S. 196.

76 Der Vertrag vom 11.5.1204 in CODEX DIPL. I, S. V–VII u. 239. – BUNDI, S. 247 f., dort auch das folgende.

77 BUNDI, S. 288 f.

78 BUNDI, S. 196. Vor allem scheint die Auffassung, von Avers aus «benannten die Leute des Südens zweifellos das angrenzende Nordtal mit dem Namen Avers» bedenklich. Wenn auch, wie BUNDI, S. 196, Anm. 16, ausführt, der Name Avers erst um 1290 urkundlich auftaucht, so muss man doch davon ausgehen, dass im Zusammenhang mit der um diese

Zeit bereits bestehenden ausgebildeten romanischen Siedlung und deren Orts- und Flurnamenbestand auch das Tal selbst von diesen Siedlern mit einem eigenen Namen benannt worden war, auf den das romanische Avras wie das deutsche Avers zurückgehen. Für die verschiedenen Ableitungsmöglichkeiten hat Bundi die Belege in der genannten Anmerkung zusammengestellt.

79  Bundi, S. 251 f.
80  S. dazu Giachen Conrad: Von der Fehde Chur – Como und den Friedensschlüssen zwischen den Schamsern und Cläfnern in den Jahren 1219 und 1428. In: BM 1955, S. 1–21, 43–59, 126–150.
81  Über die Förderung der Bischöfe von Chur durch deutsche Könige und Kaiser im Überblick, s. Friedrich Pieth: Bündnergeschichte. Chur 1982 (= unveränderte Neuauflage der 1945 erschienenen Ausgabe), S. 38–42.
82  Bundi, S. 195–198.
83  Ein Überblick über die Rolle der Vazer bei Jürg Muraro: Die Herrschaft der Vazer. In: Terra Grischuna 38 (1979), S. 86–88.
84  Otto P. Clavadetscher: Die Täler des Gotteshausbundes im Früh- und Hochmittelalter. In: Festschrift Gotteshausbund, S. 1–42, hier S. 28.
85  Vgl. Peter Liver: Beiträge zur rätischen Verfassungsgeschichte vom 12. bis 15. Jahrhundert. In: Abhandlungen, S. 459–527, hier S. 466–476.
86  Nach C. P. v. Planta: Die currätischen Herrschaften in der Feudalzeit. Bern 1881, S. 370, habe das Avers ursprünglich ohne Zweifel zur Grafschaft Schams gehört, da es nur eine Fortsetzung des Ferreratales sei. Urkundlich erhelle die Ablösung der Grafschaft nicht, sie müsse aber im Zusammenhang mit der Walser Kolonisation stehen, die er in das 13. Jahrhundert verlegt. – Dies übernimmt Anton v. Castelmur: Conradin von Marmels und seine Zeit. Diss. Freiburg 1922. Erlangen 1922, S. 25 – Jürg v. Muraro: Untersuchungen zur Geschichte der Freiherren von Vaz. In: JHGG (Jg. 1970) 1972, S. 1–231, stellt S. 74 dagegen fest, «für die Zugehörigkeit des oberen Teiles des Tales, des Avers, zum Schams, fehlen dagegen alle Anzeichen.» Das Auftreten der Herren v. Marmels als Vögte Ende des 14. Jahrhunderts spreche eher für eine Bindung ans Oberhalbstein (vgl. dazu u., S. 131).
87  Karl Meyer: Walter von Vaz als Podestà von Como 1283. In: BM 1926, S. 65–76.
88  Meyer, Podestà, S. 72.
89  Es sei hier noch daran erinnert, dass ja auch die Davoser Walsersiedlung auf Walter IV. von Vaz zurückgeht. Vgl. Bundi, S. 423 ff.
90  Zinsli, Volkstum, S. 42 f.
91  Für das folgende Bundi, S. 224–226.
92  Für den Zwischenabschnitt im Raume von Campsut (vgl. Bundi, S. 211 f.) müsste dies an sich auch gelten.
93  Vgl. hierzu Bundi, S. 144 und 214–216.
94  Bundi, S. 214 f., Anm. 68.
95  Mit «Schams» ist hier zweifellos nicht die Grafschaft gemeint, sondern das Tal (vgl. die Formulierung im Freiheitsbrief von 1277), also der geographische und nicht der politische Begriff, sonst wäre die Nennung von Rheinwald unverständlich. Es ist also auszuschliessen, dass in dem Begriff Schams auch das Avers enthalten wäre.
96  Bundi, S. 215 f.
97  Meyer, Podestà, S. 72 f.
98  Bundi, S. 225. – Bei der Abtretung des hinteren Teiles des Madrisertales an Soglio im Jahre 1412 sind es Nachkommen des Augustin von Salis-Soglio, die diese Alp an Soglio abgeben. 1495 aber bestreiten 3 Leute aus Chiavenna das Verfügungsrecht des Augustin von Salis-Soglio und fordern ¼ der Alp als ihr Eigentum von Soglio zurück. Offenbar hatten also im Laufe des 14. Jahrhunderts die Salis, die ja auch anderweitig als Grundbesitzer im Avers auftreten, im Madrisertal auf Kosten von Leuten aus Chiavenna Fuss gefasst. S. dazu Regesti degli Archivi del Grigioni Italiano. IV. Regesti degli Archivi della

Valle Bregaglia. Poschiavo 1961. S. 58, Nr. 16 u. 17; die Abtretungsverträge vom 7. und 12.2.1412, sowie S. 60f., Nr. 67, das Urteil vom 11.12.1495. Vgl. auch die Nachrichten über einen Kauf von einem Viertel der Alp Madris durch Rudolf von Salis von einem Zanolus de Oliverio aus Plurs, wenigstens 1368. In: SALIS-REGESTEN Nr. 14, 17.5.1368, S. 4f.

99 BUNDI legt dies mit Verweis auf die Belehnung des Mafien von Avers im Schams 1354 nahe (S. 226, vgl. auch 212).

100 LIVER, Walser, S. 688.

101 MARGADANT, S. 2; SERERHARD, S. 86f.

102 Vgl. für die Herstellung der «Schofmistbletscha» STOFFEL, S. 187.

103 Bernhard EBLIN: Über die Waldreste des Averser Oberthales. Ein Beitrag zur Kenntnis unserer alpinen Waldbestände. Vortrag gehalten in der Naturforschenden Gesellschaft Graubündens (Januar 1895), S. 38ff.

104 N. FORRER und W. WIRTH: Juf (Avers). In: Der Schweizer Geograph. 2. Jg. (1925), S. 97–103, 113–117. Hier S. 115. – Über Baumreste im Moorboden berichten auch schon B. EBLIN: Das Avers, ein wirtschaftlich verarmtes Hochtal. In: Jahrbuch des Schweizer Alpenclubs. Jg. 30 (1895), S. 16–20, hier S. 16, und A. W., cand. agr.: Skizzen über das Avers. Mit besonderer Berücksichtigung der wirtschaftlichen und pflanzengeographischen Verhältnisse. Sonderdruck aus Feuilleton d. Luzerner «Vaterland», 1907. S. 25 (in der Talgabelung von Bregalga). – Herr Dr. Keller, Zug, berichtete mir, dass er selbst noch im Jufertal einen Baumstamm im Moor gesehen habe.

105 Auf Rodung lassen die Flurnamen Brand und Brendli auf Platta schliessen.

106 ZINSLI, Volkstum, spricht S. 324 vom «holzverschlingenden Bergbau» im Avers. Intensiven Bergbau gab es allerdings nur im Ferrerratal (s. u. S. 114 ff.), dort blieb aber der Wald erhalten!

107 EBLIN, Waldreste, S. 46f.

108 Vgl. dazu die Zusammenfassung der Forschungen im Vorderrheintal von HAGER bei BUNDI, S. 89–92. – Interessanterweise hat die Gemeinde Avers 1958 Teile der Capettaalp oberhalb des Waldes aufgekauft, um hier wieder aufzuforsten – leider bislang noch ohne sichtbaren Erfolg.

109 KREIS, S. 181 ff.

110 BUNDI, S. 83–87.

111 J. C. MUOTH: Zwei sogenannte Ämterbücher des Bistums Chur aus dem Anfang des XV. Jahrhunderts. In: JHGG XXVII (Jg. 1897), 1898, S. 11: «Heinricus de Fontana recepit … redditus IIII agrorum de Avers …». Vgl. BUNDI, S. 211f. u. 605.

112 Beiträge zu einer Topographie von Avers. In: DER NEUE SAMMLER. Jg. 7 (1812), S. 184–207, hier S. 194.

113 A. W., Skizzen, S. 21; FORRER/WIRTH, S. 114f.; 1895 bestand in Pürt noch ein Kartoffelakker von 6–8 m² (EBLIN, Avers, S. 19).

114 Die folgenden Angaben nach STOFFEL, S. 65f.; KÄSER, Avers, S. 478; EBLIN Avers, S. 18; A. W., Skizzen, S. 20; FORRER/WIRTH, S. 102. – Inzwischen ist auch die Stelle beim Maleggenbach nicht mehr auszumachen. Sie müsste sich auf der rechten Bachseite unterhalb der Brücke befunden haben.

115 Karl MEYER: Über die Anfänge der Walserkolonien in Rätien. Teil 1: Die Herkunft der Deutschen im Rheinwald. In: BM 1925, S. 201–216, hier S. 211.

116 Das folgende nach Richard WEISS: Das Alpwesen Graubündens. Wirtschaft, Sachkultur, Recht, Älplerarbeit und Älplerleben. Erlenbach-Zürich (1941). Zusammenfassung Richard WEISS: Eigentümlichkeiten im Alpwesen und im Volksleben der bündnerischen Walser. In: BM 1941, S. 1–16.

117 A. W., Skizzen, S. 18. – Vor 1878 hatte die Gemeinde bereits 7/9, nach 1878 den Rest von der Familie Salis-Soglio erworben.

118 LIVER, Walser, S. 688; KREIS, S. 71, 89, 194f.

[119] SALIS-REGESTEN, Nr. 17, S. 5.

[120] WEISS, Eigentümlichkeiten, S. 7.

[121] S. dazu STOFFEL, S. 218 und die Abbildung nach S. 216.

[122] Der obere Teil der Capettaalp wird jetzt von der Gemeinde verpachtet.

[123] FORRER/WIRTH, S. 117.

[124] WEISS, Eigentümlichkeiten, S. 191 f.

[125] WEISS, Eigentümlichkeiten, S. 192 f.; Alpwesen, S. 10 ff. vgl. einschränkend jedoch ZINS-LI, S. 88 f.

[126] SERERHARD, S. 89.

[127] KÄSER, Avers, S. 487.

[128] KREIS, S. 190, Anm. 61 (die Stelle von Meyer Helmbrecht übernommen nach dem Abdruck bei Karl ILG: Die Walser im Vorarlberg. 1. Teil, Dornbirn 1949, S. 142).

[129] HEER, H. 4, S. 23 f.

[130] Auskunft alt Kreispräsident Heinz.

[131] Art. 30–32. Über das Landbuch s. u. S. 139 ff.

[132] STOFFEL, S. 43 f.

[133] STOFFEL, S. 190.

[134] STOFFEL, S. 192 f.

[135] FORRER/WIRTH, S. 116 f.

[136] Karl SUTER: Ist Juf die höchstgelegene Dauersiedlung der Alpen? In: Regio Basiliensis, Jg. 9 (1968), S. 283–290, hier S. 285 f. – Die hier wiedergegebene Aussage von Lehrer Kunfermann aus dem Jahre 1940, Juf sei bis 1895 ständig bewohnt gewesen, steht im Widerspruch zu den Berichten von STOFFEL, der das Roba und Säila keineswegs als eine moderne Einrichtung darstellt.

[137] S. dazu SUTER, S. 286 289. Die Argumentation bezieht sich auf die zu Trepalle gehörende Siedlung Le Baite (2170 m). – Zu Juf vgl. insgesamt die bereits erwähnte Untersuchung von FORRER/WIRTH.

[138] ROUGIER, S. 255–272.

[139] Interessant sind in diesem Zusammenhang die Zahlen, die der «NEUE SAMMLER» von 1812, S. 91, angibt. Danach betrug der Besitzstand 700–800 Stück Rindvieh; durch Ankauf im Frühling oder Übernahme als Galtvieh wuchs die Zahl im Sommer auf über 2000. Unter dem «gewinterten Hornvieh» befanden sich 140 Milchkühe. – Im Vergleich dazu die Zahlen der Viehzählungen 1876 CAVIEZEL, S. 30: Total 566, davon 202 Kühe. – Nach Abschluss des Ms. erfahre ich, dass inzwischen (1983) die Anzahl der Viehbesitzer auf 22 herabgesunken ist.

[140] Vgl. MANI, Grenztäler. In: Festschrift Gotteshausbund, S. 527.

[141] Eine vorbildliche – leider nicht ganz vollständige Bestandsaufnahme der Häuser im Avers wurde 1983 von der Ingenieurschule beider Basel (IBB) durchgeführt und veröffentlicht: INGENIEURSCHULE BEIDER BASEL IBB. Abt. Architektur (Hrsg.): Avers, Siedlungen und Bauten. 1983.

[142] MARGADANT, S. 135.

[143] SERERHARD, S. 87.

[144] Ganz offensichtlich ist diese Aufzählung übernommen von Fortunat SPRECHER VON BERNECK, S. 292.

[145] Vgl. hierzu ZINSLI, S. 90–93.

[146] DER NEUE SAMMLER, 1812, S. 195; zu diesem Zeitpunkt stand das Rathaus noch an dieser Stelle, während STOFFEL, S. 27 berichtet, dass der Holzbau 1867 «wegen gänzlicher Baufälligkeit» abgebrochen werden musste. Vgl. auch die Darstellung von J. Hackaert aus dem Jahre 1655.

[147] Christoph SIMONETT: Die Bauernhäuser des Kantons Graubünden. Bd. I: Die Wohnbauten. Basel 1965. Bd. II: Die Wirtschaftsbauten. Basel 1968. Hier II, S. 236.

[148] SIMONETT, II, S. 36.

[149] SIMONETT, II, S. 13.

[150] HEER, H. 4, S. 15.

[151] SERERHARD, S. 86.

[152] SIMONETT, I, S. 138 u. 192.

[153] Zum Podestatshaus s. Erwin POESCHEL, Kunstdenkmäler, V, S. 280 f.

[154] DER NEUE SAMMLER, 1812, S. 193. Vgl. STOFFEL, S. 67 u. 91.

[155] 1 Rup(p) = 19 Pfund (STOFFEL, S. 75).

[156] STOFFEL, S. 69, danach auch das folgende.

[157] EBLIN, Avers, S. 19; FORRER/WIRTH, S. 101.

[158] FORRER/WIRTH, S. 101.

[159] A. Sartorius Frhr. v. WALTERSHAUSEN: Die Germanisierung der Rätoromanen in der Schweiz. Volkswirtschaftliche und nationalpolitische Studien. Stuttgart 1900 (Forschungen zur deutschen Landes- und Volkskunde. 12. Bd. H. 5), S. 447.

[160] SERERHARD, S. 90.

[161] STOFFEL, S. 101 ff., vgl. auch B. H(EIN)Z: Altes und Neues aus dem Avers. Julierbahn, Averserstrasse und Splügenbahn. In: Der freie Rhätier, 1914, Nr. 100–103; sowie Gg. SALIS: Das Aversertal mit seinen Passübergängen einst und jetzt. In: Terra Grischuna 28 (1969), S. 86–89.

[162] Der Text bei STOFFEL, S. 73–75. – Lit. bei Pio CARONI: Dorfgemeinschaften und Säumergenossenschaften in der mittelalterlichen und neuzeitlichen Schweiz. In: Nur Ökonomie ist keine Ökonomie. Festgabe für Basilio Biucchi. Bern 1978, S. 79–127, hier, S. 101, Anm. 107.

[163] MARGADANT, S. 89 f.

[164] FORRER/WIRTH, S. 103.

[165] DER NEUE SAMMLER, 1812, S. 192; Denkwürdigkeiten aus Bünden. In: Churer Wochenblatt Nr. 45 (1844).

[166] (T. CASPARIS), Hochthal Avers, S. 12; A. W., Skizzen, S. 32.

[167] KÄSER, Avers, S. 478; STOFFEL, S. 34.

[168] KÄSER, Avers, S. 488; Christoph SIMONETT: Das Avers. Bemerkungen zur Verkehrsgeschichte des Tales. In: BM. 1955, S. 117–125, hier S. 120. – Weder die Arbeit von Werner SCHNYDER: Handel und Verkehr über die Bündner Pässe im Mittelalter zwischen Deutschland, der Schweiz und Oberitalien, 2 Bde., Zürich 1973–1975, noch die Untersuchung von CARONI, Dorfgemeinschaften, geben allerdings Anhaltspunkte für eine Beteiligung des Avers am Säumerverkehr des Septimer. Die Pferdezucht muss natürlich auch kein Hinweis dafür sein, sie konnte auch dem Pferdehandel dienen.

[169] CARONI, S. 100 f.

[170] STOFFEL, S. 135. Ein Bild von Hartmann hinter S. 132.

[171] STOFFEL, S. 168.

[172] Joseph JÖRGER: Eine Weihnachtsfeier in Avers. In: Bündner Jahrbuch 1947, S. 131–140, hier S. 138 f.

[173] KÄSER, Avers, S. 472–475, und fast wörtlich übernommen bei STOFFEL, S. 69–72.

[174] Aus dem Kirchenbuch aufgezeichnet bei CAVIEZEL, S. 28–30.

[175] Vgl. o. S. 83 und Anm. 138.

[176] So KÄSER, Avers, S. 471. Nach STOFFEL, S. 63, stammt das Verzeichnis aus dem Jahre 1655, nach CAVIEZEL, S. 26, aus dem Jahre 1665. Letzteres dürfte ein Irrtum sein, da Gaudenz Tack 1645–1655 Pfarrer in Avers war (wie CAVIEZEL selbst, S. 26, mitteilt).

[177] DER NEUE SAMMLER, 1812, S. 196.

[178] CAVIEZEL, S. 30.

[179] KÄSER, Avers, S. 471; HEER, H. 1, S. 16.

[180] A. W., Skizzen, S. 22.

[181] ROUGIER, S. 169; HEER, H. 1, S. 16.
Die Zahlen bei STOFFEL, S. 63 differieren etwas: 1803: 370, 1838: 337, 1860: 283, 1880: 259,

1888: 221, 1900: 202. – Völlig falsch ist die Angabe bei RIETMANN, Avers, S. 12, wonach die Bevölkerungszahl von 1900 noch 500 betragen hätte.

182 KÄSER, Avers, S. 471.

183 ROUGIER, S. 169. – Die von ZINSLI, S. 252, mitgeteilte Zahl von 270 Einwohnern für 1960 täuscht insofern, als diese Erhöhung durch die vorübergehende Anwesenheit von fremden Arbeitskräften (Bauarbeiten der Kraftwerke Hinterrhein) zustande kam. Das betrifft auch das S. 492, Anm. 160a mitgeteilte Verhältnis zwischen deutschsprachigen und nicht-deutschsprachigen Einwohnern im gleichen Jahr.

184 S. Anm. 5.

185 ROUGIER, S. 169; die Prozentzahl S. 211.

186 Frdl. Mitteilung des Gemeindeschreibers Jürg Stoffel.

187 EBLIN, Avers, S. 20.

188 GESUCH DER VORSTÄNDE der Gemeinden Avers, Ausser- und Innerferrera um Bau der Strasse usw. v. 13.3.1888.

189 MEMORIAL DER GEMEINDEN an der Averserstrasse über deren Unterhaltung 9.4.1898.

190 ROUGIER, S. 169.

191 ROUGIER, S. 318–322, Tafeln CXLIII, CXLVIII, CL.

192 SERERHARD, S. 87.

193 Zitiert nach DER NEUE SAMMLER, 1812, S. 207. Zu Hacquet s. MARGADANT, S. 24f. Dort der genaue Titel: Reise aus den Dinarischen durch die Julischen, Carnischen, Rhätischen in die Norischen Alpen. Im Jahr 1781 und 1783 unternommen. 2 Bde. Leipzig 1785. Die zitierte Stelle dort Bd. II, S. 51.

194 MARGADANT, S. 100f.

195 SIMONETT, I, S. 159.

196 SIMONETT, I, S. 198–200, Plan S. 198, Abb. 494.

197 MARGADANT, S. 101.

198 «Seit einiger Zeit hat dieses abgelegene Thal und sein einfaches, aber nicht unintelligentes Hirtenvolk die Aufmerksamkeit der Touristen erregt, und die Reise über Viamala, Avers und Stalla nach dem Engadin ist Mode geworden», ist bei G. THEOBALD: Naturbilder aus den Rhätischen Alpen, Ein Führer durch Graubünden, Chur ²1892, S. 318 zu lesen.

199 KÄSER, Avers, S. 481.

200 A. WÄBER: Aus dem Avers. In: Jb. des Schweizer Alpenclub. 15. Jg. (1879–1880), S. 148–172.

201 F. SCHWEIZER: Das Jupperhorn (3151 m). In: Jb. des Schweizer Alpenclub. 16. Jg. (1880–1881), S. 275–285.

202 S. Anm. 7

203 HIRZEL, Neue Alpenpost 1880, Bd. XII, Nr. 22.

204 STOFFEL, S. 19.

205 STOFFEL, S. 18.

206 (Thomas CASPARIS), Avers.

207 (Thomas CASPARIS), Avers, S. 32.

208 STOFFEL, S. 18.

209 HEER, H. 4, S. 19f.

210 ROUGIER, S. 321, Tafel CXLIX.

211 ROUGIER, S. 322, Tafel CL.

212 ROUGIER, S. 318, Tafel CXLIII.

213 KÄSER, Avers, S. 481.

214 KÄSER, Avers, S. 483f.

215 Für das folgende s. vor allem Oskar WILHELM: Die Eisen- und Manganerzlagerstätten vom unteren Averser Tal (Val Ferrera) Graubünden. Diss. Basel 1921; Eugen HALTER: Die Entwicklung der Schweizerischen Roheisenwirtschaft von ihren Anfängen bis zum Jahre 1935. Diss. Bern. Winterthur 1954; Hans STÄBLER: Bergbau im Schams, im Ferreratal und

im vorderen Rheinwald. In: 106. Jahresbericht 1976 JHGG S. 1–72, und als Einzelschrift 1978; ders. Bergbau im Hinterrheingebiet. In: Terra Grischuna, 39. Jg. (1980), S. 75–79.

216 SCHORTA, S. 76.

217 Hans ANNAHEIM: Ein Bergbaufund aus dem Avers. In: BM 1930, S. 277–285.

218 STOFFEL, S. 66.

219 Gian Andri TÖNDURY: Die Entstehungsgeschichte der Kraftwerkprojekte am Hinterrhein. In: Die Kraftwerkanlagen Hinterrhein-Valle di Lei. Separatdruck aus Terra Grischuna 1963, S. 11–18.

220 VERLEIHUNG für die Wasserkraftnutzung des Averser Rheins mit dem Reno di Lei in einem Kraftwerk bei Innerferrera (16.12.1955).

221 Vgl. dazu auch Leo KALT: Projekt und Bauausführung der Kraftwerke Valle di Lei–Hinterrhein. In: Kraftwerkanlagen, S. 19–44, vor allem den Plan S. 23 und die Zusammenstellung S. 26.

222 Gion WILLI: Die Bedeutung der Hinterrhein-Kraftwerke für Talschaft und Kanton. In: Kraftwerkanlagen, S. 7–9, hier S. 9.

223 K. WENZEL und W. KELLER: Die Stollen-, Schacht- und Kavernenbauten. In: Kraftwerkanlagen, S. 72–80, hier S. 76.

224 KALT, S. 33.

225 KALT, S. 72.

226 KALT, S. 38.

227 Soglio auf Grund seiner Gebiete im hinteren Madrisertal!

228 Art. 21 und 22 der Verleihung vom 16.12.1955.

229 F. BORNER: Die Anlagen für Baustrom- und Talversorgung und die Energieübertragung. In: Kraftwerkanlagen, S. 105–109, hier S. 105.

230 Ernst STAMBACH: Strassen- und Brückenbauten im Zusammenhang mit der Ausführung der Kraftwerke Hinterrhein. In: Kraftwerkanlagen, S. 112–116.

231 Vgl. dazu auch die Ausführungen von Willi DOLF: KHR und Bernhardintunnel und wirtschaftliche Entwicklung im Hinterrheingebiet. In: Kraftwerkanlagen, S. 177–181; mit statistischen Angaben aus dem Jahre 1955 (Avers stand hier unter den 39 Kreisen des Kantons mit einem Steuerertrag von Fr. 30.88 pro Einwohner an 34. Stelle) und ersten Prognosen über den zu erwartenden Aufschwung der Konzessionsgemeinden.

232 Zit. nach STOFFEL, S. 50.

233 E. CLAVADETSCHER, S. 201.

234 E. CLAVADETSCHER, S. 199. – SALIS-REGESTEN Nr. 17, 6.4.1377, S. 5: Rudolf von Salis und sein Sohn Andriota «verpachten dem Johannes Ossang, ministralis in valle de Avero und dessen Erben die Hälfte all ihrer Besitzungen zu Cresta im Averserthale...»

235 Bündnis zwischen den oberen Gotteshausleuten und den churwälschen Unterthanen des Grafen von Werdenberg-Sargans. 21.10.1396. In: JECKLIN, Urkunden zur Verfassungsgeschichte Graubündens, I. Teil, S. 6–10, Nr. 6.

236 BUNDI, S. 209.

237 S. hierzu vor allem die Arbeiten von Peter LIVER, insbesondere Rechtsgeschichte der Landschaft Rheinwald. In: JHGG 1976, S. 1–209, sowie – in Auseinandersetzung mit Heinrich BÜTTNER – Mittelalterliches Kolonistenrecht und freie Walser in Graubünden (1943), und: Ist Walserrecht Walliser Recht? (1944), beides in Abhandlungen, S. 700–731 u. 732–748.

238 E. CLAVADETSCHER, S. 196; Peter LIVER: Vom Feudalismus zur Demokratie in den graubündnerischen Hinterrheintälern (1930), In: Abhandlungen, S. 358–458, hier S. 396.

239 Für das folgende s. CASTELMUR, S. 9–27.

240 E. CLAVADETSCHER, S. 200. Vgl. auch die undatierte, aber wohl schon aus dem Ende des 14. Jahrhunderts stammende Eintragung im Buch des Churer Vizedumamts, die aus dem Lehensbuch entnommen ist: «Item Uolis von Marmels seligen sún Symon und Hensli hand ze lehen die vogty jn Afers, als sy für geben hand, und so ye der eltest under jn daselb vogt

sin.» Ämterbücher S. 109. – C. P. v. Planta, Currätische Herrschaften, S. 371, meint, diese Belehnung habe schon «seit der deutschen Kolonisation» bestanden; diese ordnet er sogar schon in das 13. Jahrhundert ein!

241 v. Castelmur, S. 26.

242 S. u. S. 151 f.

243 E. Clavadetscher, S. 201 (wohl nach Fortunat Sprecher von Berneck, Rhetische Cronica, S. 292). v. Castelmur, S. 25.

244 Otto P. Clavadetscher: Die Täler des Gotteshausbunds im Früh- und Hochmittelalter. In: Festschrift Gotteshausbund, S. 1–42, hier S. 29. – Ein Hinweis auch bei E. Clavadetscher, S. 204.

245 Ämterbücher, S. 43 f.

246 S. Anm. 236, S. dazu auch P. Liver, Feudalismus, S. 383 f.

247 S. die knappe Zusammenfassung von Vorgeschichte und Geschichte bei Otto Clavuot: Kurze Geschichte des Gotteshausbunds (Eine zusammenfassende Übersicht). In: Festschrift Gotteshausbund, S. 529–558.

248 Vertrag und Einverständniß zwischen dem Domcapitel und sämmtlichen Gotteshausleuten über einige das Gottshaus betreffende Punkte. Chur 29.1.1367. In: Codex dipl. III, S. 202–205, Nr. 134. – Dazu Oskar Vasella: Bischof Peter Gelyto und die Entstehung des Gotteshausbundes. In: Festschrift Gotteshausbund, S. 43–128, hier S. 81.

249 Mathis Berger: Churs Stellung im Gotteshausbund. In: Festschrift Gotteshausbund, S. 205–266, hier S. 209.

250 Heinrich von Fontana erhielt im übrigen Einkünfte aus 4 Äckern von Avers («redditus IIII agrorum de Avers», Ämterbücher, S. 111).

251 Erwähnt bei J. G. Mayer: Geschichte des Bistums Chur. 2 Bde. Stans 1907–1914. Hier I, S. 411. – Peter Liver: Die Stellung des Gotteshausbundes in der bischöflichen Feudalherrschaft und im Freistaat Gemeiner Drei Bünde. In: Festschrift Gotteshausbund, S. 129–183, hier S. 136.

252 Bundsbrief zwischen dem Gottshaus-Bund und Obern-Bund. 6.1.1406. In: Christian L. v. Mont und Placid Plattner: Das Hochstift Chur und der Staat. Geschichtliche Darstellung etc. Chur 1860, S. XII–XXII. – Hier siegelt Oberhalbstein für Avers, nicht Avers selbst, wie Clavuot, S. 541 sagt. – Dazu auch Liver, Feudalismus, S. 385–389; Elisabeth Meyer-Marthaler: Studien über die Anfänge Gemeiner Drei Bünde. Chur 1973.

253 Bündniss des Oberhalbsteins und Avers mit dem Rheinwald. 25.1.1407. In: Jecklin: Urkunden zur Verfassungsgeschichte Graubündens, I. Teil, S. 12–14, Nr. 12.

254 Erwähnt bei Clavuot, S. 538.

255 Ewiges Bündnis zwischen den VII Orten der Eidgenossenschaft (ohne Bern) und dem Gotteshausbund. 13.12.1498. In: JHGG 1890, S. 34–39, Nr. 10. – Fritz Jecklin (Hrsg.): Materialien zur Standes- und Landesgeschichte gemeiner drei Bünden. 1464–1803. 1. Teil Regesten. Basel 1907. 2. Teil Texte. Basel 1909. I. S. 52, Nr. 241. – Urkunden-Sammlungen im Staatsarchiv Graubünden. 1. Teil. Regesten in chronologischer Folge 913 – 1897 zu den Urkundensammlungen A I/1 – 18 d. Hrsg. u. bearb. v. Rudolf Jenny unter Mitarbeit von Elisabeth Meyer-Marthaler (Staatsarchiv Graubünden). Band III. Nr. 341. – Foto und Text: in Festschrift Gotteshausbund, S. 331–335. Dazu Rudolf Jenny: Das Bündnis des Gotteshausbundes von 1498 mit den VII Orten der Eidgenossenschaft, seine Vorgeschichte und seine historische Bedeutung. In: Festschrift Gotteshausbund, S. 267–330. – «Amman und Gemeind zuo Avels» werden unter den Vertragschliessenden aufgeführt, namens der Gotteshausleute siegelt aber Hans von Marmels, Vogt zu Fürstenau.

256 Bundesbrief von 1524. 23.9.1524. In: Jecklin: Urkunden zur Verfassungsgeschichte Graubündens, 2. Heft, S. 83–89, Nr. 38. – H. Nabholz u. P. Kläui: Quellenbuch zur Verfassungsgeschichte der Schweizerischen Eidgenossenschaft und der Kantone. Aarau 1940, S. 99–105.

257 Ilanzer Artikel von 1526. 25.6.1526. In: Jecklin: Urkunden zur Verfassungsgeschichte Graubündens, 2. Heft, S. 89–98, Nr. 38 (sic!), S. 89–98. – Eine Zusammenstellung der Bündnistätigkeit des Gotteshausbundes bis dahin bei Elisabeth Meyer-Marthaler: Rechtsquellen und Rechtsentwicklung im Gotteshausbund. In: Festschrift Gotteshausbund, S. 91–128, hier S. 105 f.

258 S. dazu Oskar Vasella: Die bischöfliche Herrschaft in Graubünden und die Bauernartikel von 1526. In: ZSG 22 (1942), S. 1–86. – P. Liver, Stellung des Gotteshausbundes. In: Festschrift Gotteshausbund, S. 165 f.

259 E. Clavadetscher, S. 202 f.

260 E. Clavadetscher, S. 200.

261 Meyer-Marthaler, Rechtsquellen, S. 166; Clavuot, S. 547.

262 E. Clavadetscher, S. 203.

263 F. Sprecher von Berneck berichtet in dem 1622 erschienenen Chronicum Rhaetia, S. 231, dass die Bewohner sich von den Nobiles a Marmore befreit hätten «et hinc Ministralem libere eligunt».

264 JHGG 1890, S. 34–39, Nr. 10.

265 JHGG 1882, S. 12–14, Nr. 12.

266 So der Titel einer Untersuchung von Liver, in: Abhandlungen, S. 358–458. Zum Thema vgl. vor allem auch P. Liver: Die staatliche Entwicklung im alten Graubünden. In: Abhandlungen, S. 320–357.

267 Einen Überblick zur Frage der Gerichtsgemeinde bietet Riccardo Tognina: Die Gemeinde in alt Fry Rätien und in Graubünden. In: Südwind (Zürich/München 1976), S. 279–309.

268 Sprecher von Berneck, Chronicum Rhaetiae, S. 231. In der deutschen Ausgabe von 1672 heisst es auf S. 292 entsprechend, dass der Ammann «urtheilt mit 12. Geschwornen über Criminalische, Civilische und Ehehändlen».

269 Bezüglich der Unklarheiten bei der Aufzählung der zum Gotteshausbund gehörenden Gerichte und Hochgerichte s. u. S. 151 f.

270 Das Archiv ist – mit Ausnahme der Prozessakten – 1733 verbrannt. Christoph Simonett: Das Avers. Bemerkungen zur Verkehrsgeschichte des Tales. In: BM 1955, S. 117–125, hier S. 119; vgl. auch Stoffel, S. 20.

271 Meyer-Marthaler, Rechtsquellen, in: Festschrift Gotteshausbund, S. 125.

272 Liver, Stellung des Gotteshausbundes, in: Festschrift Gotteshausbund, S. 159.

273 Meyer-Marthaler, Rechtsquellen, in: Festschrift Gotteshausbund, S. 125.

274 Ibd., S. 126.

275 Der Neue Sammler, 1812, S. 201.

276 Stoffel, S. 40–42, 44–48, 49.

277 Das von Stoffel, S. 40, beschriebene Exemplar hat ein Format von 11 × 17 × 4 cm. Auch die Abbildung der 1. Seite dieses Exemplars (nach S. 40) zeigt Unterschiede. Über die Herkunft dieses Exemplars s. S. 210.

278 In R. Wagner u. L. R. von Salis (Hrsg.): Rechtsquellen des Cantons Graubünden, Basel 1887 (Separat-Abdruck aus der Zeitschrift f. Schweizerisches Recht, Nr. XXV–XXVIII), ist S. 203–215 (Paginierung des Separat-Drucks!) das «Landbuch des Averserthales» abgedruckt. In § 3 der Einleitung (S. 29–32) sind die vorhandenen Handschriften aufgeführt. Die Edition geht auf eine Abschrift v. R. Wagner zurück, der Herausgeber L. R. von Salis konnte jedoch nichts Näheres über die Vorlage sagen. Offenbar handelt es sich aber auch hier nicht um das jetzt im Averser Archiv aufbewahrte Exemplar, denn es scheint mit einem deutschen Spruch auf fol. 43 zu schliessen. – Wichtig ist hier, dass der Herausgeber feststellte, dass der Inhalt «zum größten Theil identisch mit demjenigen des Landbuches des Hochgerichts Ortenstein-Fürstenau 1615» ist, und zwar bis in die Formulierung. Er schliesst daraus auf eine «Reception des Fürstenauer Landbuches in Avers» mit Ausnahme derjenigen Bestimmungen, «welche auf Averser Wirthschaftsverhältnisse nicht passten» (S. 31), und präzisiert S. 32, es sei «vielleicht richtiger von einer Reception der Formulie-

rung des Rechts zu sprechen und nicht von einer Reception des materiellen Rechtes». In Anm. 1, S. 32, befasst er sich mit der Schwierigkeit, dass in der Aufschrift des Averser Landbuchs gesagt wird «aufgerichtet und erneweret anno 1622»; da aber von einem älteren Landbuch vor 1622 keine Spur vorhanden sei, meint er, «dieses erneweret» liesse sich auch «als erst in unsere Abschrift vom Jahr 1622 aufgenommen denken», was m. E. eine nicht sehr einleuchtende Erklärung ist. Dazu aber kommt nun, dass der Kopist der «Affnerischen Confinen» von 1520 vermerkt, in diesem Brief befänden sich auch «Artickel und Landtsatzungen». Ich möchte eigentlich doch annehmen, dass dieses «erneweret» auf ein tatsächlich bestehendes älteres Landbuch hinweist; dies schliesst ja doch nicht aus, dass man sich bei der Erneuerung für Formulierungen der Fürstenauer Vorlage bediente. – Vgl. auch den Überblick von Chr. HÖSSLI: Das Walserrecht, in: Kraftwerkanlagen, S. 147–151; mit einer Zusammenfassung der Statuten des 1599 begonnenen Rheinwaldner Landbuchs.

279 DER NEUE SAMMLER, 1812, S. 201.

280 Vgl. die Bemerkungen von ZINSLI: Volkstum, S. 203, über die frühe Geldwirtschaft der Walser.

281 In dieser Formulierung zeigt sich, dass der Abschluss der Ehe um diese Zeit bereits eine zivile und kirchliche Seite besass, wobei die kirchliche Trauung als Abschluss des Verlöbnisaktes um diese Zeit an Gewicht gewann. Die Formel «zur Kirchen und Strassen gehen» als öffentliches Zeichen des Eheschlusses ist allerdings schon sehr viel älter, laut SCHWEIZERISCHES IDIOTIKON, Wörterbuch der schweizerdeutschen Sprache, III, Frauenfeld 1895, Spalte 232, schon für 1490 belegt. Vgl. zur Frage des Eheschlusses um diese Zeit L. R. VON SALIS: Beiträge zur Geschichte des persönlichen Eherechts in Graubünden. Basel 1886, S. 70–73; R. WAGNER: Rechtsquellen zur Geschichte des Eherechts in Graubünden, in: Dtsche Zeitschrift für Kirchenrecht. 1. Bd. 1892, S. 280–286 (hier werden die Fürstenauer und Averser Statuten zitiert); Hans DE GIACOMI: Das Eheschliessungsrecht nach den bündnerischen Statuten. Chur 1927, S. 48–73. – Ich bedanke mich für die Auskünfte, die Herr Dr. Giatgen Fontana, Zürich, mir durch Vermittlung von Herrn Prof. H. J. Becker, Köln, hierzu erteilte. – Über Formen des Eheschlusses in Avers gibt ein Prozessprotokoll vom 29.9.1674 (Gemeindearchiv Avers) interessante Aufschlüsse. Hier wurde die Gültigkeit einer Ehe angefochten, weil die Braut dem Bräutigam zwar zugetrunken, ihn jedoch nicht gesegnet hatte, und weil sie auf dem eigenen und nicht auf des Bräutigams Rösslein einreiten wollte. Der Klage wurde von den Averser Richtern stattgegeben! Auch hier handelte es sich aber noch um den *vor* der öffentlichen Hochzeit abgeschlossenen Verlöbnisakt.

282 STOFFEL, S. 22 f. – In Vicosoprano ist ein solcher Pranger noch heute zu sehen. Das Averser Halseisen befindet sich in Privatbesitz in Avers.

283 STOFFEL, S. 57; A. ROSENKRANZ: Ein Averser Hexenprozess von 1652. In: BM 1940, S. 84–88; E. CLAVADETSCHER, S. 203; Lilly BARDILL-JUON: Malefizgerichte und Hexenverfolgungen in Graubünden. In: Terra Grischuna. 38. Jg. (1979), S. 98–101.

284 STOFFEL, S. 17.

285 STOFFEL, S. 250–252.

286 Abbildung bei STOFFEL, hinter S. 48. LATF wohl aufzulösen in Landammann Theodosius Füm.

287 Erinnert sei an den Rheinischen Städtebund (1254), den Schwäbischen Städtebund (1376) und den Süddeutschen Städtebund (1381), der 1385 ein Bündnis mit den Eidgenossen einging.

288 Text des Bundesbriefs in CODEX DIPL. III, S. 202–205, Nr. 134. – Zur Geschichte insgesamt die schon häufig zitierte «Festschrift Gotteshausbund» s. auch PIETH, Bündnergeschichte.

289 Aufgezählt und mit Quellenangaben bei LIVER, Stellung Gotteshausbund, in: Festschrift Gotteshausbund, S. 105 f.

290 PIETH, Bündnergeschichte, S. 84.

[291] Dazu MEYER-MARTHALER, Studien. – Text des Bundesbriefs: JECKLIN: Urkunden zur Verfassungsgeschichte Graubündens, 2. Heft, S. 83–89, Nr. 38, NABHOLZ/KLÄNI, S. 99–105.

[292] PIETH, Bündnergeschichte, S. 109–116.

[293] Vgl. dazu jetzt RUDOLF BOLZERN: Spanien, Mailand und die katholische Eidgenossenschaft. Militärische, wirtschaftliche und politische Beziehungen zur Zeit des Gesandten Alfonso Casati (1594–1621). Luzern – Stuttgart 1982.

[294] PIETH, Bündnergeschichte, S. 337 ff.

[295] Ibd., S. 370 ff.

[296] Ibd., S. 442 ff.

[297] FESTSCHRIFT Gotteshausbund, S. XIV, auch bei MEYER-MARTHALER, Studien, S. 113.

[298] E. CLAVADETSCHER, S. 203.

[299] M(EYER) v. K(NONAU): Regesten und Urkunden aus dem Archiv der Gemeinde Stalla. In: Anzeiger für Schweizer Geschichte. 1890. S. 117–119. Hier S. 117.

[300] ÄMTERBÜCHER, S. 44.

[301] DER NEUE SAMMLER, 1812, S. 200.

[302] FESTSCHRIFT Gotteshausbund, S. XIV. Zu Remüs s. Quellenangabe über den Erwerb 1447 in MEYER-MARTHALER, Rechtsquellen. In: Festschrift Gotteshausbund, S. 109, Anm. 58.

[303] Der NEUE SAMMLER, 1812, S. 199; E. CLAVADETSCHER, S. 203.

[304] Der NEUE SAMMLER, 1812, S. 200.

[305] JECKLIN, Materialien, Abschied vom 18.1.1557, I, S. 149, Nr. 701 u. II, S. 269, Nr. 278.

[306] JECKLIN, Materialien, Abschied des Gotteshausbundes vom 17.9.1572, I, S. 204, Nr. 914.

[307] JECKLIN, Materialien, I, S. 212, Nr. 944 u. II, S. 444 f., Nr. 434. Vgl. dazu auch MEYER-MARTHALER, Rechtsquellen, in: Festschrift Gotteshausbund, S. 114.

[308] DER NEUE SAMMLER, 1812, S. 200.

[309] Verzeichnus wie die Ehrs. Gmeinden gmeiner Lobl. 3 Pündten der ordnung nach ein andern folgend und wie vil stimmen ein ieder Pundt habe. In: JECKLIN: Urkunden zur Verfassungsgeschichte Graubündens. 3. Heft, S. 137, Nr. 53.

[310] LANDESSCHRIFTEN (Kantonsbibliothek Chur), Nr. 1070–1111 (1794).

[311] Die an die Gemeinden gerichteten Anfragen in JECKLIN, Materialien, I.

[312] JECKLIN, Materialien I u. II.

[313] F. PIETH: Graubünden als Kriegsschauplatz 1799–1800. Chur ²1944, S. 25–43.

[314] Christian PADRUTT: Staat und Krieg im alten Bünden. Zürich 1965 (Geist und Werk der Zeiten. Heft 11. Arbeiten aus dem Historischen Seminar der Universität Zürich) S. 18.

[315] PADRUTT, S. 50. – 1547 lag die Grenze für die Pflicht, einen Harnisch zu kaufen, noch bei 600 Gulden, die Busse bei Nichtbefolgung betrug 6 Gulden. Aber bereits 1561 waren diese Grenze auf 1000 Gulden und die Busse auf 50 Gulden erhöht worden. (JECKLIN, Materialien, Abschied vom 16.8.1547, I, S. 132, Nr. 619 u. II, S. 223 ff., Nr. 232; Abschied vom 20.10.1561, I, S. 168, Nr. 166 u. II, S. 324 f., Nr. 322).

[316] Friedrich PIETH: Die Feldzüge des Herzogs Rohan im Veltlin und in Graubünden. Bern 1905 (u. 1935), S. 24 f.

[317] PADRUTT, S. 43.

[318] Ibd., S. 44.

[319] Ibd., S. 26.

[320] PIETH, Feldzüge Rohan, S. 50.

[321] PADRUTT, S. 149.

[322] Fritz JECKLIN (Hrsg.): Die Kanzlei-Akten der Regentschaft des Bistums Chur aus den Jahren 1499–1500. Als Fortsetzung von Mohrs Codex diplomaticus VII. Band. Chur 1899. S. 32.

[323] CODEX DIPL. VII, S. 42–54, vgl. auch PADRUTT, S. 139.

[324] CAVIEZEL, S. 23; E. CLAVADETSCHER, S. 204, jeweils unter Berufung auf Simon LEMNIUS: Libri IX de bello Suevico ab Helvetiis et Rhaetiis adversus Maximilianum Caesarum 1499 gesta rythmis, IV. Gesang (S. 78 f.), Vers 1040 «Qui juga percurrunt celeres super alpe

nivosa» wird juga in Anm. mit Avers übersetzt (Placidus PLATTNER [Hrsg.]: Die Raeteis. Schweizerisch-deutscher Krieg von 1499. Epos in IX Gesängen. Chur 1874).

325 CODEX DIPL. VII, S. 66 f.; vgl. PADRUTT, S. 106.

326 CAVIEZEL, S. 23, nach SPRECHER VON BERNECK, Rhetische Cronica, S. 219–233 und anderen.

327 PIETH, Bündnergeschichte, S. 168 ff.

328 CAVIEZEL, S. 24 f. Dass auch Avers ein eigenes «vennlin» besass, behauptet bereits LEMNIUS für die Calvener Schlacht, und E. CLAVADETSCHER, S. 204, glaubt, dass es sich bei der seiner Zeit von Anton Heinz im Hotel Heinz in Cresta aufbewahrten Fahne um die alte von 1499 handle. Andererseits berichtet CAVIEZEL, S. 23, das «Landesbanner» sei 1903 an das Schweiz. Landesmuseum in Zürich verkauft worden. Bei STOFFEL, hinter S. 48, ist eine Abbildung mit der Unterschrift «alte Talfahne aus dem Podestatshaus», und in FEST-SCHRIFT Gotteshausbund ist die im Rätischen Museum Chur aufbewahrte Talschaftsfahne abgebildet, hier mit 17. Jahrhundert datiert. Die Initialen A. S. P. E. M. D. C. D. A konnten bisher nicht aufgelöst werden.

329 PADRUTT, S. 103 ff.

330 PIETH, Bündnergeschichte, S. 256 ff.

331 In den von A. PFISTER: Ils Grischuns sut Napoleon Bonaparte, principalmein nos Romontschs. Annalas da la società Retorumantscha 1923/24, veröffentlichten Listen von Bündner Soldaten, die unter Napoleon Bonaparte dienten, finden sich 22 aus Bivio und 2 aus Remüs, aber keine Avner. Dagegen ist den Erläuterungen des Rätischen Museums zum Thema «Schweizer und Bündner in napoleonischen Diensten 1803–1814» zu entnehmen, dass auch 2 Mann aus Avers geworben werden konnten.

332 CAVIEZEL, S. 22 f.

333 PIETH, Bündnergeschichte, S. 85, 106 f.; Gilli SCHMID: Bünden und Mailand im 15. Jahrhundert. In: Festschrift Gotteshausbund, S. 336–350, hier S. 344 ff.

334 PIETH, Bündnergeschichte, S. 108.

335 Ibd., S. 165, 176.

336 KÄSER, Avers, S. 477; STOFFEL, S. 26; Bestellbrief der III Bünde für den vom Gericht Avers vorgeschlagenen Johann Strub zum Podestà von Teglio für die Amtszeit von Anfang Juni 1695 bis Anfang Juni 1697, in: Urkunden-Sammlungen Staatsarchiv Graubünden, Nr. 1449.

337 Vgl. u. S. 177.

338 Zit. bei PIETH, Bündnergeschichte, S. 176.

339 Über den Fall einer für die Allgemeinheit segensreichen Verwendung solcher Gelder s. u., S. 177.

340 CLAVUOT, S. 552.

341 Abschied d. Tags d. Gemeinden d. Gotteshausbundes Chur, Bergell, Fürstenau, Puschlav, Obervaz, Vier Dörfer, Münstertal, Stalla und Avers vom 10.1.1561. JECKLIN, Materialien II, S. 300, Nr. 303 a.

342 Kesselbrief. Davos 25.10.1570; in: JECKLIN: Urkunden zur Verfassungsgeschichte Graubündens, 2. Heft, S. 113–115, Nr. 47.

343 PIETH, Bündnergeschichte, S. 176–178.

344 Reformation von 1603. Chur 31.1.1603; in: JECKLIN: Urkunden zur Verfassungsgeschichte Graubündens, 3. Heft, S. 119–129, Nr. 49.

345 Ausschreiben der Häupter und Ratsgesandten Gemeiner III Bünde, Chur 23.8.1644, JECKLIN, Materialien, I, S. 392, Nr. 1694.

346 JECKLIN: Urkunden zur Verfassungsgeschichte Graubündens, 3. Heft, S. 143–153, Nr. 55 u. 56.

347 PIETH, Bündnergeschichte, S. 305 ff.; Stephan PINÖSCH: Die ausserordentliche Standesversammlung und das Strafgericht von 1794. Zürich 1917 (Schweizer Studien zur Geschichtswissenschaft. 10. Bd. 4.1).

[348] SALIS-REGESTEN. Dort besonders zahlreiche Belege für die 2. Hälfte des 16. Jahrhunderts. – Auch in dem Salis-Archiv auf Schloss Gemünden (Rheinland-Pfalz) befinden sich laut Alphabetisches Register zum Repertorium II/Salis, Blatt 29 Kaufverträge u. ä. über Güter in Avers aus dem 17. u. 18. Jahrhundert. – Vgl. auch die im Anhang der SALIS-REGESTEN aufgeführten 17 Pergamentstücke aus diesem Archiv, die aber keine Beziehung zum Avers besitzen.

[349] E. CLAVADETSCHER, S. 210. – Belege dafür auch im Gemündener Archiv.

[350] So befinden sich z. B. die Einbürgerungsurkunden der Gebrüder Friedrich Baptista und Johannes von Salis vom 11.7.1742 und des Rudolf von Salis vom 6.1773 im Gemeindearchiv Avers.

[351] STOFFEL, S. 51.

[352] PINÖSCH, S. 81.

[353] Ibd., S. 101–104.

[354] Ibd., S. 105, heisst es, «Vikar Rudolf von Salis-Soglio, der Landammann von Avers war ... riet in einem Schreiben an seinen Statthalter usw.» Ammann war aber zu dieser Zeit laut Stoffel, S. 51, und bereits seit 1792, Michael Füm. Auch der Text des späteren Urteils vom 14./3.7.1794 bezieht sich auf ein «an den Landammann zu Avers abgelassenes Schreiben». LANDESSCHRIFTEN Nr. 1074–1111, Protokoll über das Gerichtsverfahren S. 22.

[355] PINÖSCH, S. 146; LANDESSCHRIFTEN.

[356] Protokolle über das Gerichtsverfahren, LANDESSCHRIFTEN S. 15 und 23 f.

[357] JECKLIN: Urkunden zur Verfassungsgeschichte Graubündens, 3. Heft, S. 163–175, Nr. 60.

[358] Ibd., S. 171.

[359] Protokoll in LANDESSCHRIFTEN.

[360] JECKLIN, Materialien, I, S. 414, Nr. 1781 (7.7.1655); S. 457, Nr. 1936 (29.4.1682); S. 458, Nr. 1942 (13.8.1683).

[361] Joh. Andr. SPRECHER: Die Pest in Graubünden während der Kriege und Unruhen 1628–1635. In: BM 1942, S. 21–32, 58–64, hier S. 22.

[362] PIETH, Bündnergeschichte, S. 216.

[363] J. A. SPRECHER, S. 29.

[364] Ibd., S. 30.

[365] Ibd., S. 58.

[366] JECKLIN, Materialien, I, S. 434, Nr. 1851 u. 1854 (Ausschreiben vom 25.4. u. 5.10.1667, 1.3.1668); S. 456, Nr. 1931 (Aufstellen von Grenzwachen wegen der Pest, 23.7.1681); S. 516–517, Nr. 2136, 2137, 2139, 2140 (Massnahmen gegen Seuche und Pest durch Ausschreiben vom 1.1., 24.1., 2.6. und 20.7.1713).

[367] S. o. S. 147. Dazu auch die Klagen des evangelischen Kapitels, dass Hexerei und Zauberei zunehmen. Ausschreiben des Bundestages vom 7.7.1655, JECKLIN, Materialien, I, S. 414 f., Nr. 1781.

[368] Ausschreiben an Räte und Gemeinden, 3.6. u. 21.7.1605, JECKLIN, Materialien, I, S. 265, Nr. 1165 u. 1166.

[369] Ausschreiben v. 4.7.1622, JECKLIN, Materialien, I, S. 330, Nr. 1432.

[370] Zitiert bei PIETH, Graubünden als Kriegsschauplatz, S. 134 ff. Für das Schams s. Ch. SIMONETT: Die Leiden der Landschaft Schams i. J. 1799. In: BM 1926, S. 119–124.

[371] PIETH, Graubünden als Kriegsschauplatz, S. 142.

[372] Fritz JECKLIN: Die Volksabstimmungen des Kantons Graubünden von 1803 bis 1847. Zusammengestellt von F. J. 1921.

[373] PIETH, Bündnergeschichte, S. 442. Vgl. auch LIVER, Stellung Gotteshausbund. In: Festschrift Gotteshausbund, S. 129 f.

[374] PIETH, Bündnergeschichte, S. 443.

[375] II. Abschnitt, Abs. 1 der Gemeindeordnung.

[376] Es handelt sich um folgende Zitate:
recto auf Vorsatzblatt
Seneca:
　　Ubi nullus pudor, ubi nulla
　　Justitia, ubi nulla cura legum
　　Ibi instabile Regnum
　　　　　Das ist
　　Wo kein Zucht, Ordnung, Gerechtigkeit
　　Wo der Gesatzten kein Achtsamkeit
　　Da ists ein unbständiges Reÿch
　　Und vil Klag und Jamer dessgleich
Aristoteles:
　　Magistratus seu Princeps est
　　custos ejus quod justum est atque ita
　　etiam illius quod aequale est
　　　　　Dz ist
　　Ein Fürst oder ein Obrigkeit
　　Soll schirmen Recht und Billigkeit
f. 43
Pomponius Laetus spricht:
　　Die Obrigkeit soll über das Volckh und dz Gsatz soll über die Obrigkeit sein.

[377] Das folgende nach POESCHEL, Kunstdenkmäler, V, S. 277–280.

[378] STOFFEL, S. 170 f. – DER NEUE SAMMLER, 1812, S. 195, weiss, dass um diese Zeit sogar der Pfarrer von Cresta noch alle 14 Tage Gottesdienst in der Madriser Filialkirche gehalten hat. – Zum Patrozinium s. auch Oskar FARNER: Die Kirchenpatrozinien des Kantons Graubünden, auf ihre Bedeutung für die Erforschung der ältesten Missionsgeschichte der Schweiz untersucht. In: JHGG, Jg. 1924 (Chur 1925), S. 1–192.

[379] Vgl. o. S. 166 f.

[380] Der von 1519–1525 in Avers amtierende Pfarrer Johann Rudolf hat hier die Reformation eingeführt. STOFFEL, S. 48.

[381] Jak. R. TRUOG: Die Pfarrer der evangelischen Gemeinden in Graubünden und seinen ehemaligen Untertanenlanden. In: JHGG, 64. Jahresbericht 1934 (dem 65. beigebunden!) 1935, S. 1–69. – STOFFEL, S. 171 f.

[382] Ausschreiben vom 22.7.1649, in: JECKLIN, Materialien, I, S. 405, Nr. 1739.

[383] Ausschreiben vom 4.7.1622 u. 22.7.1649, in: JECKLIN, Materialien, I, S. 330, Nr. 1432 u. S. 405, Nr. 1739.

[384] Ausschreiben vom 7.7.1655, in: JECKLIN, Materialien, I, S. 414 f., Nr. 1781. Um diese Zeit fanden die bereits erwähnten Hexenprozesse in Avers statt.

[385] Das folgende nach F. PIETH: Geschichte des Volksschulwesens im alten Graubünden. Festschrift zum 25 jährigen Jubiläum des Bündnerischen Lehrervereins. Chur 1908.

[386] So berichtet jedenfalls PIETH, Volksschulwesen, S. 16. In der von TRUOG zusammengestellten Liste figuriert allerdings für die Jahre 1573–1576 ein Johannes Planta von Samaden als Pfarrer in Avers.

[387] Im Gemeindearchiv Avers, und gedruckt bei STOFFEL, S. 231 f.

[388] Das folgende nach STOFFEL, S. 232 f.

[389] HEINZ: Averser Schulverhältnisse. In: Der freie Rhätier. Nr. 29 (4.2.1912) und 32 (8.2.1912). Es handelte sich um einen Angehörigen der Safier Schulmeisterfamilie Tester. Vgl. dazu ZINSLI, Volkstum, S. 340 f.

[390] PIETH, Bündnergeschichte, S. 457 f.

[391] STOFFEL, S. 234 f.

[392] S. Anm. 365.

[393] Ibd.

[394] KÄSER, Avers, S. 480.

[395] WEISS, Eigentümlichkeiten, S. 15.

[396] ZINSLI, Volkstum, S. 311.

[397] KÄSER, Avers, S. 484.

[398] STOFFEL, S. 78–90. – S. auch Robert WILDHUBER: Begräbnisschmuck im Avers. In: Schweizer Volkskunde 40 (1950), S. 69–72.

[399] (Thomas CASPARIS), Avers, S. 19.

[400] STOFFEL, S. 243 f.

[401] ZINSLI, Volkstum, S. 117–125, besonders auch S. 120.

[402] Ibd., S. 124.

[403] Ibd., S. 134.

[404] STOFFEL, S. 92–96. – Dazu SIMONETT, Bauernhäuser I, S. 209 ff.; Bruno RUTISHAUSER: Die Geschichte vom «Seelabalgga». In: Wir Walser, Jg. 7 (1969), S. 17–25 u. Jg. 8 (1970), S. 21–30; sowie zusammenfassend und abschliessend ZINSLI, Volkstum, S. 108–110.

[405] Wovon Avner Kinder angeblich befallen werden, wenn sie in Andeer zur Schule kommen.

[406] ZINSLI, Volkstum, S. 393.

[407] Ibd., S. 136.

[408] STOFFEL, S. 101–113, 118–165.

[409] PIETH, Bündnergeschichte, S. 464–466. – Eine knappe Zusammenfassung auch bei Hans FÜHR: Der Weg nach Süden. In: Kraftwerkanlagen S. 171–175.

[410] Ibd., S. 466–469.

[411] SIMONETT, Avers.

[412] Z. B. THEOBALD: «In furchtbar tiefen Schluchten windet sich der Thalbach durch, über ihm in schwindelnder Höhe die schmale Straße» (S. 316). Oder noch einmal der schon so oft zitierte NEUE SAMMLER 1812, hier S. 188: «Von diesen Straßen [es waren alle Pässe aufgezählt] sind nur zwei, nämlich die nach Bivio und Schams, auch Winters offen, alle aber sehr mühsam, steil und steinig, denn sogar auf derjenigen, die wir die Landstraße genannt haben [dem Averserbach entlang bis in die Rofla] kann ein Fußgänger füglich den Hals brechen, wenn er nicht wohl Achtung gibt, besonders zwischen Canicül [Innerferrera] und Ferrera [Außerferrera].»

[413] Stoffel, S. 182 ff.

[414] Ibd., S. 186.

[415] DER NEUE SAMMLER 1812, S. 189. Vgl. auch SIMONETT, Avers, S. 119.

[416] STOFFEL, S. 114.

[417] S. u. Abb. S. 181.

[418] STOFFEL, S. 115 f.

[419] In dem GESUCH DER VORSTÄNDE 13.3.1888, S. 2 f., ist die Geschichte der Anträge der Gemeinde zusammengefasst.

[420] STOFFEL, S. 212–216.

[421] S. auch Joss GARTMANN: Fünfzig Jahre Postauto nach Tschiertschen und ins Averstal. In: Bündner Zeitung v. 3.7.1975.

[422] B. H(EIN)Z: Altes und Neues, Nr. 100–103.

# Quellen und Literatur

## Benutzte Archive

Gemeindearchiv Avers
Bischöfliches Archiv Chur
Salis-Soglio-Archiv Gemünden (Rheinland-Pfalz)
Staatsarchiv Graubünden

## Gedruckte Quellen

Ämterbücher, zwei sogenannte, des Bistums Chur aus dem Anfang des XV. Jahrhunderts. Hrsg. von J.C. Muoth. In: JHGG 27 (1897). Chur 1898

Codex Diplomaticus. I und II. Hrsg. von Theodor von Mohr. Chur 1848–1854

Codex Diplomaticus. III und IV. Hrsg. von Conradin von Mohr. Chur 1861–1865

Codice Diplomatico della Rezia. Ed. da F. Fossati. In: Periodico della Società storica Comense. IX. 1893

Gesetzes-Sammlung, geordnete, und grundsätzliche Übersichten der 18 Erbrechte des Eidgenössischen Standes Graubünden. Hrsg. von Ulrich von Mohr. Chur 1831

Gesuch der Vorstände der Gemeinden Avers und Innerferrera um Bau der Strasse etc. 13.3.1888

Kanzlei-Akten, die, der Regentschaft des Bistums Chur aus den Jahren 1499–1500. Hrsg. von Fritz Jecklin. Chur 1899

Klagerodel der Kirche Cur gegen die Freien von Vaz. In: Anzeiger f. schweizerische Geschichte. NF 11. Bd. 1910

Landesschriften. No. 1070–1111. 1794. Kantonsbibliothek Chur

Materialien zur Standes- und Landesgeschichte gemeiner drei Bünde 1464–1803. Hrsg. von Fritz Jecklin. 1. Teil: Regesten. Basel 1907. 2. Teil: Texte. Basel 1909

Memorial der Gemeinden an der Averserstrasse über deren Unterhaltung. 9.4.1898

Quellenbuch zur Verfassungsgeschichte der Schweizerischen Eidgenossenschaft und der Kantone. Bearb. von H. Nabholz und P. Kläui. Aarau 1940

Rechtsquellen des Canton Graubünden. Hrsg. von R. Wagner und L.R. von Salis. Bd. 1: Rechtsquellen des Grauen oder Oberen Bundes. Bd. 2: Rechtsquellen des Zehngerichtebundes. Bd. 3: Die Rechtsquellen des Gotteshausbundes. Separatdruck aus der Zeitschrift für schweizerisches Recht. Bd. XXV–XXVIII. Basel 1887

Regesten der im Archiv des Geschlechtsverbandes derer von Salis befindlichen Pergamenturkunden. I. Serie. Bearb. von Nicolaus von Salis-Soglio. Sigmaringen 1898

Regesten und Urkunden aus dem Archiv der Gemeinde Stalla, hrsg. von Gerold Meyer-von Knonau. In: Anzeiger für Schweizergeschichte. 1890

Regesti degli Archivi del Grigioni Italiano, publicati a cura della Pro Grigioni Italiano – Coira. IV. Regesti degli Archivi della Valle Bregaglia. Ed da Tommaso Semadeni. Poschiavo 1961

Urbar des Hospizes St. Peter auf dem Septimer. Hrsg. von Fritz Jecklin. In: JHGG 1914, S. 231–279

Urkunden, rätische, aus dem Centralarchiv des fürstlichen Hauses Thurn und Taxis in Regensburg. Basel 1891 (Quellen zur Schweizergeschichte. Hrsg. von der Allg. Geschichtsforschenden Gesellschaft der Schweiz. 10. Bd.)

Urkunden zur Verfassungsgeschichte Graubündens. Als Fortsetzung von Mohrs Codex diplomaticus, V. Band. 1. Heft. Zeit der Entstehung der einzelnen Bünde und ihrer Verbindungen. (Bis zum Ende des 15. Jahrhunderts). Hrsg. von Constanz Jecklin. Chur 1883. 2. Heft. Zeit der Reformation. (Bis zum Ende des 16. Jahrhunderts). Hrsg. von Constanz Jecklin. Chur 1884. 3. Heft. Bis zum Jahre 1814. Hrsg. von Constanz Jecklin. Chur 1886.

Urkunden-Sammlungen im Staatsarchiv Graubünden. 1. Teil. Regesten in chronologischer Folge 913–1897 zu den Urkundensammlungen A I/1 18 d. Hrsg. u. bearb. von Rudolf Jenny unter Mitarbeit von Elisabeth Meyer-Marthaler. Chur 1975 (Staatsarchiv Graubünden. Band III)

Urkundenbuch, Bündner, hrsg. von Elisabeth Meyer-Marthaler und Franz Perret. I (390–1199). Chur 1955. II (1200–1275). Chur 1973. III (1273–1300). Chur 1961 ff.


## Sekundärliteratur

Anhorn, Barthol.: Graw-Pünter-Krieg 1603–1629. Cur 1873. (Bündnerische Geschichtsschreiber und Chronisten. 9. Publikation. Hrsg. von C. v. Moor).

Annaheim, Hans: Ein Bergbaufund aus dem Avers. In: BM 1930. S. 277–285.

Bardill-Juon, Lilly Malefizgerichte und Hexenverfolgungen in Graubünden. In: Terra Grischuna 38 (1979). S. 98–101.

Beiträge zu einer Topographie von Avers. In: Der neue Sammler 7 (1812). S. 184–207.

Bener, G.: Noch nachweisbare Weg-, Brücken- und Hochbaureste an den alten Bündner Strassenzügen. In: BM 1942. S. 148–159, 161–174.

Bolzern, Rudolf: Spanien, Mailand und die katholische Eidgenossenschaft. Militärische, wirtschaftliche und politische Beziehungen zur Zeit des Gesandten Alfonso Casati (1594–1621). Luzern-Stuttgart 1982.

Bonorand, Conradin: Die Ilanzer Artikel. Entstehung und staatspolitische Bedeutung. In: Terra Grischuna 38 (1979). S. 93–95.

Borner, F.: Die Anlagen für Baustrom- und Talversorgung. In: Kraftwerkanlagen, S. 105–109.

Büttner, Heinrich: Die Anfänge des Walserrechtes im Wallis. In: Vorträge und Forschungen. Konstanz 1953. S. 89–102.

Bundi, Martin: Zur Besiedlung des Aversertales. In: Terra Grischuna 40 (1981). S. 29–33.

Bundi, Martin: Zur Besiedlungs- und Wirtschaftsgeschichte Graubündens im Mittelalter. Chur 1982.

Burkart, W.: Grabfund in Avers-Cresta. In: BM 1929. S. 246–249.

C. P.: Die birkenen Besen. In: Bündnerisches Volksblatt zur Belehrung und Unterhaltung. 1829 (16. Februar).

CAMPELL, ULRICH: Raetia alpestris topographica descriptio. Hrsg. von Christian Kind. Basel 1884 (Quellen zur Schweizergeschichte. Hrs. von der Allg. Geschichtsforschenden Gesellschaft der Schweiz. 7. Bd.).

CARLEN, LOUIS: Alpkorporationen der Schweiz. In: Handwörterbuch zur deutschen Rechtsgeschichte. Bd. 1. Berlin 1964. Sp. 130–132.

CARLEN, LOUIS: Walserforschung 1800–1970. Eine Bibliographie. Visp 1973.

CARONI, PIO: Die Bedeutung des Warentransportes für die Bevölkerung der Passgebiete. In: Zs. f. Schw. Geschichte 19 (1979). S. 84–100.

CARONI, PIO: Dorfgemeinschaften und Säumergenossenschaften in der mittelalterlichen und neuzeitlichen Schweiz. In: Nur Ökonomie ist keine Ökonomie. Festgabe für Basilio Biucchi. Bern 1978. S. 79–127.

(CASPARIS, THOMAS): Avers. Höchstes in Dörfern bewohntes Tal Europas. Zürich o. J.

C(ASPARIS) T(HOMAS): Das Aversertal. In: Die Schweiz 8 (1904). S. 284–287.

(CASPARIS, T.): Das Hochthal Avers. Graubünden/Schweiz als Sommer-Aufenthalt und Zugangsroute zum Oberengadin. Zürich o. J.

CASTELMUR, ANTON VON: Conradin von Marmels und seine Zeit. Diss. Freiburg 1922. Erlangen 1922.

CAVIEZEL, HARTMANN: Die Landschaft Avers. In: Rhaetia. Bündner Familienblatt. 1904 (Sonderdruck).

CLAVADETSCHER, ERHARD: Zur Geschichte der Walsergemeinde Avers. In: BM 1942. S. 193–211.

CLAVADETSCHER, OTTO P.: Die Täler des Gotteshausbundes im Früh- und Hochmittelalter. In: Festschrift Gotteshausbund. S. 1–42.

CLAVADETSCHER, OTTO P./MEYER, WERNER: Das Burgenbuch von Graubünden. Zürich 1984.

CLAVUOT, OTTO: Kurze Geschichte des Gotteshausbundes. In: Festschrift Gotteshausbund. S. 529–558.

CONRAD, GIACHEN: Von der Fehde Chur-Como und den Friedensschlüssen zwischen den Schamsern und Cläfnern in den Jahren 1219 und 1429. In: BM 1955. S. 1–21, 43–59, 126–150.

DENKWÜRDIGKEITEN AUS BÜNDEN. In: Churer Wochenblatt Nr. 45 (1844).

DOLF, WILLY: KHR und Bernhardintunnel und wirtschaftliche Entwicklung im Hinterrheingebiet. In: Kraftwerkanlagen. S. 177–181.

EBLIN, B.: Das Avers, ein wirtschaftlich verarmtes Hochtal. Aus: Die Verwilderung unserer Hochgegenden. In: Jahrbuch d. Schweizer Alpenclub 30 (1895). S. 16–20.

EBLIN, BERNHARD: Über die Waldreste des Averser Oberthales. Ein Beitrag zur Kenntnis unserer alpinen Waldbestände. Vortrag, gehalten in d. Naturforschenden Gesellschaft Graubündens. Januar 1895.

FARNER, OSKAR: Die Kirchenpatrozinien des Kantons Graubünden, auf ihre Bedeutung für die Erforschung der ältesten Missions-Geschichte untersucht. In: 54. JHGG 1924. Chur 1925. S. 1–192.

FESTORAZZI, LUIGI: Die geschichtlichen Beziehungen zwischen der Bevölkerung von Chiavenna und des Bergell. In: Terra Grischuna 40 (1981). S. 315–318.

FESTSCHRIFT 600 JAHRE GOTTESHAUSBUND. Zum Gedenken an die Gründung des Gotteshausbundes am 29. Januar 1367. Chur (1967).

FORRER, N. UND WIRTH, W.: Juf (Avers). In: Der Schweizer Geograph 2 (1925). S. 97–113, 113–117.

FÜHR, HANS: Der Weg nach Süden. In: Kraftwerkanlagen. S. 171–175.

GARTMANN, JOOS: Fünfzig Jahre Postauto nach Tschiertschen und ins Averstal. In: Bündner Zeitung v. 3.7.1975.

GIACOMI, HANS DE: Das Eheschliessungsrecht nach den bündnerischen Statuten. Diss. Zürich. Chur 1927.

GILLARDON, P.: Geschichte des Zehngerichtebundes. Festschrift zur Fünfhundertjahrfeier seiner Gründung (1436–1936). Davos 1936.

HEER, GOTTFRIED: Durch bündnerische Talschaften (Reise-Erinnerungen). 6 Hefte. Glarus 1903–1909.

H(EIN)Z, B.: Altes und Neues aus dem Avers. Julierbahn, Averserstrasse und Splügenbahn. In: Der freie Rhätier 1914, Nr. 100–103.

HEINZ: Averser Schulverhältnisse. In: Der freie Rhätier 1912, Nr. 29, 32.

HIRZEL, A.: Wieder ein Stück Graubünden. III. Val Ferrera und Avers. In: Neue Alpenpost XII (1880), Nr. 21–22.

HÖSSLI, CHR.: Das Walserrecht. In: Kraftwerkanlagen. S. 147–151.

HÖSSLI, CHR.: Das Walserrecht. In: Terra Grischuna 22 (1963). S. 299–303.

IDIOTIKON, SCHWEIZERISCHES. Wörterbuch der schweizerdeutschen Sprache. Gesammelt auf Veranstaltung der Antiquarischen Gesellschaft in Zürich etc. III. Bd. Bearb. v. FR. STRAUB, L. TOBLER, R. SCHOCH, A. BACHMANN und H. BRUPPACHER. Frauenfeld 1895.

INGENIEURSCHULE BEIDER BASEL (IBB). Abt. Architektur (Hrsg.): Avers. Siedlungen und Bauten. 1983.

JECKLIN, FRITZ: Die Volksabstimmungen des Kantons Graubünden von 1803 bis 1847. Zusammengestellt von F. J. 1921.

JENNY, RUDOLF: Das Bündnis des Gotteshausbundes von 1498 mit den VII Orten der Eidgenossenschaft. In: Festschrift Gotteshausbund. S. 267–335.

JÖRGER, JOSEPH: Eine Weihnachtsfeier in Avers. In: Bündner Jahrbuch 1947. S. 131–140.

JOOS, LORENZ: Die Walserwanderungen vom 13. bis 16. Jahrhundert und ihre Siedlungsgebiete, Einzelhöfe und Niederlassungen in schon bestehenden romanischen Siedlungen gegen Ende des 15. Jahrhunderts auf dem Gebiet von Graubünden, St. Gallen und Liechtenstein. In: Zs. f. Schw. Geschichte 26 (1946). S. 289–344.

KAHL, GÜNTHER: Plurs. Zur Geschichte der Darstellungen des Fleckens vor und nach dem Bergsturz von 1618. In: Zs. für Schweizerische Archäologie und Kunstgeschichte. Bd. 41, H. 4/1984. S. 249–282.

KAISER, FR.: Das Avers. In: Jahrbuch des Schweizer Alpenclub 19 (1883–1884). S. 458–488.

KALT, LEO: Projekt und Bauausführung der Kraftwerke Valle di Lei-Hinterrhein. In: Kraftwerkanlagen. S. 19–44.

KNOLL, W. UND ARENDT-KNOLL, HEIDI E.: Blutgruppenbestimmungen bei der Walserbevölkerung des Rheinwald und oberen Avers. In: BM 1950. S. 51–58.

DIE KRAFTWERKANLAGEN HINTERRHEIN-VALLE DI LEI. Separatdruck aus Terra Grischuna/Bündnerland. September 1963.

KREIS, HANS: Die Walser. Ein Stück Siedlungsgeschichte der Zentralalpen. Bern, München (²1966).

KREIS AVERS. In: Graubünden. Geschichte seiner Kreise. Lausanne (1971).

KREIS SCHAMS. In: Graubünden. Geschichte seiner Kreise. Lausanne (1971).

KUHN, JOHANNA UND EUGEN: Das Hochtal Avers. In: Blätter für Natur- und Heimatkunde. 9 (1971).

LAWINENUNGLÜCK IM AVERS. In: Bündner Tagblatt. 6.4.1877.

LEMNIUS, SIMON: Die Raeteis. Schweizerisch-deutscher Krieg von 1499. Epos in IX Gesängen. Hrsg. von Placidus Plattner. Chur 1874 (Lat. Titel: Libri IX de bello Suevico ab Helvetiis et Rhaetiis adversus Maximilianum Caesarem 1499 gesta rythmis).

LIVER, PETER: Abhandlungen zur schweizerischen und bündnerischen Rechtsgeschichte. Chur 1970.

LIVER, PETER: Beiträge zur rätischen Verfassungsgeschichte vom 12. bis 15. Jahrhundert. In: Abhandlungen. S. 459–527.

LIVER, PETER: Die staatliche Entwicklung im alten Graubünden. In: Abhandlungen. S. 320–357.

LIVER, PETER: Vom Feudalismus zur Demokratie in den graubündnerischen Hinterrheintälern. In: Abhandlungen. S. 358–458.

LIVER, PETER: Mittelalterliches Kolonistenrecht und freie Walser in Graubünden. In: Abhandlungen. S. 700–731.

LIVER, PETER: Die Stellung des Gotteshausbundes in der bischöflichen Feudalherrschaft und im Freistaat Gemeiner Drei Bünde. In: Festschrift Gotteshausbund. S. 129–183.

LIVER, PETER: Die Walser in Graubünden. In: Abhandlungen. S. 681–699.

LIVER, PETER: Ist Walserrecht Walliser Recht? In: Abhandlungen. S. 732–748.

MANI, BENEDICT: Aus der Geschichte dreier Grenztäler. In: Festschrift Gotteshausbund. S. 507–528.

MANI, BENEDICT: Schams, Avers und Rheinwald, Landschaft und Geschichte. In: Terra Grischuna 22 (1963). S. 291–298.

MARGADANT, SILVIO: Graubünden im Spiegel der Reiseberichte und der Landeskundlichen Literatur des 16.–18. Jahrhunderts. Ein Beitrag zur Kulturgeschichte Graubündens. Phil. Diss. Zürich. Zürich 1978.

MAYER, J.G.: Geschichte des Bistums Chur. 2 Bde. Stans 1907–1914.

MEYER, KARL: Über die Anfänge der Walser Kolonie in Rätien. Teil 1: Die Herkunft der Deutschen im Rheinwald. In: BM 1925. S. 201–216. Teil 2: Zum Rheinwalder Freiheitsbrief von 1277. In: BM 1925. S. 233–248. Teil 3: Über die Veranlassung der Siedlung im Rheinwald. In: BM 1925. S. 248–257. Beilagen. In: BM 1925. S. 287–293.

MEYER, KARL: Walter von Vaz als Podestà von Como 1283. In: BM 1926. S. 65–76.

MEYER, KARL: Die Walserkolonie Rheinwald und die Freiherrn von Sax-Misox. In 67. JHGG 1927. Chur 1928. S. 19–42.

MEYER-MARTHALER, ELISABETH: Rechtsquellen und Rechtsentwicklung im Gotteshausbund. In: Festschrift Gotteshausbund. S. 91–128.

MEYER-MARTHALER, ELISABETH: Die Walserfrage. Der heutige Stand der Walserforschung. In: Zs. f. Schweizergeschichte 24 (1944). S. 1–27.

MEYER-MARTHALER, ELISABETH: Studien über die Anfänge Gemeiner Drei Bünde. Chur 1973.

MONT, CHRISTIAN L. VON, PLATTNER, PLACID: Das Hochstift Chur und der Staat. Geschichtliche Darstellung ihrer wechselseitigen Rechtsverhältnisse von den ältesten Zeiten bis zur Gegenwart. Mit einer Sammlung der diesbezüglichen Urkunden. Chur 1860.

MURARO, JÜRG: Die Herrschaft der Vazer. In: Terra Grischuna 38 (1979). S. 86–88.

MURARO JÜRG L.: Untersuchungen zur Geschichte der Freiherren von Vaz. In: JHGG 1970. Chur 1972. S. 1.–231.

NAMENBUCH, RÄTISCHES. Hrsg. von ROBERT VON PLANTA und ANDREA SCHORTA. Bd. I: Materialien. Bern ²1979. Bd. II: Etymologien. Bern 1964.

PADRUTT, CHRISTIAN: Staat und Krieg im alten Bünden. Zürich 1965 (Geist und Werk der Zeiten. Heft 11. Arbeiten aus dem Historischen Seminar der Universität Zürich).

PARKER, GEOFFRY: The Army of Flanders and the Spanish Road 1567–1659. The Logistics of Spanish Victory and Defeat in the Low Countries' Wars. (Cambridge Studies in Early Modern History). Cambridge 1972.

PETERELLI, J. A. VON: Beschreibung des Hochgerichts Oberhalbstein nebst Stalla. In: Der neue Sammler, ein gemeinnütziges Archiv für Graubünden. Hrsg. von der ökonomischen Gesellschaft daselbst. 2.1. Bd. Chur 1806. S. 422–453.

PFISTER, A.: Ils Grischuns sut Napoleon Bonaparte, principalmein nos Romontschs. In:
    Annalas da la Società Retorumantscha 1923/24.
PFISTER, HERMANN: Das Transportwesen der internationalen Handelswege von Graubün-
    den im Mittelalter und in der Neuzeit. Chur 1913.
PIETH, FRIEDRICH: Bündnergeschichte. Chur ²1982.
PIETH, FRIEDRICH: Die Feldzüge des Herzogs Rohan im Veltlin und in Graubünden. Bern
    1905/1935.
PIETH, FRIEDRICH: Geschichte des Volksschulwesens im alten Graubünden. Festschrift
    zum 25jährigen Jubiläum des Bündnerischen Lehrervereins. Chur 1908.
PIETH, FRIEDRICH: Graubünden als Kriegsschauplatz 1799–1800. Chur 1944.
PINÖSCH, STEPHAN: Die ausserordentliche Standesversammlung und das Strafgericht von
    1794. Zürich 1917 (Schweizer Studien zur Geschichtswissenschaft. 10. Bd. H. 1).
PLANTA, P. C. VON: Die Currätischen Herrschaften in der Feudalzeit. Bern 1881.
POESCHEL, ERWIN: Die Kunstdenkmäler des Kantons Graubünden. Bd. V: Die Täler am
    Vorderrhein. II. Teil. Schams, Rheinwald, Avers, Münstertal, Bergell. Basel 1943.
RAGETH, JÜRG: Das Räterproblem. In: Terra Grischuna 41 (1982). S. 77–82.
RAGETH, JÜRG: Die endgültige Besitznahme Graubündens durch die bronzezeitlichen
    Bauern. In: Terra Grischuna 36 (1977). S. 72–74.
RIETMANN, W. A.: Avers, das aussterbende Hochtal Graubündens. In: Schweizer Journal.
    Okt. 1964. S. 7–13.
RIZZI, ENRICO: Walser. Gli uomini della montagna – die Besiedler des Gebirges. Prefazio-
    ne di Piero Chiara, fotografie di Paolo Monti. (1981).
ROSENKRANZ, A.: Ein Averser Hexenprozess von 1652. In: BM 1940. S. 84–88.
ROUGIER, HENRI: Les Allamands: Walsersiedlungen in Frankreich. In: Terra Grischuna 40
    (1981). S. 47.
ROUGIER, HENRI: Les hautes Vallées du Rhin. Etude de Géographie régionale. (Gap 1980).
RUTISHAUSER, BRUNO: Die Geschichte vom «Seelabalgga». In: Wir Walser 7 (1969).
    S. 17–25, und 8 (1970). S. 21–30.
SALIS, GG.: Das Aversertal mit seinen Passübergängen einst und jetzt. In: Terra Grischuna
    28 (1969). S. 86–89.
SALIS, L. R. VON: Beiträge zur Geschichte des persönlichen Eherechts in Graubünden.
    Basel 1886.
SCHMID, GILLI: Bünden und Mailand im 15. Jahrhundert. In: Festschrift Gotteshausbund.
    S. 336–350.
SCHMID, GILLI: Die Rätischen Bünde in der Politik Mailands zur Zeit der Sforza. In: 95.
    JHGG (1965). S. 1–184.
SCHMID, MARTIN: Von der Sprache der Walser: In Terra Grischuna 40 (1981). S. 7–10.
SCHNYDER, WERNER: Handel und Verkehr über die Bündner Pässe im Mittelalter zwischen
    Deutschland, der Schweiz und Oberitalien. 2 Bde. Zürich 1973, 1975.
SCHORTA, ANDREA: Ortsnamen als Zeugen der Geschichte und Vorgeschichte. In: BM
    1938. S. 65–78.
SCHWEIZER, F.: Das Jupperhorn (3151 m). In: Jahrbuch des Schweizer Alpenclub 16
    (1880–81). S. 275–285.
SERERHARD, NICOLIN: Einfalte Delineation aller Gemeinden gemeiner dreyen Bünden.
    Neu bearb. v. O. Vasella. Hrsg. von Walter Kern. Chur 1944.
SIMONETT, CHRISTOPH: Das Avers. Bemerkungen zur Verkehrsgeschichte des Tales. In:
    BM 1955. S. 117–125.
SIMONETT, CHRISTOPH: Die Bauernhäuser des Kantons Graubünden. Bd. I: Die Wohnbau-
    ten. Basel 1965. Bd. II: Die Wirtschaftsbauten. Basel 1968.
SIMONETT, CH.: Die Leiden der Landschaft Schams i. J. 1799. In: BM 1926. S. 119–124.
SPRECHER VON BERNECK, FORTUNAT: Chronicum Rhaetiae seu Historia inalpinae confoede-
    ratae Rhaetiae etc. Basel 1622.

SPRECHER VON BERNECK, FORTUNAT: Rhetische Cronica oder kurtze und wahrhaffte Beschreibung Rhetischer Kriegs- und Regimentssachen etc. Chur 1672.

SPRECHER, JOH. ANDR.: Die Pest in Graubünden während der Kriege und Unruhen 1628–1635. In: BM 1942. S. 21–32, 58–64.

STAMBACH, ERNST: Strassen- und Brückenbauten im Zusammenhang mit der Ausführung der Kraftwerke Hinterrhein. In: Kraftwerkanlagen. S. 112–116.

STOFFEL, JOH. RUD.: Das Hochtal Avers. Graubünden. Die höchstgelegene Gemeinde Europas. Zofingen ($^3$1948).

STOFFEL, SIMON: Wege und Stege der Landschaft Avers. In: Jahrbuch des Schweizer Alpenclub 34 (1898). S. 253–264.

SUTER, KARL: Ist Juf die höchstgelegene Dauersiedlung der Alpen? In: Regio Basiliensis 9 (1968). S. 283–290.

THEOBALD, LUDWIG G.: Naturbilder aus den Rhätischen Alpen. Ein Führer durch Graubünden. Chur $^2$1862.

TÖNDURY, GIAN ANDRI: Die Entstehungsgeschichte der Kraftwerkprojekte am Hinterrhein. In: Kraftwerkanlagen. S. 11–18.

TOGNINA, RICCARDO: Die Gemeinde in alt Fry Rätien und in Graubünden. In: Südwind. (Zürich, München 1976). S. 279–301.

TRUOG, JAK. R.: Die Pfarrer der evangelischen Gemeinden in Graubünden und seinen ehemaligen Untertanenlanden. In: 64. JHGG (1934). Chur 1935. S. 1–96, 97–298.

DAS UNGLÜCK IM AVERSTHAL. In: Bündner Tagblatt 2.10.1885.

VASELLA, OSKAR: Bischof Peter Gelyto und die Entstehung des Gotteshausbundes. In: Festschrift Gotteshausbund. S. 43–90.

VASELLA, OSKAR: Die bischöfliche Herrschaft in Graubünden und die Bauernartikel von 1526. In: Zs. f. Schweizergeschichte 22 (1942). S. 1–86.

W., A., cand. agr.: Skizzen über das Avers. Mit besonderer Berücksichtigung der wirtschaftlichen und pflanzengeographischen Verhältnisse. In: Feuilleton d. Luzerner «Vaterland». 9.–14.4.1907.

WÄBER, A.: Aus dem Avers. In: Jahrbuch des Schweizer Alpenclub 15 (1879–80). S. 148–172.

WAGNER, RICHARD: Rechtsquellen zur Geschichte des Eherechts in Graubünden. In: Deutsche Zs. f. Kirchenrecht. 1. Bd. 1892.

WALTERSHAUSEN, A. SARTORIUS FRHR. VON: Die Germanisierung der Rätoromanen in der Schweiz. Volkswirtschaftliche und nationalpolitische Studien. Stuttgart 1900 (Forschungen z. dt. Landes- und Volkskunde. 12. Bd. H. 5).

WEISS, RICHARD: Das Alpwesen Graubündens. Wirtschaft, Sachkultur, Recht, Älplerarbeit und Älplerleben. Erlenbach-Zürich (1941).

WEISS, RICHARD: Eigentümlichkeiten im Alpwesen und im Volksleben der bündnerischen Walser. In: BM 1941. S. 1–16.

WENZEL, K. UND KELLER, W.: Die Stollen-, Schacht- und Kavernenbauten. In: Kraftwerkanlagen. S. 72–80.

WILDHUBER, ROBERT: Begräbnisschmuck im Avers. In: Schweizer Volkskunde 40 (1950). S. 69–72.

WILLI, GION: Die Bedeutung der Hinterrheinkraftwerke für Tal und Kanton. In: Kraftwerkanlagen. S. 7–9.

ZINDEL, CHRISTIAN: Graubünden als alpiner Teil verschiedener europäischer Kulturen während der Eisenzeit und Kontaktgebiet im Bereiche der Passübergänge. In: Terra Grischuna 36 (1977). S. 75–77.

ZINSLI, PAUL: Walser Volkstum in der Schweiz, in Vorarlberg, Liechtenstein und Piemont. Erbe, Dasein, Wesen. Frauenfeld und Stuttgart $^4$1976.

ZINSLI, PAUL: Die mittelalterliche Walserwanderung in Flurnamenspuren. Grundsätzliches aus Erkundung und Sammlung. In: Festschrift Hotzenköcherle: Sprachleben in der Schweiz. Bern 1963. S. 301–329.

# Abbildungsnachweis

Prof. Dr. H. Weber, Mainz:
Seiten 19, 20, 25, 26, 35, 56, 73, 78, 80, 82, 88, 89, 91, 93, 96, 98, 99, 107, 109, 120, 136, 146, 156, 174, 188, 193

Rob. Gnant, Zürich:
Seiten 23, 81

Photo L. Gensetter, Davos Dorf:
Seiten 27, 66, 90, 95, 101, 115, 118, 124

Schweizerische Verkehrszentrale (SVZ), Zürich:
Seiten 40, 45

Kur- und Sporthotel Cresta, Avers (Aufnahme Prof. Dr. H. Weber):
Seite 72

Privatbesitz Jürg Stoffel, Avers:
Seiten 75, 77, 85, 102, 106, 171, 181, 190, 192

Archiv Avers (Aufnahmen S. Köber, Chur):
Seiten 69, 102, 130, 140, 147

Fotohaus Geiger, Flims Waldhaus:
Seiten 22, 86, 87

Privatbesitz Dr. Keller, Zug:
Seite 122

Schweizerische Gesellschaft für Volkskunde, Basel:
Seite 94, aus: Simonett, C.: Die Bauernhäuser des Kantons Graubünden, Bd. 2, Basel 1968, S. 175

Bild-Archiv der Österreichischen Nationalbibliothek, Wien:
Seite 145

Privatbesitz Füm (Aufnahme Prof. Dr. H. Weber):
Seite 172

Bischöfliches Archiv, Chur (Aufnahme Fotohaus G. Reinhardt):
Seiten 202, 203

Cambridge University Press, Cambridge:
Seite 154, aus: Parker, G.: The Army of Flanders and the Spanish Road 1567–1659, Cambridge 1972, Figure 9

Planskizzen, H. Engelhardt, Geographisches Institut der Universität Mainz:
Seiten 18, 36, 186